# 赶超的逻辑

## 文化、制度与中国的崛起

朱天 著
孟涛 译／朱天 校

图书在版编目（CIP）数据

赶超的逻辑：文化、制度与中国的崛起 / 朱天著；孟涛译. —北京：北京大学出版社，2024.1
ISBN 978-7-301-34535-1

Ⅰ.①赶… Ⅱ.①朱…②孟… Ⅲ.①中国经济–经济增长–研究 Ⅳ.①F124

中国国家版本馆CIP数据核字(2023)第188980号

| | |
|---|---|
| 书　　　名 | 赶超的逻辑：文化、制度与中国的崛起<br>GANCHAO DE LUOJI: WENHUA、ZHIDU YU ZHONGGUO DE JUEQI |
| 著作责任者 | 朱天 著　孟涛 译　朱天 校 |
| 责任编辑 | 张 燕 |
| 标准书号 | ISBN 978-7-301-34535-1 |
| 出版发行 | 北京大学出版社 |
| 地　　　址 | 北京市海淀区成府路205号　100871 |
| 网　　　址 | http://www.pup.cn |
| 电子邮箱 | 编辑部 em@pup.cn　总编室 zpup@pup.cn |
| 新浪微博 | @北京大学出版社　@北京大学出版社经管图书 |
| 电　　　话 | 邮购部010-62752015　发行部010-62750672　编辑部010-62752926 |
| 印　刷　者 | 涿州市星河印刷有限公司 |
| 经　销　者 | 新华书店 |
| | 720毫米×1020毫米　16开本　15.75印张　218千字<br>2024年1月第1版　2024年1月第2次印刷 |
| 定　　　价 | 56.00元 |

未经许可，不得以任何方式复制或抄袭本书之部分或全部内容。
**版权所有，侵权必究**
举报电话：010-62752024　电子邮箱：fd@pup.cn
图书如有印装质量问题，请与出版部联系，电话：010-62756370

献给我的家人

导　言 / 1

第一章　中国的崛起究竟有多快：全球比较的视角 / 11

　　从全球比较看中国经济增长 / 12

　　中国的GDP数据有多准确？ / 15

　　从恩格尔定律推算中国经济增长 / 18

　　中国居民可支配收入的增长 / 20

　　中国增长奇迹有多独特？ / 22

第二章　解释中国的崛起：一些流行的观点 / 27

　　基数低的国家增长就快吗？ / 27

　　人口红利有多重要？ / 32

　　靠出口拉动的增长模式？ / 37

第三章　制度决定论的是与非 / 41

　　市场化改革：神话与现实 / 43

　　中国的改革是如何奏效的？ / 47

　　强势政府与中国模式的迷思 / 50

　　中国的崛起属于"东亚奇迹" / 56

　　地理因素和民族多元化 / 59

**第四章　储蓄与投资拉动的增长　/ 62**

区分经济增长与经济波动　/ 62

投资与生产率的增长　/ 64

储蓄与投资的全球比较　/ 67

解释中国的高储蓄率　/ 70

储蓄的文化　/ 75

存在消费拉动的增长模式吗？　/ 81

中国的投资效率很低吗？　/ 85

**第五章　教育的作用：数量与质量　/ 89**

教育的数量　/ 89

教育的质量　/ 95

中国学生天生就更聪明吗？　/ 101

重视教育的文化　/ 104

**第六章　技术进步与创新　/ 113**

中国会创新吗？　/ 113

从专利数据看世界各国的创新　/ 116

科学研究：数量与质量　/ 122

研发投入的全球比较：人力资源与资金投入　/ 126

**第七章　儒家文化：关键的差异化因素　/ 131**

文化论及其批评者　/ 132

经济学的文化觉醒　/ 134

儒家文化及其与制度的关系　/ 138

中国增长的经验可以复制吗？　/ 146

**第八章　中国经济增长为何放缓** / 149

　　中等收入陷阱的迷思 / 149

　　解释中国经济的下行 / 159

　　被误判的中国经济与顺周期政策 / 167

**第九章　在后疫情时代追赶美国** / 176

　　未来三十年中国经济增长预测 / 177

　　走向全面发达之路上的"减速带" / 184

　　多极的世界 / 190

**附录一　被低估的中国消费** / 195

**附录二　被高估的中国投资** / 200

**参考文献** / 207

**中文版后记** / 241

# 导　言

　　1979年12月6日，邓小平在接见来访的日本首相大平正芳时提出，中国现代化建设的中期目标是到20世纪末建成一个小康社会。邓小平明确讲道，到20世纪末，中国的人均国民生产总值（GNP）要达到1 000美元，①这意味着人均收入每年平均增长7%。当时，这是一个雄心勃勃的目标，但实际上不到二十年就实现了。1987年4月30日，在会见一个西班牙代表团时，邓小平展望了20世纪之后的世界，并为21世纪上半叶的中国设定了发展目标：用30年到50年的时间，人均收入再翻两番（即从2000年的1 000美元提高至4 000美元），达到中等发达水平。②他设定的这个长期目标只要求人均收入的年增长率达到3%到5%。实际上，中国1978—2018年实现了震惊世界的年均8.5%的人均GDP增长率。

　　1978年时，没有人预测到中国会是此后四十年里世界上增长速度最快的经济体。中国在2006年经济总量超过英国，在2010年经济总量超过日本，成为世界第二大经济体。尽管中国近年的增长速度下滑到6%左右，

---

①　邓小平(1994)，第237页。
②　邓小平(1993)，第226页。

但与其他国家相比仍属于高速增长。所以，中国正在迅速追赶美国，由此也就产生了许多关乎世界经济和国际政治的重大问题。是什么促成了中国的快速崛起？中国会在经济上和技术上超越美国吗？如果会，那又在何时超越？是否存在一种可供其他发展中国家效仿的中国发展模式？近些年，中国经济增长为何下行？后疫情时代的地缘政治及紧张的中美关系是否会让中国经济增长进一步放缓？作为在位超级大国的美国和作为新兴大国的中国能否和平共处，抑或落入所谓的"修昔底德陷阱"[①]？关于这些问题的观点分歧很大。这些问题的答案很大程度上取决于我们如何理解1978年改革开放后中国经济三十多年的高速增长，以及如何理解近年来中国经济增长速度的下行。对这两个现象的解释不同，对上述问题的答案自然就会不同。

在中国国内，许多专家和评论者——包括经济学家和政策制定者——将中国的快速崛起归功于具有中国特色的制度和恰到好处的政策，他们理所当然地为中国经济的成就感到自豪，并对其未来充满信心。国外也有许多评论者为中国的高速增长所折服，并大胆预测中国将很快上升到全球经济的首位。[②]然而，国内外还有一些评论者更多看到的是中国经济面临的诸多挑战和不利因素，例如人口结构老龄化、企业和地方政府负债过高、行业产能过剩、国内消费不足、过度依赖投资和出口、创新乏力、教育体系僵化、市场化改革停滞、干预主义抬头、产业政策扭曲等。他们关心的不是中国的迅速崛起，而是中国能否保持经济的增速，防止严重的衰退或金融危机，避免陷入所谓的"中等收入陷阱"。[③]全球新冠疫情以及紧张的中美关系似乎进一步加深了中国经济前景的不确定性。

---

① 参见 Allison (2017)。
② 参见 Jacques (2009), Fogel (2010), Subramanian (2011), Lin (2019), Mahbubani (2020) 等。
③ 参见 Pettis (2013), Shambaugh (2016) 等。

# 导 言

## 中国增长之谜

如果有人告诉你,过去四十年中国的经济增长很快,你大概会觉得这是句废话。但如果有人对你说,过去四十年中国的经济增长是全世界最快的,不是一般的快,而是数倍于世界平均水平,那你或许会有点诧异。实际上,如果你是一般读者而不是经济专家,你甚至有可能是第一次听到这种说法。事实上,即使是疫情前的几年里6%~7%这样的对于中国来说相对较低的增长率,仍然是世界领先的速度。

如果给你更多的时间思考,你可能会说中国的增长也没什么了不起的,因为中国经济的基数本来就低,所以增长得比其他国家快不足为奇。毕竟,中国经济高速增长了这么多年,与美国这样的发达国家相比不还是落后的吗?的确如此,根据世界银行公布的数据,2021年中国的人均收入仅略高于美国水平的15%,即使考虑了两国的物价水平差异,使用更宽松的购买力平价(PPP)衡量,中国的人均收入也只是略高于美国水平的25%。

但低收入国家的增长自然就会很快吗?事实并非如此!1980年以来,低收入国家人均国内生产总值(人均GDP)的增长速度总体说来反而比高收入国家还慢。中国的增长速度不只远远高于美国、英国和日本这样的发达国家,也远远高于其他发展中国家——无论是中等收入国家如巴西、墨西哥、土耳其或菲律宾,还是低收入国家如海地、肯尼亚或孟加拉国。经过四十年的高速增长,中国已经从世界上最穷的发展中国家之一变成最富的发展中国家之一。从经济总量(即GDP)来看,中国已经从1978年位于荷兰之后、排名世界第十一位的经济体跃升为现在的世界第二大经济体。不仅如此,如果保持当前的增长趋势,预计中国将在2030年之前超越美国,成为世界第一大经济体。

其实，真正的谜题不是中国的经济增长为什么比发达国家快很多，而是为什么比其他发展中国家快很多。我把这称作"中国增长之谜"。

如今，我们都将这个成就归功于1978年开始的改革开放政策，这当然没有错。但是，改革开放只能解释中国的经济增长为什么在1978年改革开放后比之前更快，而不能解释为什么同时快过其他国家——不只是快一点，而是快很多。①绝大多数发展中国家在过去四十年里也都实行了不同程度的改革开放政策，很多国家的市场自由化程度比中国还要高，但没有哪一个国家的经济增长速度超过中国。

一些评论家将中国的快速崛起归功于国家主导型的经济发展模式，这种模式奉行积极的产业政策，鼓励出口，通过国家的扶持手段来支持国内企业的发展。②对这种模式持批评态度的西方评论家（尤其是美国的对华"鹰派"人士）虽然承认其对中国经济发展的正面作用，但认为这是一种以邻为壑的保护主义和重商主义政策，靠"侵犯"外国知识产权来实现技术进步。③但是，如果国家主导的经济模式能创造出增长奇迹，为什么其他国家没有通过这种模式或尝试通过这种模式取得类似的成功呢？实际上，在许多学者看来，国家主导不是中国的优势所在，而是中国经济体制的一个弱势。④

那么，为什么中国能够在过去四十年保持高速增长，而绝大多数发展中国家在同一时期却增长缓慢？换句话说，是什么独特的优势让中国而不是其他发展中国家如此迅速地追赶发达国家？

---

① 非洲小国赤道几内亚可以被看作一个例外。由于在20世纪90年代发现了石油，赤道几内亚迅速致富，1981—2018年，其人均GDP的平均增速为9.9%，超过了中国。但是，该国基于石油资源的经济增长主要发生在1992—2008年，而在其他多数年份里，其增长率都很低甚至是负数。

② 参见 Wen (2016)。

③ 参见 Navarro and Autry (2011) 和 Bremmer (2017) 等。

④ 参见 Naughton (2011), Huang (2011), Lardy (2019)。

## 导　言

解释中国增长之谜不仅有助于我们理解中国经济过去增长的原因，也能帮助我们预判中国经济未来增长的前景。事实上，中国经济增长的速度近些年来开始下行，引起很多人对其未来前景的担忧。中国经济发展的优势究竟是什么？后疫情时代日趋紧张的中美关系是否会使中国的崛起进程停滞，或者至少显著放缓？中国经济是否会像某些评论家预言的（甚至希望的）那样，在中美大国博弈、企业债务负担重、政府干预过多的压力下出现崩溃的可能？这样的概率有多大？要回答这些问题，就有必要理解什么是中国快速崛起背后的驱动力。为此，我在本书中先聚焦于中国经济增长放缓前的1982—2012年这三十年，其间中国实现了年均10%的增长速度。之后，我再讨论2012年后中国经济增长放缓的问题。

中国是一个大国，其人口规模是在讨论诸如国防、贸易、电子商务以及社交媒体等问题时所要考虑的重要因素。但是，当研究经济发展与增长时，人均指标往往更有意义。因此，在本书中，我用人均GDP来代表一个国家的经济发展水平，用人均GDP增长率来代表经济发展的速度，也即经济增长率。[①]

## 内容与结构

或许有人会认为中国的增长奇迹被夸大了，因为这个奇迹是根据中国国家统计局公布的官方数据得出的。一些人（包括一些经济学家）怀疑中国的GDP数据是由政府操控的。先不论这个怀疑是否合理，即便合理，问题也并不那么简单。"GDP增长率有水分"与"GDP水平有水分"不是一回事，反之亦然。关键问题是：这些数据的水分有多大？我将在第一章探讨这个问题，结论是：中国的经济增长可能被官方数据高估了，而且任何一

---

[①] 以人均GDP增长率为指标定义的经济发展是一个狭义的发展概念，与诺贝尔经济学奖得主阿马蒂亚·森（Amartya Sen）的发展概念不同，他将发展定义为增进各种自由或者减少各种不自由。参见 Sen (1999)。

年的GDP水平和增长率都不一定很准确；即便如此，在评估了统计数据的质量问题以后，中国的经济增长速度仍然是全世界最快的。另外，在这一章里，我还将从历史和全球比较的角度来评估中国的经济增长表现。

关于中国经济快速崛起的原因有很多流行的解释，除了前面提到的收入基数低和改革开放政策以外，还包括丰富的廉价劳动力、人口红利以及全球化机遇下的出口导向型经济模式等。我将在第二章逐一评价这些解释。在这里只需要指出：如果这些解释是正确的，那么至少有一部分发展中国家应该可以实现像中国一样的高速增长。与发达国家相比，所有发展中国家的收入都比较低，劳动力都很廉价，而且绝大多数国家的生育率都在下降，带来了潜在的人口红利，它们也都可以靠出口来拉动增长。尤其是体量较小的发展中国家，它们不大会像中国这样的大国一样，成为外国保护主义政策的攻击目标，因此按理说更容易实现出口拉动的经济增长。

经济学家通常将经济增长的动因划分为两个层面。[①]第一个层面称为直接动因（proximate causes），包括投资、教育和技术进步。一个国家可以通过投资积累物质资本，通过教育积累人力资本，通过技术进步提高生产率，从而实现经济增长。但又是什么导致一个国家的物质与人力资本积累速度和技术进步速度快过其他国家呢？这就是第二个层面的经济增长动因，也称为增长的根本动因（fundamental causes）或最终动因（ultimate causes），包括制度、地理和文化因素。

职业经济学家和政治学家倾向于从制度的视角解释中国增长之谜。我把他们统称为"制度派"。他们当中又存在两种相互对立的思想学派，可以称之为"自由市场派"和"积极政府派"。两个学派都承认改革开放政策是中国经济高速增长的关键因素，但是"自由市场派"认为中国的经济仍然不够自由、不够开放。这个学派认为，如果中国不进一步加快改革开

---

① 参见 Acemoglu (2009)。

放的步伐，那么经济增长将难以为继，甚至有崩溃的风险。相反，"积极政府派"将中国的高速增长归功于强势政府和积极的经济干预（包括有力的产业政策）。我将在第二章评价这两种相对立的"制度派"观点。简单说来，两种观点都无法解释中国增长之谜。"自由市场派"的观点无法解释，是因为中国的市场自由化程度并不比多数发展中国家更高。"积极政府派"的观点也无法解释，是因为中国的政府效能即使在发展中国家中也并非名列前茅；况且世界上有大约150个发展中国家，若说唯有中国在过去四十年里有幸找到或意外发现了最有利于经济发展的产业政策，这种可能性恐怕太小了。当然，还有许多其他"制度派"学者持有不同或者更深刻精巧的观点，我也会在第二章加以评论。我的结论是，体制和政策是中国经济增长的重要因素，但不是导致中国的经济增长速度快过所有其他国家的差异化因素（differentiating factor）。

其他因素如地理、气候和民族同质性都不能很好地解释中国增长之谜，剩下可以考虑的主要因素就只有文化了。文化论的观点并不新颖。儒家文化——尤其是对勤劳、节俭和教育的重视——曾被社会学家用来解释日本和"亚洲四小龙"（韩国、新加坡、中国台湾地区和中国香港地区）等东亚经济体20世纪50年代到20世纪90年代的增长奇迹。但儒家文化究竟是如何（即通过什么渠道）促进经济增长的呢？如何证明中国及其他东亚经济体比别的发展中经济体更加勤劳节俭、重视教育呢？如果儒家文化那么有利于经济发展，为什么中国的高速增长只是发生在1978年之后，而不是更早的时候？儒家文化与制度政策之间是替代关系还是互补关系？我将在第四至第七章回答这些问题。在第四章，我会论证重视储蓄的儒家文化在中国的投资拉动式经济增长中的作用。在第五章，我将讨论重视教育的儒家文化对于中国相对较高的基础教育质量所起的作用。

即使人们同意中国过去四十年的经济增长成就非同寻常，也未必会改变很多人对中国宏观经济结构的普遍担忧。我们时常会听到这样的观点：

中国的经济增长严重失衡，表现为内需不足，尤其是消费不足，经济增长主要靠投资和出口拉动，而这是不可持续的。根据这种观点，随着中国经济的持续增长，出口需求将不足以解决内需不足问题，而靠投资拉动的增长已经导致很多行业产能过剩，企业债务快速上升，这样下去最终将引发经济危机。我将在第四章（以及第八章）论证为什么这些流行的观点是错误的。大多数情况下，这种错误是由于没有区分长期增长和短期增长：长期增长是由投资、教育和技术进步所决定的，而不是由消费或出口所决定的，后者只会影响短期增长。

尽管廉价劳动力并非中国所特有，但是在过去四十年里，有相当长的时间，中国的经济增长确实是由投资和廉价劳动力驱动的。中国的高投资或许已经显现出回报率递减的迹象，劳动力与其他发展中国家相比也已经不再廉价，因此，中国可能需要转换增长方式，更多地依靠创新。但是，中国的创新能力能不能胜任这一角色？有人鼓吹中国的创新能力如何强大，对西方的竞争对手构成了威胁，而有人则不屑一顾，说中国的技术进步靠的是"山寨"，或者说得更恶劣一些，是靠"窃取"国外的技术。我将在第六章评估中国的创新能力，以及技术进步与创新在中国经济增长中的作用。

2012年之后，中国经济进入了一个增速下行的阶段。新冠疫情前的2019年的GDP增速为6.1%，创1990年之后的新低，而就在2010年，增长速度还高达10.6%。中国经济增长减速的原因是什么？中国的增长奇迹已走到尽头了吗？根据世界银行的划分标准，中国已经属于中上等收入国家。从历史上看，只有少数中等收入经济体成功发展成为高收入经济体。基于这一事实出现了一个非常流行却带有误导性的说法——"中等收入陷阱"。中国会落入这个"陷阱"吗？我将在第八章讨论这些问题。

2018年，美国特朗普政府发动了对华贸易战，紧接着对一些中国的高科技企业——尤其是科技巨头华为——实施了技术制裁。2020年，新冠疫情暴发，全球经济遭受第二次世界大战以来最严重的衰退。中国经济在后疫情时代的增长前景如何？中美持续的贸易与科技冷战将会如何影响中国的经济增长？中国的崛起进程是否会停滞或者显著放缓？中国进一步的崛起将如何影响世界？世界又应如何对待中国的崛起？我将在最后一章尝试回答这些问题。

### 全球比较的视角

美国政治社会学家S. M. 李普塞特（S. M. Lipset, 1922—2006）曾经说过："只了解一个国家的人，其实连一个国家都不了解。"[①]中国也有一个类似的说法："不识庐山真面目，只缘身在此山中。"李普塞特的意思是主张比较研究。按照这个主张，在观察和研究中国问题时，就不应该只盯着中国，而应该将中国与其他国家比较起来看。当然，所有人都知道做简单的比较。在中国，人们喜欢拿"国内"和"国外"做比较。在这些比较中，中国通常都会被比下去，直到近些年情况才有所改变。的确，中国人一提到"国外"，脑子里想的基本上都是美国、德国或日本这样的发达国家，很少有人会意识到，世界上除了发达国家还有更多的发展中国家。西方观察家在拿中国与自己国家或整个西方世界做比较时，也经常犯类似的错误。在两个国家（例如中国和美国）之间做比较，如果目的是让中国向美国学习某些方面的先进经验，是没有问题的。但是如果目的是理解为什么某些国家的增长速度比其他国家快，那么简单的比较就很可能会导致错误的结论。用统计学术语来说，简单比较的样本数太少，不具有代表性。作为本书的一个特色，我将采用全球比较的视角，把中国放到全世界所有的国家中去做比较。

当然，从全球比较的视角分析经济增长对经济学家来说并不新鲜，因

---

[①] 引自 Fukuyama (2007)。

为经济增长的跨国研究已经不在少数。但是，所有这些研究都采用了统计回归的方法分析跨国数据，以找到影响经济增长的因素。至于为什么某一个国家（如中国）的经济增长速度比其他国家快很多，这些回归分析既无法回答也无意回答，但它们提供了这个问题可能的答案选项。通过对影响经济增长的重要因素的全球比较，本书将评估中国究竟在哪些方面表现得特别突出。据此我得出结论：在实行市场化改革和开放政策的前提下，导致近几十年中国经济高速增长的主要差异化因素并非某些独特的制度或明智的政策，而是传统的儒家文化，尤其是重视储蓄和教育的文化。

  本书的读者对象不只是经济学家，也包括其他社会科学家和普通读者。本书要讨论的问题与全世界多数人都息息相关，我希望本书的主题也能引起其他社会科学领域以及非学术领域读者的兴趣。因此，在撰写本书时，我尽可能少用经济学术语，如确属必要，我会尽量说明其含义，以便任何有大专以上教育背景的非专业人士都能理解。

# 第一章

## 中国的崛起究竟有多快：全球比较的视角

中国经济在从1978年至今的绝大多数年头都保持了很高的增长速度。本书前四章聚焦1982—2012年的三十年。根据官方数据，在这三十年里，中国[①]的年均GDP增长率高达惊人的10.20%，人均GDP年增长率则高达9.12%。[②] 相比之下，同期全球人均GDP的平均增长率仅为1.48%，而发达的高收入经合组织[③]国家人均GDP的平均增长率仅为1.86%。即使2012年之后中国经济开始下行，中国仍然是全世界增长速度最快的经济体之一。需要说明的是，媒体上所报道的一国经济增长率通常指的是GDP增长率。但是，在本书中，我们用一段较长时期（如十年或更长时间）内的人均GDP年均增长率来衡量经济增长，这个指标可以更好地反映一个国家人民

---

[①] 本书中，若无特别说明，述及"中国"时统计数据仅限于中国内地，不包括中国香港、澳门特别行政区和台湾地区。

[②] 稍后我将对这些官方数据的准确性做出评论。若无特别说明，本书中所有的数据均为实际的（即扣除了通货膨胀因素）而非名义的。

[③] 经合组织（OECD）指经济合作与发展组织，总部位于法国巴黎，是于1961年成立的政府间经济组织，主要成员为西方国家。后来日本和韩国等非西方发达国家以及墨西哥和土耳其等发展中国家陆续加入了该组织。2023年，经合组织的成员国总数为38个。

生活水平不断提高的程度。

## 从全球比较看中国经济增长

中国的经济增长速度快过发达国家并不足为奇，大多数读者可能都会说，这是因为中国经济的起点（以人均GDP水平来衡量）非常低。经济学家把这叫作"赶超效应"。但是，低收入国家的经济增长一定快过高收入国家吗？事实并非如此，甚至恰恰相反。如表1-1所示，1982—2012年，低收入国家的人均GDP年均增长率仅为1.38%，还低于发达国家的增长速度；包括中国在内的中等收入国家的人均GDP年均增长率为3.08%。由此可见，中国的经济增长不仅远远快过高收入发达国家，也快过中等收入和低收入的发展中国家，而且优势十分显著。这就是我所说的"中国增长之谜"。

表1-1　1982—2012年全球经济增长[①]

| 国家或国家组合 | 人均GDP年均增长率（%） |
| --- | --- |
| 中国 | 9.12 |
| 印度 | 4.41 |
| 美国 | 1.92 |
| 全球 | 1.48 |
| 高收入经合组织国家 | 1.86 |
| 低收入国家 | 1.38 |
| 中等收入国家 | 3.08 |
| 拉美和加勒比地区（所有国家） | 1.21 |
| 撒哈拉以南非洲地区（所有国家） | 0.45 |

---

① 若无特别说明，本书所有数据均来源于世界银行公布的"世界发展指标"数据库（https://datacatalog.worldbank.org/dataset/world-development-indicators）。本书所用的1982—2012年的数据都是2013年12月18日公布的；所有计算得出的1982—2012年的年均增长率均为1983—2012年这30个年份的增长率数据的简单平均值。

# 第一章
中国的崛起究竟有多快：全球比较的视角

本书根据世界银行的定义将所有经济体分为低收入经济体、中等收入（包括中下等与中上等两个收入组）经济体和高收入经济体三类。其中低收入经济体和中等收入经济体统称为发展中经济体，高收入经济体则称为发达经济体。世界银行最新的分类标准是根据人均国民总收入（人均GNI，大致相当于人均GDP）来确定的。按照世界银行2012年的标准，人均GNI为1 035美元及以下的是低收入经济体，1 036美元～4 085美元的是中下等收入经济体，4 086美元～12 615美元的是中上等收入经济体，12 616美元及以上的是高收入经济体。到2018年，这些收入标准还略微有所降低。根据这一分类，所有西方国家、日本和"亚洲四小龙"都属于高收入的发达经济体，而发展中经济体则包括中国内地、马来西亚、巴西等中上等收入经济体，印度、尼日利亚、菲律宾等中下等收入经济体，以及海地、坦桑尼亚、孟加拉国等低收入经济体。亚洲、非洲和拉美及加勒比地区的绝大多数国家都属于发展中经济体。

经济增长速度不仅在国家或地区之间会有差异，在不同时间段也有差异。表1-2将1980—2010年分为三个十年期（20世纪80年代、20世纪90年代和21世纪第一个十年），从中可以得出如下几点结论：

第一，中国的经济增长速度在每一个十年期里都是在全球名列前茅的。此外，印度的经济增长速度虽然比不上中国，但与其他发展中国家相比也很快。

第二，所谓的"金砖五国"（BRICS，即巴西、俄罗斯、印度、南非和中国）其实只是经济总量相对较大的发展中国家，在其他方面并无多少共同之处。五国中，只有中国和印度两国的经济增长表现突出，俄罗斯、巴西和南非都很一般。俄罗斯在20世纪80年代和90年代经济连续负增长，2001—2010年的增长在相当程度上是长期衰退后的复苏，而且很大程度上是由石油和天然气所驱动的。巴西的经济增长速度更是低于所有发展中国家的平均水平，21世纪第一个十年并不十分快速的增长相当程度上也是得益于资源价格的上涨。随着资源繁荣（resource boom）时期的结束，近些年来俄罗斯和巴西再次陷入经济停滞。

表1-2 1980—2010年每个十年期的全球人均GDP增长率

（单位：%）

| 国家或地区 | 1981—1990年平均年增长率 | 1991—2000年平均年增长率 | 2001—2010年平均年增长率 |
|---|---|---|---|
| **"金砖五国"** | | | |
| 中国 | 7.8 | 9.3 | 9.9 |
| 印度 | 3.3 | 3.6 | 5.9 |
| 俄罗斯 | −3.4 | −3.5 | 5.2 |
| 巴西 | −0.4 | 1.0 | 2.5 |
| 南非 | −0.9 | −0.4 | 2.2 |
| **"亚洲四小龙"** | | | |
| 韩国 | 7.5 | 5.2 | 3.7 |
| 中国台湾 | 6.2 | 5.3 | 3.5 |
| 中国香港 | 5.5 | 2.4 | 3.5 |
| 新加坡 | 5.3 | 4.3 | 3.3 |
| **发展中地区** | | | |
| 东亚与太平洋地区 | 5.7 | 7.1 | 8.2 |
| 南亚地区 | 3.0 | 3.2 | 5.3 |
| 欧洲与中亚地区 | −1.7 | −1.7 | 4.7 |
| 中东和北非地区 | 0.2 | 1.8 | 2.6 |
| 撒哈拉以南非洲地区 | −0.9 | −0.4 | 2.2 |
| 拉美和加勒比地区 | −0.8 | 1.5 | 2.1 |
| **按收入组别划分** | | | |
| 高收入经济体 | 2.6 | 1.9 | 0.9 |
| 中等收入经济体 | 1.1 | 2.3 | 4.8 |
| 低收入经济体 | 0.1 | 0.3 | 3.2 |
| **发达国家** | | | |
| 欧盟 | 2.1 | 2.0 | 1.0 |

(单位：%)（续表）

| 国家或地区 | 1981—1990年平均年增长率 | 1991—2000年平均年增长率 | 2001—2010年平均年增长率 |
| --- | --- | --- | --- |
| 日本 | 4.1 | 0.9 | 0.7 |
| 美国 | 2.3 | 2.2 | 0.6 |
| 世界经济总量 | 1.5 | 1.4 | 1.3 |

数据来源："世界发展指标"数据库。

第三，"亚洲四小龙"在20世纪80年代经济增长都比较快，到了90年代，它们都已经成为高收入的发达经济体。之后其增长速度也显著放缓，进入21世纪，其人均GDP增长率都降至3.5%左右，但与其他发达经济体相比，还是很快的速度。

第四，在这三个十年里，发展中经济体总体的经济增长不断提速，而高收入发达经济体（包括"亚洲四小龙"）的经济增长则是不断减速的。但是，除了东亚及太平洋地区（主要包括中国内地和东南亚国家）和南亚地区（主要是印度）的经济增长速度显著高于发达经济体，其他发展中地区的经济增长在20世纪80年代和90年代总体上是慢于发达经济体的。直到21世纪的第一个十年，这些地区的经济增长速度才开始超过高收入经济体。这可能是因为中国和印度的高速增长带来了世界自然资源价格的大幅上涨，而这些地区的国家大多有丰富的自然资源。

## 中国的GDP数据有多准确？

无论与自己的过去相比还是与其他国家相比，中国的经济增长之快似乎都令人难以置信。这会不会是因为中国的增长率被官方数据高估或夸大了呢？大约二十年前，美国著名的中国经济问题专家托马斯·罗斯基（Thomas Rawski）就撰文质疑1998年（亚洲金融危机爆发那一年）的中国

GDP数据，指出当年官方公布的7.8%的GDP增长率与用电量等相关数据对不上。①这篇文章引发了媒体的广泛关注和热烈讨论。

一些经济学家注意到，中国的GDP增长率一直是考核省级和地方官员政绩的一个重要指标，这就意味着，这些官员存在虚报GDP的动力，当地经济状况不理想时尤其会这样。因此，中国的GDP增长率是可能被夸大的。②地方政府的虚报只是GDP数据可能不准确的一个原因。长期以来，熟悉中国统计的经济学家认识到，通货膨胀被低估是中国GDP增长率可能被高估的另一个重要原因。③实际GDP增长率等于名义GDP增长率减去通货膨胀率，因此，如果通货膨胀率被低估，实际GDP增长率就会被高估。

那么，中国的GDP增长率可能被高估了多少呢？根据安格斯·麦迪森（Angus Maddison）和伍晓鹰两位中国GDP统计问题专家的估算，中国1978—2003年的GDP年增长率是7.85%，而不是官方公布的9.59%。④他们的研究也影响了学术界广泛采用的基于购买力平价（PPP）的国民收入账户数据——宾夕法尼亚大学世界表（Penn World Table，以下简称"宾大世界表"），该表调低了中国历年的GDP增长率。表1-3给出了根据麦迪森项目（The Maddison Project）和宾大世界表的GDP数据⑤计算出来的中国与其他一些国家1980—2010年的人均GDP年复合增长率。这两组数据给出的中国经济增长率分别较官方结果低了2~3个百分点。但即使在调整后，中国的经济增长速度仍然是举世无双的。

---

① 参见 Rawski (2001)。

② 参见 Young (2003) 以及 Chen, Chen, Hsieh, and Song (2019) 等。

③ 参见 Wu (2002), Young (2003), Maddison (2007), Holz (2014), 以及 Lai and Zhu (2020) 等。

④ 参见 Maddison and Wu (2008)。类似地，经济学家艾尔文·杨（Young, 2003）发现，由于低估了通货膨胀率，中国1978—1998年的非农业经济年增长率被夸大了2.5个百分点。

⑤ 这两个数据项目现在属于同一家机构，即格罗宁根大学增长与发展中心。

表1-3 基于麦迪森项目和宾大世界表的经济增长率：
1980—2010年人均GDP年复合增长率

（单位：%）

| 国家 | 麦迪森项目 | 宾大世界表8.0版 |
|---|---|---|
| 中国 | 6.98 | 6.06 |
| 印度 | 2.85 | 3.97 |
| 美国 | 1.67 | 1.64 |
| 英国 | 1.85 | 1.89 |
| 尼日利亚 | 1.56 | −0.85 |
| 巴西 | 0.99 | 1.94 |
| 智利 | 1.50 | 2.57 |

资料来源：作者根据"麦迪森项目数据库2013"（https://www.rug.nl/ggdc/historicaldevelopment/maddison/releases/maddison-project-database-2013）和"宾大世界表8.0版"（https://www.rug.nl/ggdc/productivity/pwt/pwt-releases/pwt8.0）公布的数据计算得出的结果。

尽管中国的GDP增长率有可能被夸大了，但中国的GDP水平或许被低估了。[1]这个说法听起来似乎很矛盾，但其实完全有可能，原因有两个：第一，中国的GDP增长率被高估，很大程度上可能是因为通货膨胀率被低估了，而不是名义GDP水平被高估了。[2]第二，由于国家统计系统覆盖范围不足等缺陷，长期以来中国服务业的增加值被低估了。例如，2004年第一次全国经济普查以后，国家统计局将该年的GDP水平调高了16.8%，多出来的部分90%以上来自服务业。[3]摩根士丹利亚洲研究部2009年的一份报告就指出，官方数据低估了住房消费和个人医疗支出，导致服务业的增加值被明显低估。[4]我与张军的研究也表明，2004—2011年，居民自有住房的虚拟租金作为GDP的一个构成项目，在官方统计中被低估的部分相当

---

[1] 参见 Maddison (2007) 等。
[2] 参见 Maddison and Wu (2008), Young (2003) 等。
[3] 参见 Holz (2014)。
[4] 参见 Wang and Zhang (2009)。

于GDP的4%～5%。①

## 从恩格尔定律推算中国经济增长

随着一个家庭收入水平的提高,其食品支出占总消费支出的比例会下降,这个规律被称为恩格尔定律,是19世纪德国统计学家恩斯特·恩格尔(Ernst Engel,1821—1896)提出的,这个比例被称为恩格尔系数。恩格尔定律也适用于国家层面:一个国家居民的食品支出在总消费支出中的占比也会随着人均收入的上升而下降。政府官员可能会对GDP数据造假,但不太可能对居民消费支出数据造假。通过量化恩格尔定律,找到恩格尔系数与人均国民收入的关系,就有可能利用各时间段恩格尔系数的变化推算人均收入的变化,即经济增长。

马萨诸塞大学的理查德·安克尔(Richard Anker)教授在2011年的一项研究中收集了世界上207个经济体的恩格尔系数。②他将这些经济体按照有恩格尔系数年份的人均GDP(以2005年不变价美元计)由低到高分成十个等分组,每个等分组包含约20个经济体。然后,安克尔教授计算出了每个等分组所有经济体的平均恩格尔系数,结果见表1-4的前两列。我在表中补充了第三列,根据1998年的人均GDP将"世界发展指标"数据库中的所有经济体分为10个等分组,并列出该年每个等分组的人均GDP区间。我之所以选择使用1998年的数据,是因为安克尔收集的是不同年份的恩格尔系数,中位数年份是1998年。因为这里的人均GDP是以美元不变价衡量的,所以选择哪一年的数据对结果的影响应该不大。我的假设是,如果一个经济体的人均GDP落入第三列某一等分组的区间,其恩格尔系数也应位于对应等分组的区间值内,反之亦然。

---

① 参见 Zhang and Zhu (2015)。
② 参见 Anker (2011)。

## 表1-4 人均GDP与恩格尔系数

| 按收入（即人均GDP）从低到高排列的等分组 | 各收入组的平均恩格尔系数（%） | 1998年各收入组人均GDP区间（以2005年不变价美元计） |
| --- | --- | --- |
| 1（最低收入组） | 50.1 | （122～342） |
| 2 | 53.7 | （349～617） |
| 3 | 45.4 | （637～1 029） |
| 4 | 40.2 | （1 052～1 865） |
| 5 | 40.0 | （1 869～2 522） |
| 6 | 33.7 | （2 682～4 012） |
| 7 | 28.8 | （4 164～7 371） |
| 8 | 21.4 | （7 451～16 824） |
| 9 | 16.7 | （17 932～30 486） |
| 10（最高收入组） | 14.8 | （30 612～116 108） |

资料来源：前两列来自Anker（2011）论文中的表11，第三列是根据世界银行公布的"世界发展指标"的数据计算得出的结果。

因为安克尔教授用来计算恩格尔系数的相关数据在中国只有1992年以后才有，而且只限于城镇居民，所以我仅计算了1992—2012年中国城镇居民的恩格尔系数，1992年是43%，2012年是25%。对照表1-4的结果，我们可以看出，1992年中国城镇居民的恩格尔系数介于第三和第四等分组之间，对应的第三列人均GDP水平（以2005年不变价美元计）为1 040美元左右；2012年中国城镇居民的恩格尔系数降至25%，介于表1-4中第七和第八等分组之间，对应的第三列人均GDP水平为7 400美元左右。如果上述推算正确，1992—2012年中国城镇人均GDP增长了约6倍，年均增长约10%。考虑到中国农村居民的收入增长相对较慢（增长率约比城镇居民低1个百分点），中国在这二十年内人均GDP的整体增长率要略低于10%。

当然，恩格尔系数与人均GDP的相关性并不完全可靠。因此，用恩格尔定律来推算经济增长并不十分准确。尽管如此，中国的恩格尔系数在1992—2012年的二十年里由中下等收入经济体的水平（世界排名后百分之三十左右）下降到中上等收入经济体水平（世界排名前百分之三十左右），足以表明中国这二十年的经济增长速度的确非常快。

## 中国居民可支配收入的增长

GDP增长率只是经济增长的一个指标，居民可支配收入的增长则是另外一个指标，而且能更好地反映人民生活水平的改善情况。国家统计局的住户收入与支出调查采集了中国的可支配收入数据。与GDP不同，居民收入不是政府官员政绩考核的一部分，因此人为造假的可能性较小。一些研究甚至表明，中国的居民收入可能被严重低估了，主要是因为高收入家庭在收入调查中的比重明显偏低。[①]但是，只要低估的程度在各年份之间变化不大，计算得出的居民收入增长率应该还是相对准确的。[②]

表1-5第二列显示，1982—2012年，中国居民人均可支配收入名义上增长了约50倍，年复合增长率为14.01%。[③]因为同期消费物价指数每年上涨5.56%，所以，去除物价上涨因素后的实际增长率为8.45%，略低于同期9.12%的人均GDP增长率。当然，中国的通货膨胀率也有可能被低估了，所以实际人均可支配收入的增长率可能没有8.45%那么高。为了避免使用中国官方的通货膨胀率，我在表中第三列用官方汇率将所有以人民币计的收入换算为以美元计的收入。中国2012年人均可支配收入为2 640.63美元，是1982年（193.71美元）的13.63倍，这样得出的同期年复合增长率为9.1%。也就是说，1982—2012年中国居民的人均可支配收入按美元计算每年增长了9.1%。相比之下，同期美国家庭的可支配收入年复合增长率只有

---

① 我将在本书的附录中详细讨论这个问题。

② 由于1982—2012年中国收入分配的不均程度明显上升，21世纪第一个十年与20世纪80年代和90年代相比，由调查中富裕家庭比重偏低所导致的收入低估要严重很多。所以，实际的收入增长率可能高于本小节根据住户调查数据计算出来的增长率。

③ 对于农村居民，我用纯收入替代了可支配收入，因为后者一直都是针对中国城镇居民使用的概念。

3.14%,比中国低了近6个百分点。这一时期美国的通货膨胀率为2.93%,所以按美元不变价计算,中国居民人均可支配收入的年增长率为6.17%,而美国仅为0.21%。由于中国在1982年的人民币汇率是被高估的,而2012年的人民币汇率通常认为是被低估了的,因此,用官方汇率计算出来的中国居民可支配收入的增长率可能还低估了真实的增长。

表1-5 中国居民人均可支配收入的增长率

|  | 以人民币计 | 以官方汇率换算的美元计 | 以世界银行购买力平价换算的美元计 |
| --- | --- | --- | --- |
| 1982年人均可支配收入 | 326元 | 194美元 | 200美元 |
| 2012年人均可支配收入 | 16 669元 | 2 641美元 | 4 003美元 |
| 增长倍数 | 50.11 | 12.63 | 18.99 |
| 名义年复合增长率 | 14.01% | 9.10% | 10.50% |
| 人民币或美元通货膨胀率(CPI) | 5.56% | 2.93% | 2.93% |
| 实际年复合增长率 | 8.45% | 6.17% | 7.57% |

资料来源:作者根据CEIC(司尔亚司数据信息有限公司)全球数据库及"世界发展指标"公布的数据计算所得出的结果。1982年和2012年美元对人民币的官方汇率分别是1美元兑1.68元和6.31元人民币,而世界银行公布的以购买力平价计算的人民币汇率则分别是1美元兑1.63元和4.16元人民币。

在表1-5的最后一列,我按照世界银行使用的经购买力平价调整过的汇率将人民币收入换算为美元收入。结果显示,中国1982年的人均收入约为200美元,2012年达到4 003美元,增长了约19倍。照这样计算,名义年复合增长率高达10.5%,即使去除通货膨胀因素,实际年复合增长率也达到7.57%。

毫无疑问,不管用什么数据来看,中国的增长速度都是首屈一指的。虽然中国任何一年的GDP水平和增长率都不一定准确,其长期平均增长率也可能没有达到每年10%,但中国经济在过去三四十年的增长速度仍是全世界最快的,这个事实应该不容置疑。因此,若无特别说明,在本书的剩余章节,我将使用官方增长数据,因为关于数据准确性的争论不会对本书的结论产生实质的影响。

## 中国增长奇迹有多独特？

虽然近几十年中国的经济增长令人瞩目，但我们必须知道，中国内地并非历史上第一个连续保持三十年以上高速增长的经济体。根据麦迪森项目的数据，以持续三十年人均GDP年复合增长率6%为标准，第二次世界大战以后还有七个经济体实现过类似的增长奇迹。①如表1-6所示，这些经济体分别是东亚的日本、韩国、新加坡、中国台湾和中国香港，非洲的博茨瓦纳，以及中东的沙特阿拉伯。日本和沙特阿拉伯的高速增长发生在1950—1980年的三十年间。"亚洲四小龙"和博茨瓦纳的经济奇迹则晚了十年，发生在20世纪60年代至90年代的三十年里，而中国内地的经济腾飞还要再晚二十年。这八个经济体的人均GDP都在一代人的时间里增长了5倍甚至更多。②

表1-6 第二次世界大战以后的增长奇迹

| 经济体 | 增长最快的三十年 | 年复合增长率 | 1950—1960 | 1960—1970 | 1970—1980 | 1980—1990 | 1990—2000 | 2000—2010 |
|---|---|---|---|---|---|---|---|---|
| 韩国 | 1965—1995 | 7.4% | 3.7% | 5.9% | 6.6% | 7.8% | 5.6% | 3.8% |
| 博茨瓦纳 | 1960—1990 | 7.3% | 1.5% | 4.9% | 10.5% | 6.5% | 2.1% | 2.0% |
| 中国台湾 | 1962—1992 | 7.1% | 4.0% | 6.5% | 7.6% | 6.6% | 5.3% | 3.4% |
| 中国内地 | 1980—2010 | 7.0% | 4.0% | 1.6% | 3.1% | 5.8% | 6.2% | 8.9% |
| 日本 | 1950—1980 | 6.7% | 7.6% | 9.3% | 3.3% | 3.4% | 0.9% | 0.7% |

---

① 这里使用的是麦迪森项目的数据，原因如下：第一，麦迪森项目1950—1960年的GDP数据是最全的；第二，麦迪森项目的数据没有高估中国的经济增长；第三，后面我会用到麦迪森教授的GDP历史数据，这或许是他对经济研究的最大贡献。

② 世界银行2008年的一份报告认定，自1950年以来，有13个经济体在连续25年或更长时间内平均增速达到每年7%及以上，包括博茨瓦纳、巴西、中国内地、中国香港、印度尼西亚、日本、韩国、马来西亚、马耳他、阿曼、新加坡、中国台湾和泰国。该报告使用了不同的指标（即GDP，而不是人均GDP）和数据（"世界发展指标"及其他世界银行数据）。参见Commission on Growth and Development (2008)。

（续表）

| 经济体 | 增长最快的三十年 | 年复合增长率 | 1950—1960 | 1960—1970 | 1970—1980 | 1980—1990 | 1990—2000 | 2000—2010 |
|---|---|---|---|---|---|---|---|---|
| 新加坡 | 1964—1994 | 6.7% | 0.4% | 6.8% | 7.4% | 4.6% | 4.1% | 3.2% |
| 沙特阿拉伯 | 1950—1980 | 6.1% | 5.2% | 7.4% | 5.7% | -3.8% | -0.1% | 1.4% |
| 中国香港 | 1958—1988 | 6.0% | 3.5% | 6.2% | 6.3% | 5.3% | 2.3% | 3.4% |

数据来源：麦迪森项目数据库2013。

以上增长奇迹都发生在努力追赶技术前沿国家的经济体。理论上讲，一个远落后于技术前沿的经济体可以通过采用现成的技术而不是发明新技术实现高速增长。这种"赶超效应"在经济学上也称为"趋同效应"（即不同发展程度的经济体之间的收入水平在长期中趋同的现象）。表1-7显示，美国作为世界最大的经济体和最发达的经济体之一，1950—2010年的人均GDP增长率大约为每年2%，而西欧国家1950—1970年的平均增长率超过4%，高于美国，这在很大程度上是西欧战后重建和追赶美国的效应。1970年后，欧美发达国家的经济增长速度总体上都有所下降，21世纪的第一个十年下降到1%以下。从表1-7中还可以看到，拉丁美洲和非洲发展中国家的经济增长速度总体上并不比发达国家快，结果与发达国家的差距不仅没有缩小，反而还扩大了，这与上面所述的八个实现了增长奇迹的经济体形成了鲜明的对比。

表1-7　1950—2010年全世界人均GDP的"非奇迹"增长

| 国家或地区 | 增长最快的三十年 | 年复合增长率 | 1950—1960 | 1960—1970 | 1970—1980 | 1980—1990 | 1990—2000 | 2000—2010 |
|---|---|---|---|---|---|---|---|---|
| 西欧 | 1950—1980 | 3.6% | 4.2% | 4.0% | 2.6% | 1.9% | 2.0% | 0.8% |
| 拉美 | 1950—1980 | 2.6% | 2.3% | 2.4% | 3.2% | -0.7% | 1.5% | 1.4% |
| 全世界 | 1950—1980 | 2.6% | 2.8% | 3.0% | 1.9% | 1.3% | 1.6% | 2.6% |
| 美国 | 1958—1988 | 2.5% | 1.7% | 2.9% | 2.1% | 2.2% | 2.2% | 0.6% |
| 非洲 | 1950—1980 | 1.8% | 1.7% | 2.4% | 1.3% | -0.6% | 0.6% | 3.0% |

数据来源：麦迪森项目数据库2013。

我在讲课时经常会让学生猜一下工业革命时期英国的人均GDP年增长率是多少。刚开始会有学生估计说30%，我就说"不对，再往低了猜"。然后就有学生说20%、15%、10%，我说还是太高了。有学生就说8%、5%等，但没有人会说2%或以下。表1-8是麦迪森估算的1500—1940年几个大国经济增长率的历史数据。如果你不是专家，你会惊讶地发现，英国工业革命时期（大约在1750—1850年）人均GDP年增长率竟然低于0.5%！你可能会想，这样慢的速度怎么能称得上"革命"呢？但是你要知道，根据麦迪森的数据，在工业革命之前的250年（1500—1750年）里，英国的人均GDP年增长率只有0.18%，而1500年之前的增长率几乎为零。事实上，在工业革命之前，所有国家人均GDP的增长率都可以说是零或者接近于零。中国1940年时的人均GDP还不如1850年的水平，那时候中国人的生活水平很可能还比不上一千年前的宋朝。[①]

表1-8 历史上的经济增长

| 国家 | 人均GDP（以1990年的美元计） | | | | | | 人均GDP年复合增长率 | | | | |
|---|---|---|---|---|---|---|---|---|---|---|---|
| | 1500 | 1750 | 1800 | 1850 | 1900 | 1940 | 1500—1750 | 1750—1800 | 1800—1850 | 1850—1900 | 1900—1940 |
| 英国 | 1 086 | 1 695 | 2 097 | 2 330 | 4 492 | 4 988 | 0.18% | 0.43% | 0.21% | 1.32% | 0.26% |
| 美国 | | | | 1 296 | 1 849 | 4 091 | 7 010 | | | 0.71% | 1.60% | 1.36% |
| 德国 | 1 146 | 1 050 | 986 | 1 428 | 2 985 | 5 403 | −0.03% | −0.13% | 0.74% | 1.49% | 1.49% |
| 日本 | | 598 | 641 | 681 | 1 180 | 2 874 | | 0.14% | 0.12% | 1.11% | 2.25% |
| 中国 | | | | 600 | 545 | 562 | | | | −0.19% | 0.08% |
| 印度 | | | | | 599 | 686 | | | | | 0.34% |
| 巴西 | | | | 683 | 683 | 678 | 1 250 | | 0.00% | −0.01% | 1.54% |

数据来源：麦迪森项目数据库2013。

---

① 根据麦迪森的数据，中国在公元1000年左右的人均GDP为466美元（以1990年的美元计），而1940年的人均GDP为562美元。当然，这些数字不一定准确，仅供参考。

# 第一章
## 中国的崛起究竟有多快：全球比较的视角

假如中国从一千年前的宋朝开始以每年1%的速度增长，那么到今天，中国的GDP会是一千年前的多少倍呢？如果不用计算器，你可能会说10倍、20倍，甚至50倍。但是，正确的答案是：2万倍！也就是说，如果宋真宗的时候中国的人均收入相当于现在的300美元，那么以每年1%的平均增长率计算，今天的人均收入就是600万美元，不可思议！即使以每年0.4%的增长率增长，一千年下来，人均GDP也会变成50倍以上，这就是复合增长的威力。

所以，毫不夸张地说，英国1750—1800年实现了0.4%的人均GDP年增长率，是人类经济史上最巨大的飞跃，"革命"的说法是当之无愧的！当然，工业革命之前世界经济总量也会随着人口数量的增加而增长，但人均收入水平从来没有过持续稳定的增长。用经济学术语来说就是，全世界都落入了"马尔萨斯陷阱"。该术语是以伟大的古典经济学家托马斯·罗伯特·马尔萨斯（Thomas Robert Malthus，1766—1834）的名字命名的。在他看来，人口增长总是会赶上经济的增长，从而把人均收入又拉回到原点。

第二次世界大战之前，西方国家的人均GDP平均年增长率从来没有超过2%。作为后发国家，明治维新后的日本经济发展迅速，1900—1940年增长率达到2.25%，超过了欧美国家。这就是前面提到过的"赶超效应"。日本得益于"后发优势"，即经济相对落后的国家不需要"重新发明轮子"，而只需通过学习和吸收发达国家的技术来实现更快的增长。与英国相比，德国和美国的工业革命起步也比较晚，但1800年之后的经济增长速度都超过了英国。

第二次世界大战以后，西方发达国家经济增长加速，在2000年之前的五十年里，很多年份的人均GDP增长率都突破了2%。第三世界也开始了工业化，但绝大多数经济体的经济增长速度没有超过发达经济体，也就是说并没有实现后发经济体的"赶超效应"。前面已经看到，日本和"亚洲四小龙"实现了持续三十多年6%以上的增长速度。东亚以外的沙特阿拉伯和博茨瓦纳的情况比较特殊。沙特阿拉伯1950—1980年的经济增长是靠丰富的石油资源驱动的，而1980—2010年，其实际人均GDP不仅没有增长，反而还倒退了。与沙特阿拉伯相似，博茨瓦纳的经济发展很大程度上依赖于丰富的钻石资源，在1990年人均GDP还不到3 000美元的时候，博茨瓦纳的经济增长就失去了动力而迅速下滑，1990年之后，其人均GDP增长率已经回到每年2.5%左右的普通水平。

所以说，麦迪森项目数据中只有来自东亚的六个经济体在自然资源贫乏的情况下，实现了持续三十年以上的高速增长。① 除了中国内地经济起步相对较晚（在1978年才开始腾飞），其他五个经济体（即日本和"亚洲四小龙"）都先后跻身于高收入经济体行列，基本完成了追赶发达经济体的过程。这自然就引出三个问题：第一，为什么日本是第一个成功实现工业化的非西方国家？第二，为什么第二次世界大战以后"亚洲四小龙"会通过持续高速的经济增长成功赶上发达经济体？第三，为什么中国在过去四十年内成为全球增长最快的经济体？这三个问题就构成了我所说的"东亚增长之谜"，而"中国增长之谜"只是其中的一部分。第三个问题的答案应该也能帮助我们回答前面两个问题。

---

① 中国澳门也应该榜上有名，但并没有包括在麦迪森的数据中。

# 第二章

## 解释中国的崛起：一些流行的观点

在这一章里，我会讨论三种对中国经济四十年快速崛起的流行解释，即收入基数和劳动力成本低、人口红利以及出口拉动，而改革开放、强势政府等各种制度解释将放在下一章讨论。

### 基数低的国家增长就快吗？

当课堂上被问到中国经济增长比其他国家都快的原因何在时，学生们多数会说，是因为中国的人均收入基数非常低。这时，他们脑海里出现的"其他国家"恐怕都是一些发达国家：从人均收入1 000美元增长到2 000美元，当然要比从20 000美元增长到40 000美元容易多了。殊不知，世界上发达国家是少数，发展中国家才是多数。中国经济增长不只是快过发达国家，也同样快过其他发展中国家！劳动力便宜和收入基数低实际上是一回事：低收入国家的劳动力一定廉价。收入基数低和廉价劳动力也许可以解释为什么中国经济增长比高收入国家和一些中上等收入国家快，却不能解释为什么中国经济增长也比低收入国家和中下等收入国家快，并且不是快一点，而是快很多。

收入基数低、劳动力便宜的国家，其经济增长自然就快吗？答案并不是那么简单。低收入可以是绝对意义上的，也可以是相对意义上的。绝对意义上的收入基数低并不意味着增长速度可以更快，事实常常恰好相反。以美国这样的发达国家为例。[①]1850年，美国人均GDP只相当于1990年时的1 849美元，比现在的一些非洲穷国还低，但其1850—1900年的年均增长率仅为0.71%（美国依然是当时世界上增长最快的国家之一）。到1950年，美国人均GDP相当于1990年的10 000美元，比1850年高出好多倍，但其1950—2000年的年均增长率超过2%，远高于绝对收入更低的1850—1900年的增长率。事实上，美国的人均收入从20 000美元增长到40 000美元，要比从1 000美元增长到2 000美元快得多。前者只花了三十多年，而后者花了一百多年！

一方面，收入基数在相对意义上低的经济体，理论上确实有可能通过赶超效应实现更快的经济增长，从而拉近与发达经济体在相对收入上的差距。另一方面，赶超效应还意味着，随着一个经济快速增长的经济体的收入水平与最发达经济体不断接近，其增长速度也会下降。例如，经过几十年的高速增长后，日本和"亚洲四小龙"的经济增速都明显放缓。然而，这种经济增速放缓与经济体量的绝对大小没有关系。中国的经济增长速度不会因为中国已经成为世界第二大经济体就放缓，但是，如果中国的人均GDP超过某一相对收入水平，如美国水平的40%，中国的经济增长速度就将会明显放缓，关于这一点我在第九章还会再讨论。

赶超效应——或者叫"趋同效应"（convergence effect）——虽然在理论上是可能的，但不一定会变成现实。事实上，经济学家发现趋同现象并不是规律，而是例外。[②]从图2-1中我们可以看到，低收入国家的人均GDP增长率在2000年之前反而显著低于高收入经合组织国家，直到2001年，低

---

[①] 以下历史数字来自第一章用到的麦迪森项目的数据。

[②] 参见 McGrattan and Schmitz (1999) 以及 Barro and Sala-i-Martin (2003)。

# 第二章
解释中国的崛起：一些流行的观点

收入国家的经济增长速度才开始超过高收入经合组织国家。另外，中等收入国家的经济增长速度在1990年之前并没有快过高收入经合组织国家，之后开始赶超，主要是因为体量大、增长快的中国也在中等收入国家这一组。从图2-1中我们还可以看出，中国的经济增长率虽然有显著的波动，但始终"鹤立鸡群"，即使2012年增速下行到7.3%这个按中国标准来说较低的水平，也仍然远远领先于绝大多数国家。

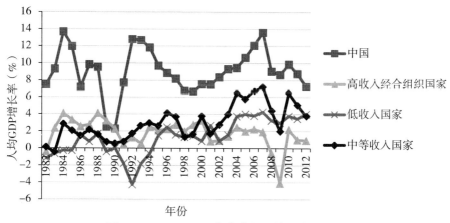

图2-1　1982—2012年各收入组的经济增长率

数据来源："世界发展指标"数据库。

从图2-2我们可以更加清楚地看出，一个国家1982—2012年的人均GDP年增长率与初始的1982年的人均GDP水平之间并没有明显的关系。这三十年里增长率超过2%的发展中国家都可以说在向发达国家趋同（因为绝大多数发达国家的增长率不到2%），但这样的国家其实只占少数。此外，增长率超过4%的国家可以说是在快速地向发达国家趋同，但这样的国家更是凤毛麟角。如图2-2所示，中国的经济增长速度是最快的，比仅次于中国的不丹要高3个百分点，比年增长率4.41%的印度要高出一倍。① 相反，增长率低于2%的发展中国家却是大多数，它们的人均收入水平各不相同，

---

① 图2-2并未包括赤道几内亚。

但都没有向发达国家趋同。

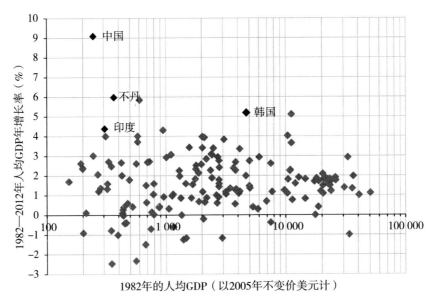

图2-2　1982—2012年经济增长与初始收入水平的关系

注：此散点图中，每一个点代表一个国家或地区，纵轴是1982—2012年的人均GDP年复合增长率，横轴是1982年的人均GDP初始水平（均按购买力平价折算成2005年不变价美元），使用的是对数刻度，100美元至1 000美元之间的每一格代表100美元，1 000美元至10 000美元之间的每一格代表1 000美元，10 000美元至100 000美元之间的每一格代表10 000美元。所有数据均来自"世界发展指标"数据库。

我们再用图2-3来比较中国、韩国与其他按收入和地理位置划分的国家组别在1982—2012年这三十年内人均GDP的变化轨迹。从图中我们可以看出，中国和韩国追赶高收入经合组织国家的速度非常快。中国在1982年时极其贫困，人均GDP只相当于撒哈拉以南非洲国家平均水平的三分之一左右。经过三十年的高速增长，中国从世界上最穷的穷国之一变成了最富裕的发展中国家！相比之下，撒哈拉以南非洲国家却几乎没有增长。中国之所以在2012年仍可以被视为穷国，是因为那时中国的人均GDP还低于拉美和加勒比地区国家的平均水平，只接近高收入经合组织国家四分之一的水平。

# 第二章
解释中国的崛起：一些流行的观点

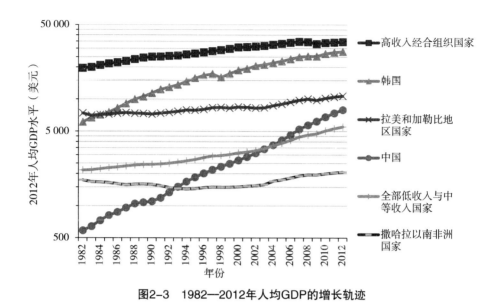

图2-3　1982—2012年人均GDP的增长轨迹

注：纵轴是2012年的人均GDP水平（均按购买力平价折算成2005年不变价美元），使用的是对数刻度。500美元至5 000美元之间的每一格代表500美元，5 000美元至50 000美元之间的每一格代表5 000美元。所有数据均来自"世界发展指标"数据库。

韩国在1982年时的人均GDP还低于拉美和加勒比地区国家的平均水平，但随着其快速增长，很快就把这些国家远远抛在身后。1998年的金融危机并没有阻挡住韩国经济增长的脚步，到了2012年，韩国的收入水平已经接近最发达的国家，人均GDP从高收入经合组织国家水平的31%跃升到80%。与其形成鲜明对比的是，同期拉美和加勒比地区国家的人均GDP反而从高收入经合组织国家水平的38%降到了31%。

虽然拉美国家和撒哈拉以南非洲国家的绝对收入水平在三十年里略有增长，但因为增长速度慢，其收入相对于发达国家反而下降了。所以问题就来了：为什么中国和韩国能迅速追赶发达国家，而拉美和非洲的中等收入和低收入国家却不能？这正是我在本书中要探讨的中国或东亚增长之谜。

## 人口红利有多重要？

人口因素经常出现在关于中国经济的讨论中，很可能因为中国是世界上人口最多的国家，而且实行了三十多年严格的"一胎化"计划生育政策。但是，人口总量及其增长速度与用人均GDP衡量的经济增长之间并没有直接的关系。[①]不管是人口大国还是人口小国，经济增长都有快有慢。人口控制看上去似乎促进了中国的经济增长，但需要注意的是，过去四十多年里，中国几个沿海省份（如广东、福建、浙江等）吸引了很多内陆省份的劳动人口流入，因此其常住人口的增长速度相对其他省份更快，人均GDP的增长速度也相对更快。

"人口红利"本来是人口学家使用的术语，但在中国却成了日常用语。人们在大众媒体以及平常聊天中经常听到下面的说法：一直以来，中国经济的高速增长很大程度上来自人口红利，但现在人口红利已经消失，中国经济必须寻找新的增长动力。事实上，学术界以外很少有人真的理解"人口红利"这个概念。

简单地说，当一个国家的劳动年龄人口在总人口中的占比上升，或者说抚养比（即需要抚养的人口数量除以劳动年龄人口的数量）下降，由此带来的经济增长的好处被称为"人口红利"。随着一个国家的生育率下降，需要抚养的儿童占总人口的比例会下降，劳动年龄人口的占比会上升。这时，即使劳动生产率（即每个劳动人口的产出）不变，人均GDP也会增加，这种人均GDP的增加可以称为"直接的人口红利"。另外，由于抚养比下降，家庭储蓄通常会增加，增加的储蓄用来投资生产性的固定资本和提高子女的教育水平（即人力资本），从而带来劳动生产率的提高。[②]

---

[①] 参见 Kelley and Schmidt (1995) 等。

[②] 参见 Bloom, Canning, and Sevilla (2003)。Naughton (2018, p.280) 将直接的人口红利称为经济增长的"机械效应"。

由这个次生效应带来的额外经济增长可以称为"间接的人口红利"。不过，人口红利是不可持续的。生育率下降、预期寿命延长，最终会导致老年人口占比提高，抚养比上升。事实上，中国早在2010年就已经达到抚养比的低谷，人口红利基本消失。

中国2010年之前的生育率下降和人口红利的产生通常被归功于严格的计划生育政策。但是，中国在实行计划生育政策之前生育率就已经开始下降，而很多没有实行计划生育政策的发展中国家的生育率也同样有显著的下降。所以说，计划生育政策并非中国生育率下降的唯一原因，甚至不一定是最重要的原因。①现在中国调整了计划生育政策，生育率不见得就会显著提高，甚至还可能继续下降。

如何衡量人口红利（即直接人口红利与间接人口红利之和）以及人口红利对经济增长的贡献，在学术界是有争议的。根据几个不同的研究估算，人口红利对中国20世纪最后二十年经济增长的贡献为15%~25%。②有一项研究表明，抚养比下降使得中国1982—2000年的人均GDP增长率提高了1.3个百分点，即人口红利对这一时期中国经济增长的贡献是15%左右。③另一项研究发现，1990—2005年，直接人口红利与人力资本效应之和对中国经济增长的贡献是20%。④人口红利这个概念在中国的主要倡导者之一蔡昉教授与他的合作者有一篇著名的论文，文中估算，中国1982—2000年的人口红利相当于2.3%的人均GDP增长率，即有四分之一左右的中国经济增长来自人口红利的贡献。⑤这些结果一方面说明人口红利非常显著，另一方面说明其还远远不能解释中国增长之谜。毕竟，1982—2012年，中国的人均GDP增长率比其他发展中国家的平均人均GDP增长率要高

---

① 参见 Wang and Mason (2008)。
② 同上。
③ 同上。
④ 参见 Zhang, Zhang, and Zhang (2015)。
⑤ 参见王德文、蔡昉和张学辉 (2004)。

出大约7个百分点,更何况在这三十年接近尾声时,中国的人口红利已经为零,但经济增长依然强劲。

还需要指出的是,中国并不是唯一享有人口红利的国家。在其他许多发展中国家,劳动人口的增长率也都超过了总人口的增长率,从而导致抚养比下降。表2-1比较了全世界的直接人口红利。表中的劳动年龄人口指的是年龄为15~64岁的人口,直接人口红利就等于人均GDP年复合增长率减去劳动年龄人口人均GDP年复合增长率[①]。其反映的是劳动年龄人口增长速度超过总人口增长速度对人均GDP增长的直接影响,不包括抚养比下降所带来的储蓄和投资的增长以及教育水平的提高对经济增长的好处。

表2-1　1982—2012年的GDP增长率、人口增长率和直接人口红利

(单位:%)

| 国家或地区 | GDP增长率 | 人均GDP增长率 | 人口增长率 | 劳动年龄人口增长率 | 劳动年龄人口人均GDP增长率 | 直接人口红利 |
| --- | --- | --- | --- | --- | --- | --- |
| 中国 | 10.15 | 9.07 | 0.98 | 1.59 | 8.56 | 0.50 |
| 中东和北非地区 | 3.67 | 1.30 | 2.32 | 3.05 | 0.61 | 0.68 |
| 拉美和加勒比地区 | 2.71 | 1.09 | 1.59 | 2.09 | 0.62 | 0.47 |
| 欧洲和中亚地区(发展中国家) | 2.26 | 1.78 | 0.59 | 0.91 | 1.35 | 0.44 |
| 南亚地区 | 5.92 | 3.97 | 1.86 | 2.32 | 3.61 | 0.37 |
| 撒哈拉以南非洲地区 | 3.04 | 0.28 | 2.75 | 2.88 | 0.16 | 0.12 |
| 欧盟 | 2.02 | 1.75 | 0.26 | 0.32 | 1.69 | 0.05 |
| 美国 | 2.78 | 1.75 | 1.02 | 1.03 | 1.75 | 0.00 |

数据来源:"世界发展指标"数据库。

从表2-1的数据可以看出,中国的直接人口红利在1982—2012年每年只带来0.5个百分点的额外的人均GDP增长,与9.07%的人均GDP增长率相

---

[①] 这在数学上也等于抚养比每年的变化。

比几乎可以忽略不计。更重要的是，与其他大多数发展中地区相比，中国的直接人口红利并没有什么特别之处，与拉美和加勒比地区、欧洲和中亚的发展中地区非常接近，甚至还低于中东和北非的发展中地区（不包括石油资源丰富的国家）。但令人惊讶的是，所有这些地区的人均GDP平均增长率都不足1.8%，这说明其间接人口红利肯定非常小。如果中国的直接人口红利与其他发展中地区接近，但间接人口红利高出很多，只能说明这些发展中地区并没有很好地实现间接人口红利，也就是说，这些地区的抚养比下降，并没有相应地带来储蓄的增加或教育水平的提高，这与中国形成了鲜明的对比。因此，也许不是人口结构本身，而是重视节俭和教育的儒家文化造成了中国与这些发展中地区之间在间接人口红利上的巨大差距，而这是本书第四章和第五章的主题。①

除了中国，其他东亚国家和地区在其经济高速增长时期也有类似的人口红利，但其程度也同样远远不足以解释这些经济体出色的增长表现。表2-2引自美国哈佛大学两位经济学家戴维·布卢姆（David Bloom）和杰弗里·威廉姆森（Jeffrey Williamson）的研究成果，从中可以看出，1965—1990年，东亚地区的经济增长速度独领风骚，人均GDP平均年增长率为6.11%，不只是远远高于发达的欧洲（2.83%）和北美洲（1.61%）——这可以用赶超效应来解释，更高过所有其他发展中地区，尤其是南亚（1.71%）、非洲（0.97%）和南美洲（0.85%）。那么，人口红利在多大程度上能够解释各地区在经济增长速度上的差异呢？从表2-2来看，除了非洲地区可能是个例外，所有其他地区都存在一定的人口红利，因为这些地区的劳动人口增长率都超过了总人口增长率。东亚地区的人口红利最多，东南亚地区次之。在这个意义上，人口红利确实能部分地解释东亚地区的高速经济增长，但是人口红利到处都有，东亚地区的人口红利最多只

---

① 我要感谢一位匿名评审人向我指出儒家文化和人口红利之间的关系。

比别的地区高出1个百分点,但在人均GDP增长率上,东亚地区比南亚、非洲和南美洲高出4.40~5.26个百分点。结论很清楚:人口红利确实对东亚地区(包括中国)的经济增长起到了积极作用,但远远不能解释该地区惊人的经济增长速度。

表2-2　1965—1990年东亚和其他地区的人口红利

(单位:%)

| 地区 | 人均GDP平均增长率 | 人口平均增长率 | 经济活动人口平均增长率 | 估算的人口红利:对人均GDP平均增长率的影响 |
| --- | --- | --- | --- | --- |
| 亚洲 | 3.33 | 2.32 | 2.76 | 0.73~1.64 |
| 东亚 | 6.11 | 1.58 | 2.39 | 1.37~1.87 |
| 东南亚 | 3.80 | 2.36 | 2.90 | 0.91~1.81 |
| 南亚 | 1.71 | 2.27 | 2.51 | 0.41~1.34 |
| 非洲 | 0.97 | 2.64 | 2.62 | (0.07)~1.1 |
| 欧洲 | 2.83 | 0.53 | 0.73 | 0.33~0.52 |
| 南美洲 | 0.85 | 2.06 | 2.50 | 0.74~1.54 |
| 北美洲 | 1.61 | 1.72 | 2.13 | 0.69~1.34 |
| 大洋洲 | 1.97 | 1.57 | 1.89 | 0.53~1.14 |

数据来源:Bloom and Williamson (1998),表7。表中的"经济活动人口"指的是联合国定义的劳动力供给。"东亚"只包括中国内地、中国台湾、中国香港、日本、韩国和新加坡。

注:加小括号的数字表示该数字为负值。

随着老龄化的到来,人口红利最终会变成人口负债,对未来经济增长会有负面影响。不过,人口红利和人口负债是一枚硬币的两面。如果人口红利对经济增长的影响有限,那么人口负债的影响也不会太大。中国的确将面临人口老龄化问题,但许多发达国家已经在面临这个问题,而即使人均GDP增长率在1%到2%的水平,这些国家也没有出现人口老龄化导致的危机局面。很多人认为,富裕国家有能力应对老龄化问题,而中国是"未富先老"。但是,中国只要还处在"未富"的发展阶段,就有追赶的潜力,经济增长速度仍然会快过富裕国家,多出一个百分点的增长率就可以

# 第二章
解释中国的崛起：一些流行的观点

应对人口老龄化问题。"未富先老"也许很快会成为中国的现实，但是不等于人口开始老龄化后中国人就不会继续变富。

## 靠出口拉动的增长模式？

人们常说，中国经济的高速增长靠的是出口拉动的增长模式，乘了全球化的东风。根据这种观点，中国实行改革开放政策后，凭借丰富廉价劳动力的优势参与了国际分工，大量生产中低端消费品并出口到全世界，尤其是发达国家。这个关于中国经济高速增长的解释似乎不证自明。但是，一旦我们采用全球比较的视角，这个解释的漏洞就显而易见了。中国在过去几十年里的确从贸易和全球化中获益，但是，理论上所有国家都能够从贸易和全球化中获益。[1] 尤其是劳动力廉价的发展中国家按理都有可能参与贸易和生产的全球化，靠出口促进经济繁荣，但事实上只有极少数的国家做到了这一点。

的确，中国的出口增长速度是全世界最快的，但这完全可能是因为中国经济的增长速度是最快的，所以，因果关系很可能是倒过来的。作为一个制度因素，一个国家的开放程度与世界贸易体系显然会影响经济增长。[2] 但是，正如我将在第四章解释的那样，就出口本身而言，无论是其增长的速度还是在GDP中的占比，都不是一个国家长期经济增长的动力。真正影响经济增长的是产品（包括出口商品和满足国内需求的产品）生产能力提高的速度。

从需求方面来看，一个经济体对出口的依赖程度——出口占GDP的比重（也叫出口依存度）——取决于很多因素，但是该比重与一个国家的长期经济增长没有必然联系。事实上，中国的出口总额在过去几十年里有显著的增长，但在GDP中的占比并不突出。中国的出口总额现在是世界第

---

[1] 参见 Lamy (2013) 等。

[2] 参见 Sachs and Warner (1995), Frankel and Romer (1999)。

一,并不是因为中国是个出口导向比其他国家更显著的国家,而是因为中国是世界第二大经济体。例如,2018年中国的出口总额是韩国的3.7倍,但其GDP是韩国的8.4倍,所以,就总需求而言,韩国经济的出口依存度要远远高于中国。表2-3显示了1982—2012年部分国家的出口额占GDP的比重。中国在2012年的占比是27%,低于世界平均水平(30%)。从这个指标来看,中国只是一个普通的出口国,出口依存度并不比印度、墨西哥、土耳其等主要发展中经济体明显更高。从表2-3中还可以看到这三十年内全球化的趋势:全世界出口总额占世界GDP总量的比重由1982年的19%上升到2012年的30%,不管是发达国家还是发展中国家,贸易的重要性都有极大的提升(日本或许是一个例外)。

表2-3 1982—2012年世界部分国家出口额占GDP的比重

(单位:%)

| 国家 | 1982 | 1992 | 2002 | 2012 |
| --- | --- | --- | --- | --- |
| 韩国 | 33 | 27 | 36 | 57 |
| 德国 | 23 | 24 | 23 | 52 |
| 墨西哥 | 15 | 15 | 27 | 33 |
| 中国 | 12 | 19 | 25 | 27 |
| 土耳其 | 12 | 14 | 25 | 26 |
| 印度 | 6 | 9 | 14 | 24 |
| 日本 | 14 | 10 | 11 | 15 |
| 美国 | 8 | 10 | 9 | 14 |
| 全世界 | 19 | 20 | 25 | 30 |

数据来源:"世界发展指标"数据库。

从图2-4中可以看出,1978年中国出口额占GDP的比重非常低,仅为6.6%,2001年之后迅速上升,到2006年达到39%的峰值,这可能是2001年中国加入世界贸易组织(WTO)的结果。2008年全球金融危机以后,中国出口的增长速度急剧放缓,2009年出口占比就回到27%左右,即比较正常的水平。需要注意的是，1978年，印度和土耳其的出口占比同样很低，分别为6%和4%，到2012年，则分别达到24%和26%，与中国接近。墨西哥作为一个出口导向性更强的发展中国家，1978年出口占比为10%，2012年达到33%。很明显，1982—2012年，这三个发展中大国和中国一样，都赶上了全球化的浪潮，但经济增长速度各异（印度、土耳其和墨西哥的人均GDP平均年增长率分别为4.4%、2.8%和0.7%），都远远低于中国。

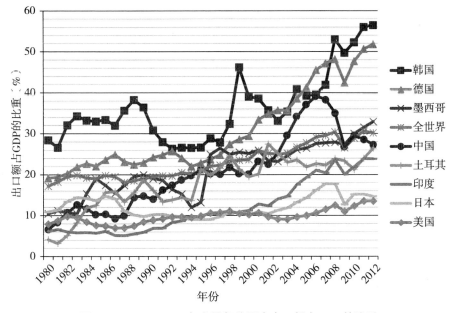

图2-4 1978—2012年世界部分国家出口额占GDP的比重

注：各国曲线的位置是按2012年出口占比的高低自上而下排列的。所有数据均来自"世界发展指标"数据库。

从图2-4中还可以看出，德国和韩国对出口的依存度远远高于图中其他国家。美国和日本的出口占比处于世界最低水平，中国的出口占比虽然大大高于美国和日本，但出口总额中的国内增加值比重也低于这两个国家。[1]中国的出口商品主要是以国际价格计算的制造业产品，而大多数中

---

[1] 参见 Koopman, Wang, and Wei (2014)。

国商品和服务都是以国内价格计算的,总体上要低于美国和日本的价格。因此,如果我们用出口商品的国内增加值占按购买力平价调整后的GDP的百分比来衡量出口依存度,中国与美国、日本的差别可能就没那么大了。

无论是绝对数量还是增长速度,中国的出口能力都是令世界瞩目的。中国在改革开放初期的出口额只占到当时低水平GDP的7%,总额甚至小于新加坡,在世界贸易舞台上几乎可以忽略不计。如今,中国的出口额占到GDP的约四分之一,虽然这个占比从全球来看很普通,但由于中国的GDP总量已经居世界第二位,约四分之一的出口占比自然让其成为世界上最大的出口国。所以,应当将中国惊人的出口增长速度看成其经济高速增长的结果而不是原因。实际上,如果一个国家真的可以通过出口实现增长奇迹的话,那么别的国家也都可以,尤其是那些经济体量很小的国家,它们本来就更依赖出口,也较少受外国贸易保护主义措施的影响。但事实恰恰是,中国和印度这两个最大的发展中国家在近几十年实现了最快的经济增长。

一些美国批评者将中国的高速增长归因于贸易不平等、竞争不公平、侵犯知识产权、劳工报酬低以及环境保护不力等。特朗普政府的贸易与制造业政策办公室主任彼得·纳瓦罗(Peter Navarro)认为这些是中国"消灭"美国工作机会的"大规模杀伤武器"(weapons of job destruction)。[①] 中国也许算不上是公平贸易、知识产权保护和环境保护的最佳楷模,但如果真是这些"武器"让中国在过去几十年内成为全世界增长最快的经济体,那我们就终于找到了经济发展的"妙方":补贴国内企业、让货币贬值、不采取措施保护知识产权和环境。如果发展经济如此简单,很多国家(尤其是那些经济体量较小的国家)早就可以变得很富有了。

---

① 参见 Navarro and Autry (2011) 等。

# 第三章

# 制度决定论的是与非

正如第二章所述，较低的收入基数、直接人口红利以及出口导向都不是中国独有的特色，因此也不是中国经济增长超过其他发展中国家的原因，我们需要另外寻找中国增长之谜的答案。经济学家和政治学家通常会从政策和制度的角度寻找答案，我课堂上的多数学生也将原因归结于中国的改革开放政策和强势高效的政府。但无论政策和制度是否有优势，都必须经得起全球比较（尤其是与其他发展中国家的比较）的检验。

已故诺贝尔经济学奖得主道格拉斯·诺斯（Douglass North）是从制度的角度研究经济增长与发展的先驱人物，其1990年出版的《制度、制度变迁与经济绩效》一书影响甚广。他对"制度"的定义是非常广义的，将其定义为"一个社会的游戏规则"，包括正式的约束（如人为设计的规则）和非正式的约束或文化约束（如习俗和行为规范）。[①]诺斯同时肯定了正式制度（如法治和私有产权）与非正式制度（如文化信仰）在决定经济绩效方面发挥的作用。[②]但是，大多数经济学家使用的"制度"通常

---

① 参见 North (1990), pp. 3–4。

② 参见 North (2010)。

是更狭义的，仅指政府或司法机构制定的正式规则。例如，哈佛大学的丹尼·罗德里克（Dani Rodrik）教授与合作者在他们发表的一篇引用率很高的论文《制度是决定性的》（"Institutions Rule"）中，将制度定义为法治体系和私有产权保护法。①他们试图论证，制度因素比地理因素或贸易开放程度更能解释不同国家之间巨大的收入差距。可惜的是，太多的经济学家如这几位作者一样不仅采用了制度的狭义定义，而且还忽略了文化等非正式约束在经济发展中的重要作用，而后者是诺斯的制度定义中不可或缺的部分。

本书中，我也采用狭义的"制度"定义，以便与"文化"这个概念相区分。具体而言，我所说的制度指一个国家的政治体制（如民主制与集权制）、经济体制（如市场经济体制与中央计划经济体制、私有制与公有制）以及整个经济的总体政策导向（如自由贸易与贸易保护、出口促进与进口替代、自由放任与积极产业政策）。根据这个定义，政策改革会带来制度的变化。与绝大多数现有的中国经济研究不同，文化在本书中扮演了重要的角色。文化同制度一样，也是一个含义很广的常用词。本书中，我将"文化"定义为某一族群所共享的信仰、价值观和行为规范。②因此，正如诺斯所指出的，制度（正式约束和规则）与文化之间一个很大的不同在于，制度可能会一夜之间由于政治决策或司法裁决而改变，但文化约束却极少受人为政策的影响。③鉴于制度与文化之间的这个区别，制度会是解释世界各国经济增长表现的差异，尤其是中国增长奇迹的决定因素吗？答案并不像罗德里克教授及其合作者的研究试图证明的那样清楚明了。制

---

① 参见 Rodrik, Subramanian, and Trebbi (2004)。

② 这个定义与经济学家路易吉·圭索（Luigi Guiso）、佩奥拉·萨皮恩扎（Paola Sapienza）和路易吉·津加莱斯（Luigi Zingales）（Guiso, Sapienza, and Zingales, 2006, p. 23）的定义很相似，他们将文化定义为"民族、宗教和社会群体代代相传、几乎不变的传统信仰和价值观"。

③ 参见 North (1990), p. 6。

度的确是经济表现好坏的一个重要决定因素，但不一定是最重要的因素。罗德里克教授及其合作者所发现的是一个国家的收入（人均GDP）水平与制度优劣（尤其是法治质量）之间在统计上的正相关关系。确实，大多数富裕经济体都有高质量的制度，但孰因孰果呢？发展中国家的经济增长与法治质量之间的关系又如何呢？快速增长的中国和印度的制度质量比其他发展中国家更高吗？后面这个问题的答案是否定的。

## 市场化改革：神话与现实

无论是经济学家还是普通大众，都普遍将中国经济的高速增长归功于1978年年底正式开启的市场化改革。毫无疑问，没有改革开放政策，就没有中国的增长奇迹。然而，市场化改革只能解释为什么1978年以后的中国经济增长快于1978年之前，而不能解释为什么其同时也快于其他发展中国家，除非后者都像朝鲜一样保持着国家主导的中央计划经济体制，但事实并非如此。大多数发展中国家都没有实行过苏联式的中央计划经济体制，但不少国家在20世纪80年代之前还是有相当程度的国有经济成分和严苛的政府管制。在20世纪80年代后席卷全球的市场化改革浪潮的推动下，全世界的发达国家和发展中国家几无例外地、在不同程度上向着私有化、自由化和放松管制的方向迈进。这就是为什么美国经济学家安德烈·施莱弗（Andrei Shleifer）将1980年之后的时期称为米尔顿·弗里德曼（Milton Friedman）时代——弗里德曼是最负盛名的自由市场经济的捍卫者。[1]

但是，对于大多数国家，无论是发展中国家还是发达国家而言，市场化改革似乎并没有促进经济增长。表3-1比较了1961—1985年和1986—2010年两个25年间全球人均GDP的年均增长率。总体说来，拉美和加勒比地区的增长率从年均2.4%降至1.25%，中东和北非地区（不包括石油资

---

[1] 参见 Shleifer (2009)。

源丰富的国家）从2.99%降至1.67%，撒哈拉以南非洲地区从0.97%降至0.6%。我列举这些数据并不是想证明市场化改革是导致这些发展中国家经济增长减速的原因，毕竟发达的经合组织国家的人均GDP增长率也从1961—1985年的3.14%下降至1986—2010年的1.78%。但这些数据最起码说明市场化和自由化并没有给绝大多数发展中国家带来经济奇迹，而中国的人均GDP增长率却从4.69%上升至8.91%，印度则从1.61%上升至4.62%。

表3-1 两个25年间人均GDP的年均增长率

（单位：%）

| 国家或地区 | 人均GDP年均增长率 | |
|---|---|---|
| | 1961—1985 | 1986—2020 |
| 中国 | 4.69 | 8.91 |
| 印度 | 1.61 | 4.62 |
| 美国 | 2.53 | 1.65 |
| 经合组织成员国 | 3.14 | 1.78 |
| 拉美和加勒比地区 | 2.40 | 1.25 |
| 中东和北非地区 | 2.99 | 1.67 |
| 撒哈拉以南非洲地区 | 0.97 | 0.60 |

数据来源："世界发展指标"数据库。

为什么市场化改革在中国和印度均创造了奇迹，而在绝大多数发展中国家却没有呢？是因为这些国家没有像中国和印度那样实行彻底的经济改革吗？情况似乎恰恰相反。

根据著名的美国传统基金会（Heritage Foundation）和加拿大菲沙学会（Fraser Institute）针对全球经济体自由度的排名，即使经过几十年的市场化改革，中国内地和印度的经济自由度仍低于世界平均水平，不仅逊色于几乎所有拉美国家，甚至还不如许多非洲国家。

表3-2显示了美国传统基金会和加拿大菲沙学会公布的2017年部分经

济体的经济自由度指数排名以及世界银行公布的2017年营商便利度指数排名。中国香港和新加坡作为两个著名的自由市场典范，自然位列经济自由度指数排行的榜首，朝鲜和委内瑞拉排名垫底也可以理解。然而，中国内地的经济自由度指数与尼日利亚和坦桑尼亚处于同一水平，不仅远远落后于墨西哥、牙买加这样的中等收入经济体，还落后于柬埔寨和乌干达这样的低收入经济体！中国内地在更客观的营商便利度指数上的排名要高很多，但这个指数是基于北京和上海的数据做出的，而且也仅略高于平均水平而已，还不如哥伦比亚和墨西哥这样的低增长发展中经济体。印度的增长速度尽管很快，但在这些指数上的表现甚至比中国内地还要糟糕。

表3-2 全球经济自由度与营商便利度指数排名

| 经济体 | 美国传统基金会2017年经济自由度指数排名 | 加拿大菲沙学会2017年经济自由度指数排名 | 世界银行2017年营商便利度指数排名 |
| --- | --- | --- | --- |
| 中国香港 | 1 | 1 | 4 |
| 新加坡 | 2 | 2 | 2 |
| 瑞士 | 4 | 4 | 31 |
| 美国 | 17 | 5 | 8 |
| 毛里求斯 | 21 | 9 | 49 |
| 韩国 | 23 | 33 | 5 |
| 哥伦比亚 | 37 | 94 | 53 |
| 牙买加 | 41 | 61 | 67 |
| 菲律宾 | 58 | 53 | 99 |
| 墨西哥 | 70 | 76 | 47 |
| 乌干达 | 91 | 48 | 115 |
| 柬埔寨 | 94 | 43 | 131 |
| 坦桑尼亚 | 105 | 87 | 132 |
| 中国内地 | 111 | 112 | 78 |
| 尼日利亚 | 115 | 81 | 169 |
| 刚果（金） | 117 | 157 | 184 |

（续表）

| 经济体 | 美国传统基金会2017年经济自由度指数排名 | 加拿大菲沙学会2017年经济自由度指数排名 | 世界银行2017年营商便利度指数排名 |
| --- | --- | --- | --- |
| 印度 | 143 | 79 | 130 |
| 委内瑞拉 | 179 | 162 | 187 |
| 朝鲜 | 180 | | |

注：经济自由度指数来自美国传统基金会（http://www.heritage.org）和加拿大菲沙学会（http://www.fraserinstitute.org/），两者都是主张自由放任经济政策的保守派智库，它们每年对世界各经济体的经济自由度进行排名。这两家机构的指数构成非常接近，包括一个经济体的法治和产权保护质量、政府大小、监管效率、市场开放程度和宏观稳定性。世界银行的营商便利度指数（http://www.doingbusiness.org/rankings）试图用客观指标来衡量每个经济体的商业环境，例如审批程序的复杂性、花费的时间和成本等。

根据这些排名标准，中国市场化改革的彻底性相较于许多发展中经济体显然不具有优势。事实上，国内外似乎有一个共识：中国离一个完善的自由市场经济还有较大差距。中国政府也认为还需要全面扩大和深化市场化改革，并在2013年召开的中国共产党第十八届中央委员会第三次全体会议上制定了全面深化改革的蓝图，目标是使市场在资源配置中发挥决定性作用。

坚信自由市场对经济发展起根本性作用的经济学家可能会质疑上述排名所用指标的有效性，即它们是否真实反映了一个经济体的市场体制的实际质量。质疑这些指标的质量当然合情合理，但颇为讽刺的是，编制这些指标的正是那些鼓吹自由市场的机构，它们的目的是要通过提升各经济体的经济自由度来促进全球的经济增长。如果这些机构得出的指标都与现实世界中的经济增长不大相关，那么经济自由度和经济增长之间的相关性或许并不像它们认为的那样强。

一定程度的经济自由确实是增长奇迹的必要条件，但是仅靠自由市场似乎远远不够。市场化改革或许是中国过去四十多年经济腾飞的前提条件，但并非中国增长速度远超其他发展中经济体的原因，因为表3-2中的数据表明有不少发展中经济体拥有比中国内地更自由的市场。

自由市场的拥护者可以利用表3-2中的排名来证明中国需要进一步提升经济自由度，但自由放任经济的反对者也可以利用同样的数据得出恰好相反的结论，即过分的自由反而不利于经济发展。既然如此，会不会是中国政府在经济中发挥的强大作用促使中国实现了高速增长？

### 中国的改革是如何奏效的？

经过四十年的改革，中国的经济自由度仍未超过世界平均水平。事实上，美国和欧盟仍不承认中国的市场经济地位。主流经济学家发现，解释中国显而易见的经济成就并非易事，因为中国的市场经济远远谈不上自由，对私有产权的保护也远非完善。在标准的经济学理论中，自由市场和私有产权是市场经济的基石，是有效配置资源必不可少的。制度派经济学家甚至认为二者还是维持经济增长的前提条件。

20世纪90年代，中国两位数的增长与前苏联国家的经济崩溃形成格外鲜明的对比，而后者在价格及贸易自由化与私有化方面改革的力度比中国更大。这个现象成了学术界的一个热门研究课题，目的是解释为什么并不彻底的市场化改革在中国成功带来了经济的高速增长，而更彻底的改革在前苏联国家却带来了经济的衰退。究竟是渐进式改革更好，还是"大爆炸"或者"休克疗法"（shock therapy）式的市场化改革更好？围绕这个问题曾经有过激烈的争论，由此也诞生了一个新的研究领域——转轨经济学（transition economics）。[①]

那么，中国的改革是如何奏效的呢？对中国从计划经济走向市场经济的改革过程的研究以清华大学钱颖一教授的贡献最大，他在2003年发表了一篇以这个问题为标题的论文。[②]在这篇颇具影响力的论文中，钱颖一指出，中国的改革之所以成功，正是因为在市场化改革初期没有仿效所谓的

---

① 参见 Roland (2000)。
② 参见 Qian (2003)。另参见他在 2017 年出版的同名专著 (Qian, 2017)。

"最佳实践制度"（即传统的西方自由市场和私有产权制度），而是退而求其次，试验了一系列创新的"过渡性制度"（transitional institutions），如著名的"双轨制"价格改革、乡镇集体所有制以及中央政府与地方政府之间的财政包干制度。这些制度之所以行之有效，是因为它们在一个具有高增长潜力的国家引入了标准的竞争和激励机制。毕竟，一个本来低效的发展中国家可能只需要清除一部分制度性障碍就可以实现可观的经济增长。或许更重要的是，过渡性制度能够被掌握决策权的政府官员和国企管理人员所接受，因为这些制度为他们提供了经济上的激励。

在改革后的半市场化经济中，政府发挥的作用要比在典型的市场经济中重要得多，因此政府官员的激励对经济绩效非常关键。但是，在过渡性制度下，物质激励可能存在强度不够甚至扭曲的问题。那么，对于政府官员还有其他激励机制吗？中国经济学家在这个问题上提供了一些理论解释。在中央政府层面，北京大学姚洋教授提出一个假说，即中国政府是一个"自主型政府"（autonomous government），指的是其不代表某个特定社会阶级，也不服务于某一特定社会群体；一个自主型的中央政府能够采取具有广泛包容性的、有利于全社会的长期经济增长政策。[1]姚洋认为，出于历史原因，中国在改革开放的前二十年里有一个相对平等的社会结构，加上中国共产党海纳百川的特征，促成了自主型政府的出现。姚洋的理论听起来不无道理，但他并没有从全球比较的角度提供经验研究来支持他的理论。

至于地方政府官员的激励问题，李宏彬和周黎安在一篇影响很大的论文中指出，中国的组织人事体制将地方政府官员的晋升与经济绩效直接挂钩，这为地方官员提供了晋升方面的激励，从而促进了经济增长。[2]当然，地方政府也需要通过与企业合作才能实现经济增长。当正式制度对民营企业不那么友好时，地方官员怎样才能帮助民营企业、给予它们投资经

---

[1] 参见 Yao (2018)。

[2] 参见 Li and Zhou (2005)。

营的信心呢？根据白重恩、谢长泰（Chang-Tai Hsieh）和宋铮最近的一篇论文，在中国，地方政府利用自身很强的政治权力和行政能力，为其看中的民营企业提供"特殊待遇"（spccial dcals），这种特殊待遇帮助民营企业打破通常比较烦琐低效的正式规则，或者帮助其获取通常不对民营企业开放的资源。这三位作者认为，在中国的国情下，这种特殊待遇的做法总体而言是利大于弊的。根据这个理论，中国虽然在正式制度上有所欠缺，但地方政府通过给予"特殊待遇"的办法帮助效率较高的民营企业克服了这个短板，从而实现了中国经济的高速增长。①

上面这些理论让人认为中国的改革方案好像都是经过精心设计的，实则不然。已故诺贝尔经济学奖得主、制度经济学的奠基人罗纳德·科斯（Ronald Coase）与合作者王宁就指出：中国改革过程中的"一系列事件都不是事先计划好的，最终的结果也完全不是预料之中的"②。当然，并非所有学者都赞同上述理论。例如，麻省理工学院的黄亚生就不认为中国的经济成就违背了强调私有产权和法治的主流经济学理论。他认为，中国的大多数乡镇企业实际上都是民营企业，而不是大家认为的集体企业，并且"在20世纪80年代早期，中国政策的制定者就坚决、果断而又自觉地树立了政策的可信性和可预见性"③。不过，黄亚生对20世纪90年代之后中国的市场化改革进程放缓感到失望。与他相反，科斯和王宁却认为，中国在不经意间已经在市场化道路上迅速地越走越远。

关于中国的制度变迁及其对经济的影响，存在大量的文献（以及诸多争论），很难用几段文字来概括。④然而，这些文献关心的问题主要是：

---

① 参见 Bai, Hsieh, and Song (2020)。
② 参见 Coase and Wang (2012), Preface。
③ 参见 Huang (2008), p. xiv。
④ 关于中国改革的制度视角的文献，参见 Xu (2011)。关于中国四十年制度改革历程的综述可以参见 Naughton (2018) 的第五章，该书是公认的中国经济领域最优秀的英文教材。中文的标准参考书可以参见吴敬琏 (2018)。

在法治不够健全、私有产权保护不足的情况下,中国为什么能够实现经济增长?它们通常研究的是中国有哪些非标准的、非正式的、过渡性的制度安排或多或少地起到了替代西方式制度的作用。它们很少研究中国经济增长本身的原因,也没有探讨本书研究的问题,即为什么尽管中国的各类体制仍有很大改革空间,但经济增长的速度却远远超过其他国家,尤其是发展中国家?

## 强势政府与中国模式的迷思

中国过去几十年的经济成就让一些人相信,中国创造了一种独特的政治经济体制("中国模式"或"北京共识"),比西方的民主政治和自由市场体制("华盛顿共识")更有利于实现经济发展和技术进步。[①]中国模式的特色体现在国有、民营共存的混合经济,以及通过多种手段积极干预经济的强势政府,这些手段包括各类监管政策、补贴政策、贸易保护措施、有针对性地发展某类企业和产业等。[②]但是,这种国家主导型的发展模式真的那么独特、那么有利于经济增长吗?

政治体制与经济发展的关系是一个很老的话题。无论是在学术界、媒体上还是日常交流中,都有两种截然不同的观点。一种观点认为,政治民主即使不是一个国家实现长期可持续增长的必要条件,也是一个积极因素。确实,当今世界上经济最发达的国家几乎都是民主国家,而绝大多数集权制国家的经济都不发达。这种民主派观点的近期代表作当数著名经济学家德隆·阿西莫格鲁(Daron Acemoglu)和詹姆斯·罗宾逊(James Robinson)所著的《国家为什么会失败》。[③]两位作者把一个国家

---

[①] 张维为(2011)代表了一部分中国作者的观点。西方观点可以参见 Bremmer(2017)。关于"北京共识"与"华盛顿共识"的争论可以参见 Yao(2011)。

[②] 参见 Naughton(2010),Zhao(2010),Breslin(2011),以及 Bell(2016)等。

[③] 参见 Acemoglu and Robinson(2012)。我将在最后一章再次讨论他们对中国增长前景的预测。

的政治体制分成"包容性制度"（inclusive institutions）和"攫取式制度"（extractive institutions）两大类，民主体制就属于包容性制度，而专制集权则属于攫取式制度。他们声称，只有包容性制度才可以实现长期可持续的经济增长。尽管他们承认一个实行攫取式制度的国家可以在一段时期里实现比较快速的经济增长，但他们认为这种增长是不可持续的，苏联就是他们引用的一个例子。作者也由此预测，中国的经济增长是不可持续的，除非走西方的民主化道路，否则，中国经济早晚会停滞不前。[①]他们的理论虽然承认不采取西方民主制的国家在一定时期内有产生增长奇迹的可能性，但没有解释为什么这个可能性在中国得以实现，而在大多数发展中国家（且不论它们的政治体制如何）却没有实现。

不过，现代化文献中有一个曾经很有名的观点恰恰与上述民主理论相反，其认为第三世界国家过早选择民主制度并不利于经济发展。已故的美国政治学家萨缪尔·P. 亨廷顿（Samuel P. Huntington）是持这一观点的主要学者代表。[②]随着中国经济的快速崛起，这一观点又开始流行起来。根据这一观点，第三世界国家的经济发展和西方式的自由民主如同鱼与熊掌，不可兼得。换句话说，自由民主就好像是一种奢侈品，落后国家消费不起。[③]在贫穷的发展中国家，民主制度可能导致民粹主义的经济政策，更注重"分蛋糕"，而不是"把蛋糕做大"，结果造成消费过度和投资不足。民主制度也可能无力应对族群之间和社会阶层之间的冲突，还可能导致决策效率低下、动员社会资源的能力薄弱。但一些现代化理论家又指出，经济发展到一定阶段，民主化会水到渠成。[④]表面上看，这些理论与韩国、智利以及中国台湾地区的发展经验似乎颇为吻合：这几个经济体在

---

① 对这种观点的批评可以参见 Glaeser et al. (2004) 等。
② 参见 Huntington and Nelson (1976)。
③ 参见 Zakaria (2003)。
④ 对这个观点的最好表述是 Lipset (1959)。

发展经济的过程中，政治上先是比较集权的，后来又都走上了民主化的道路。不过，几个经济体的经验不足以成为普遍规律。中国大陆在经济快速发展起来之后并没有走上西式的政治自由化道路，这令许多西方观察家颇为失望。

在讨论民主与集权对经济发展的影响时，常有人拿中国和印度来做比较。1978年，中国的人均GDP还低于印度，而2018年，按购买力平价计算，中国的人均GDP已经是印度的两倍多（如果按市场汇率计算，2018年中国的人均GDP是印度的四倍多）。很多人把这个比较视为集权政府比民主政府更有利于经济发展的证据，殊不知，仅仅简单比较两个国家犹如盲人摸象，所得的结论是极其片面的。事实上，在过去二三十年里，印度恰恰是世界上经济增长最快的国家之一。所以，有意思的问题不是为什么印度的增长不如中国快（毕竟所有国家的增长都不如中国快），而是为什么印度的增长比绝大多数发展中国家都快？

政治学家和经济学家就民主和经济增长之间的关系做过成百上千项定量研究。有些研究发现民主有利于经济发展，有些研究则发现民主不利于经济发展，而另外一些研究发现两者之间并没有什么因果关系。[1]由于所有的研究都可能存在数据质量和方法论上的缺陷，因此很难判断哪一项研究的结论更可靠。于是，有些学者会去做所谓的"元分析"，即用定量的方法来总结已经发表的相关研究的结果。根据发表在一份权威政治学刊物上的元分析的结果，民主对经济增长没有直接的影响。[2]但是，这项研究的作者又发现，民主似乎有助于一个国家提高人力资本，降低通货膨胀，减少政治的不稳定性，提升经济自由度。在这个意义上，民主对经济增长有一些间接的积极作用。与此同时，作者发现民主也有一些间接的负面影响，例如，民主国家的政府规模通常过大，贸易也更不自由。当然，这些

---

[1] 关于此问题的研究可以参见 Przeworski et al. (2000)。

[2] 参见 Doucouliagos and Ulubasoglu (2008)。

结论都是平均结果,并不适用于某个具体国家或地区。最后,作者得出一个极为低调的结论:综合考虑所有直接和间接的影响,民主对经济增长总体上似乎并没有害处。①

下面我用一个散点图来直观展示一下为什么民主和经济增长之间没有明显的关系。图3-1中的每一个点都代表一个发展中经济体。纵轴是2000—2010年人均GDP的年均增长率,横轴是衡量民主的定量指标("民主指数"),最低分是-10(极端专制),最高分是+10(完全民主),这里采用的是2000—2010年各经济体"民主指数"的平均值。从图中可以看出,一个发展中经济体的经济增长率与民主或者集权的程度没有多大关系。被西方学者划为"集权"的经济体里有经济增长很快的阿塞拜疆和中

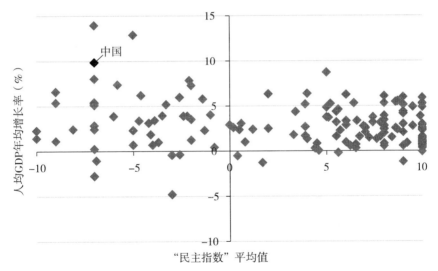

图3-1  2000—2010年"民主"与经济增长的关系

注:"民主指数"来自一个叫作Polity IV的项目对各经济体政治体制的打分,最低分为-10,最高分为+10,详见www.systemicpeace.org/polityproject.html。该散点图仅包括世界银行定义的发展中经济体。

---

① 但是,根据阿马蒂亚·森(Sen, 1999)的观点,无论民主是否有利于经济发展,政治自由本身就是一个重要目标。

国，也有平均增长率为负的津巴布韦和厄立特里亚；被划为"民主"的经济体里，有经济增长较快的亚美尼亚，也有负增长的牙买加。[①]

敏锐的读者可能会指出，使用民主指数这样单一的指标来衡量政治体制的优劣未免过于简单化：世界上有好的民主也有坏的民主，有好的集权也有坏的集权。[②]也许问题不在于政治体制是民主还是集权，而在于政治体制能否维持政治秩序和稳定以及政府治理水平是高还是低。中国虽然没有实行西方式的民主，但比起世界上大多数国家，也许中国的政治更稳定，政府治理更有效。但是，全球比较的结果似乎并不支持这个判断。

世界银行自1996年以来每年都会发布"世界治理指标"（World Governance Indicators），用来衡量各国的政治体制质量和政府治理水平。该指标体系包含了6个方面的子指标，分别是言论自由与政治参与、政治稳定与暴力、政府效能、经济监管质量、法治程度及对腐败的控制力。表3-3给出了1996—2016年一些国家或地区的政治稳定与暴力、政府效能两项指标的平均值排名。在中国，令政府和普通民众感到自豪的是国家政治稳定，暴力事件很少，但让人惊讶的是，中国的这项指标在214个国家和地区中仅排名第151位。你可以质疑该指标的准确性，但我对这个结果的解释是，大多数国家和地区——包括中国和印度（后者的排名甚至低到第188位）——在这二十年里的政治都很稳定。只有索马里和刚果民主共和国等少数国家和地区政治不稳定，暴力事件频发。也就是说，中国的政

---

[①] 细心的读者可能会注意到，图3-1中，中国的经济增长率并不是最高的。这是因为2000—2010年，中国和印度的经济高速增长推动了世界自然资源价格上涨，很多发展中国家因此而获益，总体呈现出较快的经济增长。两个石油资源丰富的国家阿塞拜疆和赤道几内亚的经济增长比中国还快。还有一些苏联加盟共和国如亚美尼亚、哈萨克斯坦、土库曼斯坦、白俄罗斯和格鲁吉亚等在经历了20世纪90年代长达十年的持续负增长后，在21世纪第一个十年开始了恢复性的增长。2008年全球金融危机爆发后，这些国家的经济增长速度都大幅下降到很低的水平。

[②] 参见 Che, Chung, and Qiao (2013) 以及 Bell (2016)。

治很稳定,但并不比多数国家和地区更稳定。

表3-3 政治稳定与暴力、政府效能两项指标的排名

| 国家或地区 | 政治稳定与暴力指标 | 政府效能指标 |
| --- | --- | --- |
| 格陵兰 | 1 | 46 |
| 芬兰 | 3 | 2 |
| 瑞士 | 7 | 4 |
| 新加坡 | 19 | 1 |
| 毛里求斯 | 50 | 54 |
| 哥斯达黎加 | 72 | 75 |
| 意大利 | 77 | 61 |
| 智利 | 78 | 33 |
| 美国 | 83 | 19 |
| 韩国 | 92 | 42 |
| 马来西亚 | 103 | 41 |
| 加纳 | 119 | 100 |
| 牙买加 | 121 | 86 |
| 朝鲜 | 128 | 210 |
| 坦桑尼亚 | 142 | 137 |
| 柬埔寨 | 148 | 174 |
| 中国 | 151 | 92 |
| 玻利维亚 | 152 | 129 |
| 墨西哥 | 158 | 82 |
| 委内瑞拉 | 184 | 182 |
| 印度 | 188 | 97 |
| 菲律宾 | 194 | 96 |
| 哥伦比亚 | 202 | 103 |
| 尼日利亚 | 205 | 181 |
| 刚果(金) | 210 | 209 |
| 索马里 | 214 | 212 |

注:表中排名基于"世界治理指标"1996—2016年这两项指标的平均值。

中国显然有一个强有力的政府，但在政府效能这项指标的排名上也只处于第92位，略高于世界平均水平，低于马来西亚、哥斯达黎加和墨西哥等国家，与牙买加、菲律宾和印度等发展中国家处于同一水平。同样，你可以质疑这些数据和排名方式的有效性，但我还没有找到可靠的数据能证明中国政府的治理能力是发展中国家中最高的，我们不能用中国经济发展的成就来倒推政府的效能。

总而言之，目前还没有确切的证据表明中国在政策、体制或治理水平上比大多数发展中国家有明显优势；积极政府并非中国独一无二的特色，也不一定格外高效，因此不大可能是中国经济高速增长的主要原因。更一般性地讲，政治体制对经济发展的影响——无论是正面的还是负面的——都可能被严重高估了。

## 中国的崛起属于"东亚奇迹"

正如第一章提到的，中国并不是唯一一个出现增长奇迹的经济体。在中国内地前面，即20世纪50年代至90年代，日本和"亚洲四小龙"这五个资源匮乏的东亚经济体也经历了类似的高速增长，并成功跻身于高收入发达经济体的行列。它们的成功被当之无愧地称为"东亚奇迹"。[1]那么是什么造就了东亚奇迹？是否存在一个经济发展的"东亚模式"？这个模式的特征是什么？

为了解释"东亚奇迹"，主流经济学家往往认为，东亚模式本质上就是以私有制为主体、以出口为导向的市场经济。[2]但是，这一"自由市场派"观点忽略了这些经济体之间政策导向的巨大差异，也无法解释为什

---

[1] 与"亚洲四小龙"的情况相比，有些人更为感佩中国内地的高速增长，因为他们错误地认为，经济体量越小，就越容易实现高速增长。如果这个看法是正确的，那么许多非洲和拉美小国岂不是早就应该变得更富裕才对？

[2] 参见 World Bank (1993) 和 Edwards (2010) 等。

么只有几个东亚经济体成功采取了"正确"的出口拉动、市场化导向的政策，而其他发展中经济体却没有。更令人费解的是，许多发展中经济体从20世纪80年代以后都先后抛弃了以所谓的"进口替代"为手段的贸易保护主义工业化政策，推行了市场化改革，然而，没有几个经济体的经济增长因此而加快，更不用说达到东亚的增长速度了。

与上面主流的经济学观点不同，研究政治经济学的学者则强调积极的政府政策在东亚经济发展中的关键作用，认为东亚模式的核心就是"发展型政府"（developmental state）推行符合本地情况的产业政策。[①]以林毅夫教授为代表的一些中国经济学家在解释中国经济的高速发展时也持有类似的观点。[②]但是，与"自由市场派"学者一样，"积极政府派"或"发展型政府派"学者也忽视了各东亚经济体之间在政策导向上的巨大差异。日本、韩国和中国台湾地区也许符合他们说的模式，而新加坡和中国香港地区作为自由市场经济的典范显然并不符合这一模式。这一学派也不能解释为什么许多发展中经济体曾经积极干预过经济，但只有东亚的几个经济体干预成功了。也许有人会辩解道，问题不在于干预多了还是少了，而在于干预对了还是错了。但为什么只有东亚几个经济体巧妙地进行了干预，而大多数发展中经济体却未能做到呢？[③]

无论是"自由市场派"还是"积极政府派"，都可以称为"制度派"。但从上面的讨论应该可以清楚地看到，制度可能并不是产生东亚增长奇迹的差异化因素。毕竟，日本、"亚洲四小龙"和中国内地在各自快速发展时期所实行的政治经济体制都不尽相同。如果这些经济体真的发现了什么促进增长的制度和产业政策，那么起码应该会有几个发展中经济体

---

[①] 参见 Wade (1990)，Evans (1995)，Woo-Cummings (1999)，Kohli (2004)，以及 Chang (2006)。

[②] 参见 Lin (2014) 和 Wen (2016)。

[③] 参见 Summers and Thomas (1993)。

已经模仿和学习到了。很难想象第二次世界大战结束之后的七十多年里，世界上大约150个发展中经济体中，只有东亚几个经济体发现了最利于经济发展的制度和政策，而其他所有经济体不仅没有发现，连照抄也不会。

第二次世界大战结束后，经济学家一直在寻找第三世界国家经济发展的药方，但迄今为止还是徒劳无功。[①]无论是"幼稚"产业保护、外国援助和投资、鼓励出口，还是市场化和制度变革，都曾经流行一时，但结果都不理想。[②]有些讽刺的是，东亚几乎没有在国际学术界很有影响力的发展经济学家，但经济照样发展得很好。

虽然经济学家和政治学家倾向于从制度角度探讨东亚奇迹，但许多社会学家却尝试从文化角度做出解释。在他们看来，儒家文化的一些特征，如强烈的成就动机、勤劳节俭、重视教育等，才是东亚经济成功发展的关键因素。[③]文化论在20世纪80年代颇为流行，但1998年的亚洲金融危机削弱了文化派的影响。然而，如果制度因素无法很好地解释20世纪50年代至90年代的东亚增长奇迹以及过去四十多年的中国增长奇迹，那么我们就有必要将文化作为一个必须认真考虑的差异化因素。这些产生过增长奇迹的经济体都属于儒家文化圈似乎并不仅仅是一个巧合。从文化的视角看，第二次世界大战以后七十多年里导致赶超式增长奇迹出现在东亚的关键差异化因素并不是什么独特的政治经济模式，而是儒家文化。

但是，文化派似乎也有自己的问题。正如后面要说明的，勤劳本身只影响产出的水平而不影响产出的增长，而节俭则意味着储蓄率比较高，因此有更多的资金用于投资，从而带来经济增长。但是我们也经常听到下面的说法，即中国人储蓄太多而消费太少，这样带来经济增长的不均衡、

---

[①] 参见 Mankiw (1995)，Easterly (2001)，Collier (2007)，以及 Banerjee and Duflo (2011) 等。

[②] 参见 Williamson (2000) 和 Rodrik (2006, 2008) 等。

[③] 参见 Berger (1988)，Hofstede and Bond (1988)，以及金耀基 (1992) 等。

不可持续，甚至可能造成全球经济失衡。若如此，节俭的文化就不是中国经济的优势而是劣势了。中国文化固然重视教育，但这并不意味着中国的教育体系和教育质量有多好。许多经济条件好的中国家庭把孩子送往海外（主要是美国和英国）留学，很大程度上也是因为他们对中国的教育没有信心。再说，如果中国文化这么有利于经济发展，为什么中国经济的高速增长只发生在过去四十多年，而不是更早的时候？更重要的是，我们如何证明国家或经济体之间确实存在重大的文化差异，而且这些差异又会显著地影响经济发展？我将在下面几章尝试回答这些问题。

## 地理因素和民族多元化

在深入探讨文化的作用之前，让我们再考察两个可能解释各国经济表现差异的理论观点。哥伦比亚大学的杰弗里·萨克斯（Jeffrey Sachs）教授在一篇题为《制度并不决定一切》（"Institutions Do Not Rule"）的论文中强调了地理环境在经济发展中的作用。[1]萨克斯及其合作者在一系列论文中指出，地理和气候条件影响到一个国家的交通运输成本、疾病负担和农业生产率，正是这些因素直接阻碍了非洲的热带国家、内陆国家以及与其他地区相隔绝的热带岛国的经济发展。[2]其实，加州大学洛杉矶分校的贾雷德·戴蒙德（Jared Diamond）教授在他那本影响巨大的著作《枪炮、病菌与钢铁》（*Guns, Germs and Steel*）中就生动地阐述了地理因素是如何影响1500年之前世界各大洲的经济和技术发展的。他用极具说服力的证据表明，各大洲的地理形状和原始物种的差异可以解释为什么1500年时欧亚大陆远比撒哈拉以南非洲、美洲大陆和大洋洲更加发达。[3]

地理因素甚至有可能解释为什么是欧洲而不是中国或印度发现了新

---

[1] 参见 Sachs (2003)。

[2] 参见 Gallup, Sachs, and Mellinger (1999) 等。

[3] 参见 Diamond (1997)。

大陆（因为欧洲距离美洲大陆更近），为什么是英国而不是中国或其他国家最早实现工业化（因为英国煤炭丰富，还从美洲新大陆获得了很多资源，尤其是初级产品）。[①] 这样一来，地理因素甚至在很大程度上也能解释七十多年前世界各地在经济发展水平上的差异：欧洲的地理优势使其早于其他洲实现工业化，由此带来的巨大的先发优势使欧洲国家非常轻易地征服了绝大多数亚非拉地区，使其变成自己的殖民地。大多数非洲和亚洲的发展中国家在第二次世界大战以后才逐渐获得独立，开始自己的工业化进程。

但是，地理因素却很难解释第二次世界大战以后，尤其是过去四十年全球化时代各国在经济发展速度上的巨大差异。有了现代医学、空调以及现代交通和通信技术，地理作为一个独立的因素，对当代许多发展中国家经济增长的影响应该非常有限。东亚的经济奇迹显然不是因为拥有优越的地理位置。人们通常认为热带气候不利于经济发展，但是热带气候并没有影响新加坡成为发达的经济体。中国内地31个省份的地理和气候条件差异也很大，但在过去四十多年中的经济增长速度都非常快，即使交通不便的内陆山区省份（如云南、贵州、四川）也是如此。如果将中国任何一个省份视为一个独立的经济体，其都是世界上增长最快的经济体之一。事实上，中国经济最发达的沿海城市上海恰恰是过去四十多年所有省份中人均GDP增长最慢的。而且，在过去十几年里，中国内陆省份的经济增长速度总体上已经超过了沿海地区。

自然资源可以被视为一个地理因素，而东亚经济体的自然资源与拥有丰富的石油、矿产储备和经济作物资源的多数非洲和拉美国家相比是十分匮乏的。但是根据"资源诅咒"（resource curse）理论，自然资源的匮乏对东亚经济体来说恰恰是福而不是祸。"资源诅咒"也叫"荷兰病"，指

---

[①] 参见 Pomeranz (2000)。

的是一个国家自然资源丰富了，反而不利于制造业的发展，从而阻碍其长期经济增长。在第三世界国家，自然资源丰富可能还会导致利益分配上的矛盾，引起种族冲突甚至内战。但是自然资源丰富真的是经济发展的"诅咒"吗？关于这个问题学术界还没有达成共识。[①]况且，"资源诅咒"即使存在，也不能用来解释中国以及东亚的增长奇迹，毕竟大多数发展中国家的自然资源都不算丰富。

地理因素有时也影响到一个国家的人口结构。与欧洲和亚洲不同，非洲的地理条件很特殊，大多数非洲国家的国界线很多是直线，而不是"自然的"边界，因为它们大多是由殖民势力随意划定的。结果，多数非洲国家都是由许多不同的民族群体组成的，造成国家内部民族、语言和宗教的多元化。基于各种历史原因，多数拉美国家也有类似的情况。相比之下，除了新加坡，几乎所有东亚国家和地区的民族结构都相对比较单一。一些经济学家认为，高度多元化的民族结构是导致许多非洲和拉美国家种族冲突、政治不稳定和公共政策水平及制度质量低下的主要原因。[②]但是民族多元化程度只能部分地解释发展中国家之间经济增长速度的差异。根据这些经济学家的实证分析，即使在控制了包括民族多元化在内的各种影响经济增长的因素以后，撒哈拉以南非洲及拉美地区与世界其他地区（包括东亚）之间仍然有2~3个百分点的人均GDP增长率的差距是解释不了的。而由于东亚的经济增长速度比世界平均水平还高出几个百分点，因此东亚与撒哈拉以南非洲及拉美地区之间在经济增长率上的巨大差异单靠民族多元化是远远无法解释的。事实上，新加坡的民族多元化程度也不低，包括华人、马来人和印度人，但这并没有妨碍新加坡成为世界上最富裕的国家之一。

---

[①] 参见 Sachs and Warner (2001) 以及 Frankel (2010)。

[②] 参见 Easterly and Levine (1997) 以及 Alesina et al. (2003)。

# 第四章

# 储蓄与投资拉动的增长

我在第三章考察了经济增长的根本动因,即制度、文化和地理,论证了为什么制度和地理因素并不是东亚增长奇迹也不是中国增长奇迹的差异化因素,进而指出儒家文化或许才是将中国和另外几个东亚奇迹经济体与其他发展中经济体区分开来的根本动因。在接下来的三章里,我将通过逐一考察经济增长的三个直接动因(即投资、教育和技术进步)来论证文化(而不是制度)才是中国增长能够快过其他发展中经济体的根本性独特因素。在这三章分析的基础上,我将在第七章对从文化视角看中国崛起的观点做一个综述,并对可能的批评意见做一点回应。

## 区分经济增长与经济波动

在开始分析之前,我们有必要先区分经济增长和经济波动这两个概念。在经济学里,一个国家的经济增长通常指的是"为人民提供种类日益繁多的商品之能力的长期上升"[1]。经济增长理论关心的是一个经济体如

---

[1] 参见 Kuznets (1973)。

何能年复一年地增加商品和服务的供给，而不是需求；它的一个基础假设是，从长期来看供给会创造自己的需求。[①]与经济增长不同，经济波动指的是短期（年度或季度）的GDP增长率围绕长期增长趋势的变化。

根据定义，经济增长就是由影响生产能力扩张的因素决定的，其标准的分析框架是著名的索洛模型（Solow model）及其变体，以及各种所谓的内生增长理论。所有这些理论模型都只关注供给侧因素。但从短期来看，一个国家的生产供给能力可以看作不变的，所以某一年或某一季度的GDP增长基本上就是由需求所决定的。因此，在分析经济波动时，经济学家主要关注的是需求，最常用的分析框架就是广为人知的凯恩斯理论及其变体。[②]许多媒体人士和评论者因为没有区分长期经济增长与短期经济波动，常常误用凯恩斯经济理论讨论与长期增长相关的问题。

不论一个国家经济增长的根本动因是什么——制度、文化或其他因素，要让生产能力不断提高只有通过以下三个渠道：（1）机器、设备及厂房等物质资本的积累，即投资；（2）知识与技能等人力资本的积累，即教育，包括在职培训；（3）技术进步带来的生产率的提高。[③]像中国和印度这样的发展中经济体，生产率的提高也可以依靠将资源从低效率的生产活动重新配置到高效率的生产活动上。[④]对中国来说，尤其重要的一项资源重新配置就是城镇化，包括劳动力从农业向工业或服务业转移，以及农村用地向城镇用地和工业用地转换。因为生产率更高的经济活动多半要用到更加先进的新技术，所以整个经济体的技术水平会随着资源重新配置而提高。因此，从广义上说，资源重新配置也可以看成一种技术进步。

---

[①] 这被称为"萨伊定律"（Say's Law），以法国古典经济学家让-巴蒂斯特·萨伊（Jean-Baptiste Say, 1767—1832）的名字命名。参见 Baumol (1999)。

[②] 参见 Romer (2001) 等。

[③] 参见 Barro and Sala-i-Martin (2003) 等。

[④] 参见 Bosworth and Collins (2008) 等。

经济借以增长的三个渠道也就是前面所说的经济增长的直接动因，也叫直接要素（proximate factors）。这里没有考虑通常作为经济增长的一个要素的劳动力数量，这是因为我使用人均GDP增长率作为经济增长的指标。毕竟，衡量一个国家收入水平的是人均GDP，而不是GDP。在其他条件相同的情况下，劳动力的增长会带来GDP的增长，但是，如果劳动力的增长速度与总人口的增长速度相同，那么它对人均GDP的增长就没有影响。只有当劳动力增长快于人口增长时，人均GDP的增长才会相应加快，这就是第二章讨论过的"直接人口红利"。但是，正如我们在第二章（表2-1和表2-2）中看到的，从全球来看，总人口的增长与劳动年龄人口或劳动力（即经济活动人口）的增长之间的差距非常小。而且，国家之间劳动力增长率上的差异在解释人均GDP增长率上差异方面的作用非常有限。所以，忽略劳动力数量这一增长要素对本书的分析不会有实质性的影响。但是，如果劳动力增长明显偏离人口增长，其影响就不可忽视。在最后两章，我将讨论这种可能性及其对中国当前经济下行和未来增长前景的影响。

需要特别强调的是，经济增长的三个直接动因并不是大众媒体经常提到的消费、投资和出口这"三驾马车"。这是三个需求因素，除了投资，其余两个因素（消费和出口）只是影响短期增长率，而不决定长期增长趋势。对中国经济乃至世界经济的普遍误解很大程度上就是因为很多人未能区分决定长期增长的动因和影响短期波动的因素。我将在本章后面部分以及第八章讨论这个问题。投资的地位很特殊，因为它不仅创造短期需求，也创造长期供给。简而言之，投资、教育和技术进步才是经济增长真正的"三驾马车"或三大引擎。

## 投资与生产率的增长

至于哪一驾"马车"对经济增长的贡献最大，经济学家一直争论不休，但基本的共识是，三者对经济增长都有贡献。事实上，"三驾马车"

# 第四章
## 储蓄与投资拉动的增长

是缺一不可、无法严格分开的。人力资本——无论是现有的存量还是每年的增量——是技术进步不可或缺的，而技术进步不仅需要而且也会刺激对人力资本和物质资本的投资。因此，我们其实不太可能明确界定每一驾"马车"对经济增长的独立贡献究竟有多大，但是仍然有大量文献想要做这样的界定。

为了量化每一驾"马车"（或增长引擎）的独立贡献，经济学家往往将投资和教育合并为一项，称为要素积累（物质资本和人力资本都被称为生产要素），GDP增长中无法用要素积累解释的部分就归于所谓的"全要素生产率"（TFP）的提高，而全要素生产率的提高通常被视为技术进步的结果，在一定程度上也是资源重新配置的结果。[①]

就中国而言，关于要素积累和生产率提高对经济增长各自的贡献有多大的问题虽尚无定论，但大多数研究者认为，物质资本的积累（即固定资本投资）对中国经济的高速增长贡献最大，同时生产率也有显著提高。根据一项权威估算，1978—2005年，中国的GDP年均增长率是9.5%，而同期全要素生产率的年均增长率是3.8%。[②]也就是说，中国40%的经济增长是生产率提高的结果，而剩余的是要素积累（主要是固定资本投资）的结果。[③]

经济学家艾尔文·杨（Alwyn Young）的观点与多数学者的观点正好相反，他不认为中国或东亚经济的高速增长是一个奇迹。2003年，杨在《政

---

[①] 参见 Bosworth and Collins (2008) 等。

[②] 参见 Perkins and Rawski (2008) 等。这项估算结果与 Bosworth and Collins (2008)、Chow and Li (2002)，以及 Zheng, Bigsten, and Hu (2009) 等研究的结果很接近。

[③] 使用不同的增长核算方法，朱晓冬（Zhu, 2012）将1978—2007年中国78%的人均GDP的增长归功于全要素生产率的增长，15%归功于人力资本的增长，而物质资本积累的贡献几乎为0，因为该方法认为，物质资本的积累本身可能是全要素生产率增长的结果。将朱晓冬的结果与标准的增长核算方法得出的结果比较后，我的结论是，固定资本投资的贡献事实上与全要素生产率的贡献是无法分开的。另外参见 Knight and Ding (2012) 的第五章。

治经济学杂志》（*Journal of Political Economy*）上发表了一篇论文，指出中国1978—1998年全要素生产率的年均增长率仅为1.4%，并无特别之处。杨因为更早的时候对"亚洲四小龙"经济增长的研究而出名，他在1995年的一篇论文中得出一个令人惊讶的结论："亚洲四小龙"的经济增长主要是由资本积累所驱动的，而生产率改善的作用十分有限。更令人震惊的是，基于1966—1990年的数据，他发现新加坡的生产率不仅没有提高，反而是下降的。[①]杨的这些结论被一位爱发声的经济学家、后来的诺贝尔经济学奖得主保罗·克鲁格曼（Paul Krugman）广为宣传。基于杨的研究，克鲁格曼教授在美国《外交事务》（*Foreign Affairs*）杂志上撰文贬低东亚的经济成就，声称东亚经济的高速增长是通过大量的资本投资实现的，所以与苏联的增长模式大同小异，根本谈不上奇迹。他接着预测东亚靠投资拉动的增长是不可持续的，增长的滑坡会比预期来得更早。[②]克鲁格曼的这篇文章在1994年发表之时引起了不少争议，但是后来（1998年）爆发的亚洲金融危机似乎证实了他的预言。然而，从那以后，中国内地和"亚洲四小龙"的经济表现仍然继续领跑其他同等收入水平的经济体。新加坡这个被克鲁格曼和杨作为纯粹靠投资拉动实现经济增长而生产率没有提高（即没有技术进步）的反面典型，如今变成了世界最富有的国家之一。根据世界银行的数据，无论是名义人均GDP还是以购买力平价计算的人均GDP，新加坡到2018年时都已经超过美国。

艾尔文·杨的研究听起来颇为负面，贬低了东亚经济增长的成就，但是如果他的定量结果是正确的，那么就恰恰证明了要素积累——尤其是固定资本投资——是最重要的实现高速、追赶式经济增长的引擎。[③]能用物质资

---

[①] 参见 Young (1995)。事实上，在杨之前还有其他经济学家得出过类似的结论，参见 Kim and Lau (1994)。

[②] 参见 Krugman (1994)。

[③] 基于常规增长核算的类似结论还可以参见 Collins and Bosworth (1996)。

本的积累解释东亚经济的高速增长并不能说明东亚经济的高速增长不是奇迹。如果一个经济体可以通过物质资本的积累获得高速增长而迅速致富,那么有多少贫穷的发展中经济体不想有这个结果呢?真正的问题是为什么只有少数东亚经济体把这个愿望变成了现实。所以,如果杨的研究结论有道理的话,那么中国增长之谜和东亚增长之谜就变成了下面的问题:为什么中国和其他几个东亚经济体积累资本的速度比其他发展中经济体快那么多?

### 储蓄与投资的全球比较

从需求和支出的角度来看,一个国家的GDP可以分解成最终消费、国内投资及净出口(即出口减进口)三个部分,最终消费又包括居民消费和政府消费。表4-1显示了1982—2012年部分国家或地区GDP三个组成部分的平均占比。可以看出,中国的国内投资率(以下简称"投资率")是最高的,1982—2012年投资占GDP的平均比率是40.2%,相比之下,全球平均值仅为23.8%。总体说来,发达国家的投资率要略高于发展中国家:美国和欧盟的投资占GDP的平均比率是22%,而拉美和撒哈拉以南非洲则为20%或更少。中国官方公布的2004—2011年投资率平均水平超过44%,不过我将在附录中说明,这个数字可能被高估了10个百分点。然而,即使考虑了被高估的情况,中国的投资率仍是世界最高的之一,所以,无论是否被高估,我们后面的结论都不会受到实质性的影响。

表4-1　1982—2012年部分国家/地区的储蓄、投资与经济增长

(单位:%)

| 国家或地区 | 最终消费(占GDP的百分比) | 国内投资(占GDP的百分比) | 净出口(=100-最终消费-国内投资) | 人均GDP增长率(年均增长率) | 国内总储蓄(100-最终消费) |
|---|---|---|---|---|---|
| 中国 | 57.5 | 40.2 | 2.3 | 9.1 | 42.5 |
| 新加坡 | 51.8 | 32.0 | 16.1 | 4.2 | 48.2 |
| 韩国 | 66.8 | 31.3 | 1.8 | 5.8 | 33.2 |

（单位：%）（续表）

| 国家或地区 | 最终消费（占GDP的百分比） | 国内投资（占GDP的百分比） | 净出口（=100-最终消费-国内投资） | 人均GDP增长率（年均增长率） | 国内总储蓄（100-最终消费） |
|---|---|---|---|---|---|
| 印度 | 74.7 | 27.4 | −2.1 | 4.5 | 25.3 |
| 瑞士 | 68.4 | 26.6 | 5.0 | 1.1 | 31.6 |
| 日本 | 72.6 | 26.0 | 1.4 | 1.7 | 27.4 |
| 希腊 | 84.2 | 24.7 | −9.0 | 0.8 | 15.8 |
| 全世界 | 76.1 | 23.8 | 0.0 | 1.5 | 23.9 |
| 智利 | 74.5 | 22.5 | 3.0 | 3.9 | 25.5 |
| 美国 | 80.7 | 22.1 | −2.8 | 1.9 | 19.3 |
| 欧盟 | 77.5 | 22.0 | 0.6 | 1.8 | 22.5 |
| 拉美和加勒比地区 | 79.0 | 20.0 | 1.0 | 1.2 | 21.0 |
| 低收入国家 | 90.0 | 19.7 | −9.7 | 1.3 | 10.0 |
| 南非 | 78.5 | 18.8 | 2.7 | 0.3 | 21.5 |
| 巴西 | 80.1 | 18.8 | 1.2 | 1.4 | 19.9 |
| 撒哈拉以南非洲地区 | 81.7 | 18.4 | −0.1 | 0.4 | 18.3 |

注：表中所有的比率都是1983—2012年这三十年中每年比率的简单平均值。最后一列中的国内总储蓄是GDP减去最终消费得出的结果，即消费后的所有剩余都是储蓄，这些储蓄被用于国内投资，如果储蓄超过了国内投资，那么超过的部分就是资本净流出，也就是贸易顺差（即净出口）。所有数据均来自"世界发展指标"数据库。

表4-1中，经济增长看上去与国内固定资本的投资率呈正相关关系，这也符合经济学理论的预测。经济学家罗斯·莱文（Ross Levine）和戴维·雷诺特（David Renelt）1992年发表了一篇被广泛引用的经济增长跨国比较的论文，他们发现，人均GDP的增长速度与投资率的正相关关系是少数能经得起严格实证检验的关系之一。的确，中国、新加坡、韩国和印度等经济快速增长的国家，投资率都比较高，而经济增长很慢的非洲和拉美地区，投资率都很低。但是这个相关性并不完全，因为其他因素会影响到投资率与经济增长之间的正相关关系。对于像瑞士和日本这样发达的技

术前沿国家，高投资不一定会带来高增长。另外，可以看到智利的经济增长速度也相对比较快，但投资率却不是很高。不过，与拉美的平均水平相比，智利的投资率还是高出了2.5个百分点。

既然投资是如此重要的一驾经济增长的"马车"，那么为什么不是所有国家都像中国一样投资那么多呢？对于发达国家来说，长期增长更依赖于技术进步，而不是资本投资。在这些国家，人均资本存量已经处于高位，过高的投资率只会拉低资本回报率，而对刺激经济增长的作用有限。但是，对于发展中国家来说，资本劳动比（也即人均资本占有量）很低，投资空间依然很大。那么，为什么其他发展中国家没有像中国一样多投资呢？一个简单的答案就是没有足够的资金。所有投资都必须要有资金来源，要么来自国内储蓄，要么来自国外资金。理论上，一个发展中国家可以通过吸引外资补充国内储蓄的不足，但是，国际资本的流动并不完全自由，原因在于各国的人力资本和生产率水平不尽相同，又存在各种市场失灵的情况。因此，国内储蓄率与投资率是高度正相关的——对大多数国家来讲，国内储蓄率与国内投资率大体相等或者相差不大，而且这种正相关性对大国来说还要更强一些。[①]

有人可能会说，许多发展中国家无法吸引足够外资的原因是这些国家的制度质量太差，所以它们投资率低的原因主要不是国内储蓄率太低而是制度水平太低。[②]然而，正如第二章所述，中国的制度质量与很多发展中国家相比并不算高。而且，即使一个发展中国家的制度水平在美国传统基金会等智囊机构的排名中位置不低，它依然很难吸引到足够的外资。想想看，一个国家究竟能年复一年地借入多少外债而不会最终陷入债务危机之中呢？一个典型的拉美或撒哈拉以南非洲国家需要吸引的外资至少要达到每年GDP的10%~20%，才能追平中国的投资率。

---

① 参见 Lucas (1990)，Frankel (1992)，以及 Baxter and Crucini (1993)。

② 参见 Alfaro, Kalemli-Ozcan, and Volosovych (2008) 等。

因此，对于绝大多数国家（尤其是大国）来说，国内储蓄仍然是国内投资最主要的资金来源。中国有着几乎全球最高的国内总储蓄率（如表4-1所示，仅次于新加坡），这是一个巨大的优势。事实上，在过去四十多年的大多数年份里，中国的储蓄率都高于国内投资率，所以中国一直是资本净出口国，这对一个发展中国家来说是极不寻常的，毕竟大多数国家的储蓄率都在GDP的20%左右。当然，正如我将在附录中所说明的，中国的储蓄率同投资率一样被严重高估了，2004年之后尤其如此，原因是消费率被低估了。但是，即使经过修正，中国仍然是全世界储蓄率最高的国家之一。那么，为什么有些国家的储蓄率会高于其他国家？为什么中国的储蓄率这么高？下面我将试图论证：问题的答案可能主要在于文化差异而不是制度或其他方面的差异。

## 解释中国的高储蓄率

一个国家的国内总储蓄包括居民储蓄、企业储蓄和政府储蓄三部分。1992—2012年，从中国国内储蓄的平均构成来看，居民储蓄占50%，企业储蓄占42%，政府储蓄占8%；从占GDP的比率来看，居民储蓄、企业储蓄和政府储蓄分别占22%、18%和3%，这些比率一直比较稳定。[1]与经合组织国家相比，中国的企业储蓄率确实比较高，但并没有一些经济学家声称的那么高。[2]中国的特殊之处主要在于异常高的居民储蓄，其次是政府也有储蓄。

在许多普通读者看来，中国储蓄率高一点也不奇怪。毕竟，世人皆知中国人特别节俭，储蓄是中国文化的一部分。但是经济学家的职业本能是不接受文化解释的。例如，已故的诺贝尔经济学奖得主、因生命周期消费理论而著名的弗兰科·莫迪利安尼（Franco Modigliani）及其合作者曹实（Shi Larry Cao）在2004年发表的一篇论文中就毫不客气地否定了"节俭

---

[1] 这些数字是作者根据CEIC数据库中的数据计算得出的。
[2] 参见Kuijs (2005), Wolf (2006), 以及Bayoumi, Tong, and Wei (2009)。

中国人"的解释。他们指出，1958—1975年，中国人的储蓄率仅为5.3%，甚至还不如传说中挥霍无度的美国人，后者1990—1994年间的储蓄率是7.6%。根据生命周期理论，无论收入水平高低，人们都要在整个生命周期内计划自己的消费开支，使其比较均匀，劳动年龄阶段的人会因此为退休阶段储蓄。根据这个理论，影响储蓄率的不是绝对收入水平，而是收入增长速度和人口结构。作者据此得出结论：中国在改革开放时期的储蓄率高且不断增长，与中国文化无关，而是与经济高速增长和抚养比下降（即人口红利）有关。

然而，中国在1958—1975年居民储蓄率低，并不能证明文化与中国目前的高储蓄率没有关系。莫迪利安尼与曹实忽视了这样的一个事实：中国在1975年之前是世界最贫穷的国家之一，1960—1975年人均GDP为130美元～270美元（以2010年不变价美元计），基本处于甚至低于贫困的生存线水平，而同期撒哈拉以南非洲地区的人均GDP在1 000美元以上。[①]20世纪60年代和70年代的成长经历让我对那时中国的贫困深有体会。即使作为一个在沿海省份江苏长大的"城里人"（当时的城镇居民是有固定工资和基本粮油配给的，这是农村人口享受不到的"特殊待遇"），我在那个年代也常常感到食不果腹，更不用说农村的亲戚了。期望收入如此低的人民有多少储蓄是非常不现实的。表4-2显示了中国所有收入阶层的城镇居民储蓄率在1985—2012年都有显著上升，但是储蓄率与收入有着很强的正相关性，最富裕家庭的储蓄率比最贫困的家庭高出很多。2000年之前，最低收入阶层（最低的10%）的储蓄率仅略高于5%，而1958—1975年中国普通城镇居民的生活水平甚至还比不上2000年的最低收入家庭，那时能将收入的5%储蓄起来应该已经很了不起了。确实，当1985年中国仍然很贫穷时，即使最高收入家庭（最高的10%）的储蓄率也比2010年时最低收入

---

① 所有数据均来自世界银行的"世界发展指标"数据库。

家庭（最低的10%）的储蓄率还要低。让人惊讶的是，2012年中国最穷的20%的家庭的储蓄率竟然能达到30%。除了文化的影响，我们还能用什么来解释这种现象？

表4-2 1985—2012年中国不同收入阶层的城镇居民储蓄率

（单位：%）

| 收入（从高到低） | 1985 | 1990 | 1995 | 2000 | 2005 | 2010 | 2012 |
| --- | --- | --- | --- | --- | --- | --- | --- |
| 最高的10% | 16.0 | 23.8 | 26.7 | 30.9 | 38.7 | 43.7 | 46.1 |
| 次高的10% | 12.3 | 18.7 | 22.7 | 25.1 | 35.2 | 38.7 | 40.7 |
| 中等偏上的20% | 11.2 | 17.1 | 18.4 | 21.7 | 30.8 | 36.7 | 39.5 |
| 中间的20% | 10.1 | 14.4 | 15.4 | 19.2 | 26.1 | 33.4 | 35.9 |
| 中等偏下的20% | 9.4 | 13.3 | 12.8 | 15.1 | 22.3 | 30.9 | 33.2 |
| 次低的10% | 8.0 | 10.8 | 9.4 | 10.5 | 17.4 | 28.2 | 30.0 |
| 最低的10% | 5.6 | 9.0 | 5.4 | 5.2 | 7.9 | 18.4 | 20.7 |

注：表中的数据是作者根据CEIC数据库的数据计算得出的。储蓄率是用100%减去消费率（即人均消费支出与人均可支配收入的比率）的结果。

经济学家之所以研究中国储蓄问题，主要是因为中国的储蓄率远远高于几乎所有其他国家，但是这些研究几乎都只聚焦于中国本身，试图解释为什么20世纪80年代之后中国居民储蓄率上升得这么快。[①]从图4-1中可以看出，中国居民储蓄率从1988年的10%左右上升到2018年的30%左右，其中城镇居民的储蓄率增长尤其迅速，从6.5%上升到33.5%，而农村居民的储蓄率则从1989年的11%上升到1999年的28%，随后又下降到2018年的17%。[②]中国城镇与农村居民储蓄率的变化显然不可能用文化因素来解

---

① 这些研究的概述参见 Yang (2012), Yang, Zhang, and Zhou (2012), Knight and Ding (2012) 的第 8 章，以及 Naughton (2018) 的第 19 章。

② 关于中国城镇居民与农村居民储蓄变化的明显差异，尤其是 2000 年之后的差异，我还没有发现令人满意的解释。根据 Horioka and Wan (2007) 的猜测，2004 年之前中国农村居民的储蓄率之所以高于城镇居民，可能是因为农村收入不太稳定，农村物价水平较低。针对 1995—2002 年这段时间的研究请另外参见 Pan (2016)。

释，毕竟文化在几十年内不可能有多大的变化。主要原因是市场化改革和人口控制政策释放出的经济力量带来了中国居民储蓄尤其是城镇居民储蓄的快速增长。尽管如此，文化可能还是发挥了重要的中介作用，因为同样的经济力量在不同文化中可能会产生不同的储蓄结果。不管怎样，只关注中国的数据很难看清文化的作用。

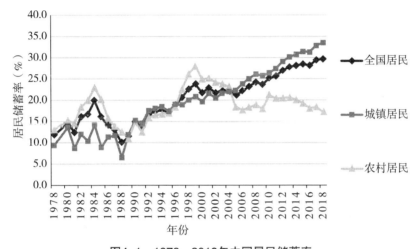

图4-1　1978—2018年中国居民储蓄率

数据来源：CEIC数据库。

一些经济学家试图证明传统经济学理论可以解释中国的高储蓄。例如，前面提到的莫迪利安尼与曹实就认为，根据生命周期理论，储蓄率会随着经济增长的加快以及抚养比的降低而上升，中国20世纪80年代后的情况正是如此。①但其他一些学者则认为，传统理论无法完全解释中国的高储蓄现象（例如，在中国，无论是年轻人还是老年人，储蓄率都很高）。有学者提出习惯形成（或消费惯性）理论来解释中国各年龄群体及各收入阶层储蓄增加的现象。②根据这个理论，当前的消费不仅取决于收入，

---

① 参见 Modigliani and Cao (2004)。

② 参见 Horioka and Wan (2007) 等。

而且取决于过去的消费习惯，这也就意味着某种消费惯性使消费增长落后于收入增长，从而出现经济高速增长下的高储蓄现象。①而消费习惯可能是由文化决定的，从这个意义上说，该理论与中国高储蓄的文化解释不谋而合。②

20世纪80年代之后中国居民储蓄增长的其他流行解释包括：改革导致失业以及其他不确定性的风险增加，购房、教育以及医疗支出的个人负担增加，社会福利制度和金融市场不健全。所有这些因素综合起来加剧了人们在财务上的不安全感，从而增加了人们的预防性储蓄。③这些理论也许可以解释为什么中国居民在20世纪90年代和21世纪初的储蓄欲望要高于20世纪80年代。然而，在过去的10年到15年里，中国的社会福利制度已经有了显著的改善，但如图4-1所示，中国的城镇居民储蓄率还在继续上升。④

社会保障水平低，储蓄率就高，这个流行的说法听上去似乎很有道理，但能解释为什么中国的储蓄率高于其他国家吗？答案是恐怕不行。从全球比较的视角看，一个国家的社会福利水平与储蓄率之间并不存在简单的关系。例如，与多数国家相比，新加坡虽然有比较健全的社会福利制度，却是全世界储蓄率最高的国家之一。在欧洲，瑞士的居民储蓄率是所有经合组织国家中最高的（1995—2015年的平均值为15%），而希腊的储蓄率是最低的（同期平均值为-3%）。⑤瑞士的高储蓄率显然不是社会福

---

① 参见 Carroll, Overland, and Weil (1994)。

② 参见 Yang, Zhang, and Zhou (2012)。

③ 参见 Meng (2003), Chamon and Prasad (2010), 以及 Chamon, Liu, and Prasad (2013) 等。

④ 魏尚进和张晓波（Wei and Zhang, 2011）提出了一个与文化解释相关的理论——男孩偏爱理论——来解释中国的高储蓄率。他们认为，由于重男轻女的文化，中国严格的计划生育政策导致性别比例严重失衡，婚姻市场的竞争也因此变得异常激烈。拥有住房的年轻男子在婚姻市场上更具竞争力，所以房价高企，居民储蓄率上升（这种上升在某种意义上是被迫的），尤其是有男孩的家庭。

⑤ 这些数字是作者根据经合组织网站（https://data.oecd.org/hha/household-savings.htm）的官方数据计算得出的。

利制度不健全造成的。

## 储蓄的文化

仅关注中国本身的研究只能解释中国储蓄率增长背后的经济力量，而不能解释为什么中国的储蓄率高于其他国家。这些研究并不能告诉我们类似的经济力量是否会给其他国家带来类似的储蓄率上升。换句话说，这些研究无法证明文化因素没有发挥重要作用。例如，即使是相似的人口变化，在中国也很可能出于文化原因而带来比其他发展中国家更高的储蓄率。正如第二章讨论过的，中国1982—2012年由储蓄和教育带来的间接人口红利要比有着类似直接人口红利的发展中地区高很多。

要理解不同国家之间的储蓄率差异，就需要全球比较的视角。在关于储蓄的跨国研究中，经济学家考察了人口、收入水平及其增长率、社会福利制度、税收制度、利率和通货膨胀以及金融市场的发展情况等因素。[①]然而，根据一些学者的研究，即使考虑了这些经济与政策因素的影响，仍然无法解释不同国家（或族群）之间储蓄率的差异，因此，有必要考虑文化在储蓄行为上可能起的重要作用。[②]

为了检验文化与储蓄的相关性，一些经济学家试图通过研究某一国家移民人口的储蓄行为，弄清移民人口之间储蓄率的差异是否与移民的来源国有关。可以假定，所有移民在移入国面对的都是同样的制度和经济环境，因此这些来自不同国家的移民的储蓄行为的系统性差异就可以用文化来解释。一项早期研究认为，移民的储蓄行为并不因来源国不同而有系统性的差异。[③]但最近的一项研究则指出，很可能是数据的局限性导致这项

---

① 参见 Edwards (1996)，Higgins (1998)，Masson, Bayoumi, and Samiei (1998)，以及 Bandiera et al.(2000) 等。

② 参见 Costa-Font, Giuliano, and Ozcan (2018)。

③ 参见 Carroll, Rhee, and Rhee (1994)。

早期研究得出储蓄与文化无关的结论。①新研究的作者们使用了一个质量更好的英国数据库来分析英国国内三代移民的储蓄行为，结果发现文化差异是储蓄行为的重要决定因素，而且文化的影响会一直持续三代。

在其他条件不变的情况下，工作勤奋而花钱又少的人，储蓄率自然就高。中国人往往以勤劳节俭为美德，但中国人真的比其他国家的人更勤劳、更节俭吗？有证据支持这种说法吗？如果我们有各国人民每周工作的时长以及储蓄率的数据，那在一定程度上可以回答这个问题。然而，各国每周的工作时长和储蓄率反映的不一定是文化差异，它们还取决于国家政策和经济状况等很多非文化因素。

有些社会学家试图直接通过问卷调查的方式来度量文化价值。这些调查产生了两个被广泛使用的文化数据库：一个是由密歇根大学罗纳德·英格尔哈特（Ronald Inglehart）领导的、由全球很多国家的社会学家参与的世界价值观调查（World Values Survey，简称WVS）；另一个是由已故社会心理学家吉尔特·霍夫施泰德（Geert Hofstede）及其合作者开发的文化的多维度指标体系（multidimensional measures of national culture）。②

最近一轮的世界价值观调查（2010—2014年）结果显示，中国内地的父母往往比多数国家或地区的父母更注重培养孩子勤劳节俭的品质。调查中包含以下问题："这里列出了可以在家里鼓励孩子学习的品质。您认为哪些品质更重要？"问卷中列出了11项品质：独立性、勤奋、责任感、想象力、对他人的包容和尊重、节俭（节约钱物）、决心和毅力、宗教信仰、不自私、听话以及自我表达。受访者需要从中选出5项他们认为最重要的品质。从表4-3的A1列可以看出，75.3%的中国内地受访者选择了"勤奋"作为孩子应该培养的品质，超过全部60个参加调查的国家或地区的平均比例（59.8%）。但是，中国内地在选择此项品质的受访者比例上仅排

---

① 参见 Costa-Font, Giuliano, and Ozcan (2018)。

② 参见 Hofstede, Hofstede, and Minkov (2010)。

名第16位（见表中A2列），也就是说，还有1/4参加调查的国家或地区在认同勤奋这个品质的人数比例上是超过中国内地的，而且几乎都是发展中国家或地区，如印度、加纳和尼日利亚。同时，我们还注意到，韩国、新加坡和中国香港对"勤奋"品质重要性的认同程度只是处于世界平均水平，而日本和中国台湾则低于世界平均水平。当然，表4-3中的调查数据肯定会存在测量误差。例如，日本在此项调查中排名靠后并不等于说明日本人不勤奋。但是，起码我们可以从调查中看出，勤奋作为一个重要的价值观并非东亚文化所特有。①

表4-3 不同国家或地区对勤奋和节俭品质的重视程度

| 国家或地区 | A1 选择培养孩子勤奋的品质更重要的受访者比例（%） | A2 选择培养孩子勤奋的品质更重要的受访者比例数相对排名 | B1 选择培养孩子节俭的品质更重要的受访者比例（%） | B2 选择培养孩子节俭的品质更重要的受访者比例数相对排名 |
|---|---|---|---|---|
| 中国内地 | 75.3 | 16 | 50.7 | 12 |
| 韩国 | 64.3 | 26 | 65.1 | 3 |
| 新加坡 | 60.8 | 29 | 47.4 | 17 |
| 中国香港 | 58.0 | 32 | 43.7 | 20 |
| 中国台湾 | 40.4 | 46 | 54.1 | 8 |
| 日本 | 35.1 | 50 | 47.8 | 15 |
| 全部60个参加调查的国家或地区平均 | 59.8 | | 39.1 | |

注：表中数据基于世界价值观调查官方网站（http://www.worldvaluessurvey.org/）。

需要注意的是，勤奋工作本身影响的只是产出的水平而不是产出的增长率。举例来说，一个勤劳的农民第一年种出2 000公斤粮食，而比他懒一

---

① 已故的美国汉学家白鲁恂（Lucian Pye, 2000）认为，在中国的传统信仰中，儒家思想其实是鄙视重体力劳动的，而道家思想则强调无为。他指出，中国人历来看重运气、机遇和关系。

些的邻居只种出1 000公斤粮食，如果第二年其他外部条件不变，每人种出的粮食应与第一年相同。所以，即使两个农民的产出水平不同，他们的产出增长率却都是零。不过，储蓄可以帮助两个农民实现正增长。如果那个勤劳的农民每年种出的粮食吃掉一半，剩余的卖出（即储蓄率为50%），再用积蓄添置土地和农具，多雇几个人手，他的产出就会年年增长。如果那个懒一些的农民也只吃掉一半粮食，剩余的作为储蓄，那么他也会实现相同的产出增长率。再进一步，如果懒一些的农民储蓄率更高，他的产出增长率至少在理论上会比勤劳的农民更快。然而在现实中，懒一些的农民多半不愿意或者不可能有勤劳的农民那样高的储蓄率，因为他的产出低，所以可能需要消费掉更高比例的粮食以维持生存。因此，懒一些的农民的产出增长率更可能低于勤劳的农民。

这个例子说明，勤劳只有与节俭结合起来才可能带来经济增长，也就是说，是储蓄而不是勤劳本身有利于经济增长。在汉语中，勤和俭常常连在一起作为一个词——勤俭，看来这是两个密不可分的美德。节俭是儒家文化的一个重要元素，儒家经典《左传》有云："俭，德之共也；侈，恶之大也。"但今天的中国人真的就比其他发展中国家的人更重视节俭吗？根据世界价值观调查的结果，中国社会及其他受儒家文化影响的社会似乎真的比多数社会更加重视节俭。从表4-3的B1列可以看出，中国内地的受访者中将"节俭"作为孩子应该具备的前五项品质之一的比例是50.7%，而全部60个参加调查的国家或地区的平均值是39.1%。所有东亚国家或地区此项的相对排名都在世界前三分之一。一个勤劳而节俭的民族，储蓄率自然就会更高，资本积累速度更快，结果经济增长速度也就更快。

有读者可能会说，如果勤俭节约的文化有利于经济增长，为什么中国或其他有着相似文化的国家和地区在近代之前都没有实现过持续的（即使是很慢的）经济增长呢？难道古代社会的人都不够节俭吗？当然不是。原因其实非常简单，在工业革命之前，技术进步以现代标准衡量是极其缓慢的，任何一点技术进步带来的成果最终都会被人口的增长所抵消，因此人均收入停滞不前，储蓄率也很低。更重要的是，在传统的农业社会，因节俭而积累下来的财富也许就是用来添置土地而已，但土地资源是有限的，因此限制了传统社会的产出。相比之下，现代工业社会的经济增长不仅是现存产品的量的扩张，而且是产品种类的扩张、产品的更新换代以及生产方法的不断改进。所以说，持续的经济增长只有在工业社会才有可能，节俭的文化也只有在工业社会才能促进物质资本的积累。

在吉尔特·霍夫施泰德的文化的多维度指标体系中，有一个维度与节俭有关，或许也跟勤劳有关，即长期取向（Long Term Orientation，LTO）与短期取向。数据中的LTO指数范围是0~100，用于衡量一个社会对节俭和毅力的重视程度。[①]表4-4显示了部分国家或地区的LTO指数。从该表中可以看出，包括中国内地在内的所有东亚经济体的排名都很高；其他高储蓄率经济体，如瑞士和德国，排名也很高；美国以及许多拉美和非洲国家的排名则较低。

表4-4 霍夫施泰德的LTO指数

| 国家或地区 | LTO指数 | 国家或地区 | LTO指数 |
| --- | --- | --- | --- |
| 韩国 | 100 | 巴西 | 44 |
| 中国台湾 | 93 | 马来西亚 | 41 |
| 日本 | 88 | 波兰 | 38 |
| 中国内地 | 87 | 以色列 | 38 |
| 德国 | 83 | 加拿大 | 36 |
| 俄罗斯 | 81 | 沙特阿拉伯 | 36 |
| 瑞士 | 74 | 丹麦 | 35 |
| 新加坡 | 72 | 坦桑尼亚 | 34 |
| 荷兰 | 67 | 南非 | 34 |
| 法国 | 63 | 新西兰 | 33 |

---

① 参见 Hofstede and Minkov (2013)。

（续表）

| 国家或地区 | LTO指数 | 国家或地区 | LTO指数 |
|---|---|---|---|
| 印度尼西亚 | 62 | 泰国 | 32 |
| 意大利 | 61 | 葡萄牙 | 28 |
| 中国香港 | 61 | 菲律宾 | 27 |
| 越南 | 57 | 美国 | 26 |
| 瑞典 | 53 | 墨西哥 | 24 |
| 罗马尼亚 | 52 | 阿尔及利亚 | 26 |
| 英国 | 51 | 澳大利亚 | 21 |
| 印度 | 51 | 阿根廷 | 20 |
| 巴基斯坦 | 50 | 委内瑞拉 | 16 |
| 西班牙 | 48 | 津巴布韦 | 15 |
| 土耳其 | 46 | 伊朗 | 14 |
| 希腊 | 45 | 尼日利亚 | 13 |

数据来源：https://geerthofstede.com/research-and-vsm/dimension-data-matrix/，访问日期：2020年12月1日。

大多数经济学家对于东亚经济体的节俭文化造就了高储蓄率的说法仍存有异议。文化派往往认为，东亚强烈的储蓄倾向导致了经济的高速增长，而经济学家则持相反的观点，即认为是东亚经济的高速增长导致了其高储蓄率。例如，克里斯托弗·卡罗尔（Christopher Carroll）与戴维·韦尔（David Weil）就指出，日本、韩国、新加坡及中国香港等四个东亚经济体，经济的高速增长比高储蓄率出现得早，20世纪50年代到80年代的储蓄率提高并没有使经济增长的速度加快。[1]但是，他们的这个研究结果并不能说明节俭的文化对这些经济体的储蓄率和经济增长没有作用。首先，文化可能会影响经济增长加速后储蓄率上升的幅度。事实上，卡罗尔与韦尔的研究结果也显示，经合组织国家经济增长带来储蓄率提高的效应比所有

---

[1] 参见 Carroll and Weil (1994)。

# 第四章
## 储蓄与投资拉动的增长

经济体（大多数是发展中经济体）高3倍，将上面四个东亚经济体从样本中去除会使这个效应降低40%。换句话说，同样的经济增长在某些经济体（特别是东亚经济体）引起的储蓄率上升幅度要大于其他经济体。芝加哥大学的路易吉·津加莱斯（Luigi Zingales）及其合作者的跨国研究显示，世界价值观调查中选择培养孩子节俭品质更重要的受访者比例确实会影响国民储蓄率，即使控制了经济增长率之后也是如此。[①]

其次，虽然20世纪70年代和80年代这四个东亚经济体的更高储蓄率并没有让经济增长速度比之前更快（中国内地过去二十年的经济增长情况也是如此），但是，这并不意味着这些年它们的经济高速增长与高储蓄率没有关系。事实上，当一个经济体发展到一个相对发达的阶段时，就需要更高的投资率，进而需要更高的储蓄率来维持同样的经济增长率。发达经济体的增量资本产出比（incremental capital output ratio，简称ICOR）——投资率与GDP增长率之比——普遍高于欠发达经济体（不包括极度贫困的经济体）。[②]

### 存在消费拉动的增长模式吗？

前面我们指出，高储蓄和高投资是中国经济的一个主要优势。可是，近些年来一个广泛流行的观点却认为中国的经济增长是失衡的、不健康的、不可持续的，原因正是储蓄和投资过高，消费过低。2021年，中国消费约占GDP的54.5%，而二十年前（即2001年），中国消费约占GDP的62.2%。根据这个流行的观点，由于中国消费过低、储蓄过高，经济增长因此不得不过度依赖投资和出口，结果也造成了全球贸易失衡。由此就自然得出一个结论：中国必须由以投资和出口拉动为主的增长模式转向以国

---

[①] 参见 Guiso, Sapienza, and Zingales (2006)。
[②] 参见表4-6。

内消费拉动为主的增长模式,这样不仅可以帮助全球贸易实现再平衡,而且也有利于自身的可持续增长。①

上述观点虽然很流行,但实际上是个建立在错误的理论和不可靠的数据基础上的迷思。②这个观点背后的理论依据是,经济增长是靠消费、投资和出口这"三驾马车"来拉动的。正如我之前解释过的,这"三驾马车"都是需求因素,除了投资,其余两个因素根据凯恩斯理论只在产出明显低于生产能力时才会影响当前(或者说短期)的经济增长。然而,凯恩斯理论不应该用来分析一个国家长期的经济增长,因为长期增长靠的是物质资本和人力资本的积累(即投资和教育)以及技术进步。翻开任何一本像样的经济学教科书,你都找不到"消费拉动经济增长"这样的说法。

虽然GDP在支出或需求端可以分成消费、投资和净出口三大块,但GDP指的仍然是一个经济体生产出来的所有最终产品和服务的价值。一个国家要实现长期的GDP增长,靠的不是增加消费或净出口,而是提高生产能力和生产效率。打个比方来说,人体是由头、身体和四肢三个部分构成的,一个人的体重就是这三个部分的重量之和。那么一个偏瘦的人如何增加自己的体重呢?是通过分别增加头部、身体和四肢的重量吗?显然不是。要增加体重,就要增加食物的摄入量,提高消化吸收效率。体重增加了,头部、身体和四肢的重量自然就增加了。

如果消费真是经济增长的引擎,那么消费率更高的经济体的经济增长就该更快才对。图4-2是1992—2012年各经济体平均消费率(政府和居民最终消费支出占GDP的百分比)与人均GDP平均增长率的散点图,从中显然看不到这样的情况,如果说消费率和经济增长率有什么关系的话,那么

---

① 参见 Lardy (2006, 2011)、Pettis (2010)、Wolf (2011),以及 Yao (2014) 等。

② 世界银行前中国业务局局长、卡内基国际和平基金会的黄育川(Yukon Huang)是少数挑战这种流行观点以及其他有关中国经济的误解的知名人士之一。参见 Huang (2017)。

两者可能是负相关而不是正相关。表4-5似乎证实了这种负相关性：所有消费率相对较低的经济体，如中国、印度、韩国和新加坡，恰恰也是人均GDP增长比较快的经济体；相反，消费率高的经济体，如希腊和许多撒哈拉以南非洲国家，人均GDP的增长都很慢。

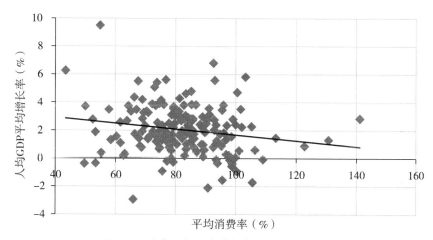

图4-2 消费率与经济增长率（1992—2012）

注：图中一个数据点代表一个经济体。去掉了数据缺失或不全的经济体后，总共有172个数据点。所有数据均来自"世界发展指标"数据库。

中国的消费率虽低，但并不像保罗·克鲁格曼曾经说过的那样，中国人是以牺牲消费来换取经济增长。[1]事实上，如表4-5所示，1992—2012年中国人均消费每年平均增长7.8%，虽然慢于9.51%的人均GDP增速，但也已经是举世无双了。同期全球人均消费的年增长率只有1.34%。其他消费率相对较低的国家，如新加坡、韩国和印度，其消费增长速度也快于消费率高的国家，如希腊。道理其实很简单，消费率低就意味着储蓄率高，也就意味着有更多的钱用于投资，资本积累就快，GDP自然就增长得更快。给定消费率（无论高低）不变，消费的增长速度与GDP的增长速度是相同的。所以说，消费的增长是经济增长的结果，而不是经济增长的原因。

---

[1] 参见 Krugman (1994)。

表4-5  1992—2012年的消费率与消费增长率

(单位：%)

| 国家或地区 | 最终消费率 | 国内总储蓄率 | 人均GDP年均增长率 | 人均最终消费年均增长率 |
|---|---|---|---|---|
| 新加坡 | 50.00 | 50.00 | 3.71 | 2.46 |
| 中国 | 54.90 | 45.10 | 9.51 | 7.80 |
| 韩国 | 66.24 | 33.76 | 4.37 | 3.52 |
| 印度 | 73.07 | 26.93 | 5.09 | 4.68 |
| 全世界平均 | 76.37 | 23.63 | 1.42 | 1.34 |
| 欧盟 | 77.55 | 22.45 | 1.48 | 1.39 |
| 拉美和加勒比地区 | 79.86 | 20.14 | 1.74 | 1.90 |
| 美国 | 81.50 | 18.50 | 1.58 | 1.63 |
| 撒哈拉以南非洲地区 | 82.42 | 17.58 | 1.14 | 1.26 |
| 希腊 | 86.17 | 13.83 | 0.79 | 1.05 |

数据来源："世界发展指标"数据库。

即使在凯恩斯理论的三个需求因素中，消费也不占有特殊的地位。当一个国家经济不景气时，刺激消费、投资或出口都有助于经济的复苏。但是，在经济周期中，投资和出口的波动通常大于消费的波动，所以经济不景气时刺激投资或出口可能比刺激消费更有效。而且，在凯恩斯理论的框架中，刺激消费是为了提高消费需求的绝对量，而不是为了提高消费在总需求中的相对比率（即消费率）。经济不景气时，凯恩斯主义的经济政策试图同时刺激消费、投资和净出口这三者的水平，而不是提高它们的相对比率。毕竟，这三者的比率不可能同时提高。

一个国家经济不发达一定不是因为这个国家的人民不肯消费，而是因为这个国家的生产能力低，即人均固定资本占有率低，劳动力受教育水平低，以及技术水平落后。一个发展中国家持续提升人均产出并向发达国家靠拢的真正驱动力不是消费，而是在物质资本和人力资本上的投资。人均GDP的持续增长是人均消费持续增长的前提条件，而不是相反。当然，技术进步对经济增长的作用至少与投资同等重要。然而，一个发展中国家要实现技术进步，对物质资本和人力资本却没有足够的投入，就好比建房子不打地基一样，是不可能成功的。

### 中国的投资效率很低吗？

熟悉增长经济学的人可能很容易接受上述对消费拉动增长观点的批评，但仍会有人指出，中国的消费率低得离谱，而投资率则高得出奇。[①]似乎历史上很少有哪个经济体会长期保持如此低的消费率和如此高的投资率，即使已经成为高收入经济体的几个东亚国家和地区在其经济高速增长时期好像也没有出现这种情况。换句话说，中国的投资效率可能太低了，原因可能正是在于投资过多了。

有些经济学家用前面提到过的"增量资本产出比"（ICOR）这个指标来说明中国投资效率在下降。ICOR衡量的是GDP增长率每提高1%，投资占GDP的比重要相应增加百分之几。从表4-6中可以看出，中国的ICOR从1983—1992年的3.6上升到2003—2012年的4.3，因为1983—2012年中国的投资率明显上升，而GDP增长率却几乎没有提升。一些经济学家以此为证据证明中国的投资效率明显下降了。[②]

表4-6 投资效率比较：ICOR

（单位：%）

| 国家 | 1983—1992年平均值 | | | 1993—2002年平均值 | | | 2003—2012年平均值 | | |
|---|---|---|---|---|---|---|---|---|---|
| | 投资率 | GDP增长率 | ICOR | 投资率 | GDP增长率 | ICOR | 投资率 | GDP增长率 | ICOR |
| 中国 | 36.8 | 10.3 | 3.6 | 39.0 | 9.9 | 4.0 | 44.9 | 10.5 | 4.3 |
| 印度 | 23.0 | 5.3 | 4.4 | 24.2 | 5.8 | 4.2 | 35.0 | 7.8 | 4.5 |

---

① 参见 Perkins (2012) 等。

② 参见 Huang (2010) 等。

（单位：%）（续表）

| 国家 | 1983—1992年平均值 | | | 1993—2002年平均值 | | | 2003—2012年平均值 | | |
|---|---|---|---|---|---|---|---|---|---|
| | 投资率 | GDP增长率 | ICOR | 投资率 | GDP增长率 | ICOR | 投资率 | GDP增长率 | ICOR |
| 美国 | 22.9 | 3.6 | 6.3 | 22.5 | 3.4 | 6.6 | 20.9 | 1.8 | 11.8 |
| 高收入经合组织国家 | 24.2 | 3.3 | 7.3 | 22.9 | 2.6 | 8.7 | 21.6 | 1.5 | 14.1 |

注：每十年的ICOR计算的是这十年间平均投资率与同期GDP年均增长率的比率。投资率与增长率数据均来源于"世界发展指标"数据库。

但是，如表4-6所示，中国的ICOR与另一个发展中国家印度相差无几，而且明显低于美国和所有高收入经合组织国家的水平。一个国家的经济发展水平和人均收入提高之后，ICOR通常也会上升。在1983—2012年这三十年里，发达的经合组织国家的ICOR与中国相比上升明显，尤其是2003—2012年这十年里，全球金融危机导致发达国家的经济增长大幅下滑。[1]一般说来，不能简单地用ICOR这个指标来判断一个国家的投资效率。如果一定要用这个指标的话，那么中国的投资效率就位于世界前列。[2]

虽然如此，仍有不少人担心中国居高不下的投资率造成了浪费、产能过剩及资本回报率下降。资本回报递减规律告诉我们，随着人均资本存量的不断增加，资本回报率终会下降。事实上，有些经济学家早在21世纪初就已经担心中国投资率过高，担心资本回报率会显著下降，但后来的研究并未发现这方面的明显证据。[3]其实，宏观层面的资本回报率是很难准确估计的。尽管如此，根据第一章提到过的宾大世界表最新版本的数据，

---

[1] ICOR等于投资率除以经济增长率，所以在投资率变化不大的情况下，经济增长率下降自然导致ICOR上升。

[2] 中国真实的ICOR还可能更低，因为中国的投资率可能被官方统计数据大大高估了，这一点在本书后面还会说明。

[3] 参见 Bai, Hsieh, and Qian (2006)。

中国的资本回报率（以实际内部收益率衡量）在过去十几年里是有所下降的。不过，如图4-3所示，中国大陆的资本回报率并不特别低，而是与美国和中国台湾地区相似，远高于日本和德国。

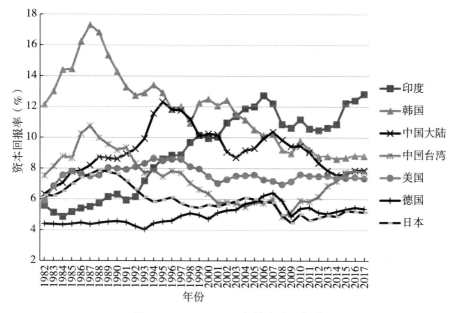

图4-3 1982—2017年的资本回报率

注：资本回报率数据是根据宾大世界表（9.1版，https://www.rug.nl/ggdc/productivity/pwt/）的数据得出的。

此外，中国的人均资本存量仍然远低于发达国家，根据宾大世界表的数据，只相当于德国的30%、美国的34%、韩国的40%。可见，中国物质资本的积累还有相当长的路要走。

最后需要指出的是，本章所有的比较均基于官方统计数据。但是，正如之前提到的，中国实际的投资率可能远低于官方公布的结果，所以，中国的投资效率可能高于前面所说的水平。中国的投资率之所以被夸大，是因为消费率被官方统计数据低估了。根据我和张军的合作研究，中国的消费率虽然是全世界最低的之一，但并没有官方数据显示的那么低。[①]我们发现，2004—2011年中国的实际消费率可能比官方数据高10个百分点左右，从而国内储蓄率和投资率也就可能被高估了10个百分点左右。感兴趣的读者可以在附录中查看更多详情。

总之，本章强烈质疑了中国需要从投资拉动的增长模式转换到消费拉动的增长模式这个流行观点。长期的经济增长靠的不是消费，而是投资、教育和技术进步。即使在短期内，投资对总需求波动的影响也比消费对总需求波动的影响更大。从数据上看，中国真实的投资率大概为30%～40%，是全世界最高水平之一，但与其他东亚经济体高速增长时期的水平非常相似。在企业层面或行业层面，中国肯定存在投资低效的情况，但给定GDP的高增长率，尚无有力的证据表明中国在宏观层面投资效率太低。相对较高的储蓄率和投资率并不是中国经济的劣势，而恰恰是中国经济的优势。目前还没有令人信服的理由说明中国应刻意减少投资在未来经济增长中的作用。要知道，有多少发达国家和发展中国家的政府都希望自己的人民能够提高他们的储蓄和投资率——也就是降低他们的消费率！那些天真地呼吁中国经济必须转型到以消费为导向的增长模式的人大概是误读了经济学理论，或者被失真的官方统计数据误导了。

---

① 参见 Zhang and Zhu (2015)。

# 第五章

# 教育的作用：数量与质量

教育是经济增长的另一驾"马车"，因为劳动力的受教育水平越高，其生产率通常就越高。教育可以通过两种途径促进经济增长。第一，一个国家每年教育水平的提高会对当年的经济增长产生直接影响。[①]但是，这个影响是相对微弱的，毕竟一个国家每年教育水平的变化通常是很小的。第二，教育水平本身会通过影响一个国家的技术进步速度和投资动力影响到未来年份的经济增长。[②]我们很快会看到，第二种效应更重要。

众所周知，教育在儒家文化价值体系中处于至高无上的位置，但这意味着什么呢？如果教育对经济发展很重要，那么所有国家不都会重视教育吗？与其他发展中国家相比，中国人的受教育程度真的更高、质量真的更好吗？

## 教育的数量

首先让我们来看一下，过去几十年里中国在教育上的进步是否比别的

---

[①] 参见 Mankiw, Romer, and Weil (1992) 等。
[②] 参见 Nelson and Phelps (1966), Benhabib and Spiegel (1994)，以及 Barro (2001) 等。

国家更快。表5-1显示了1980年和2010年一些国家15岁以上成年人口的人均受教育年限，以及1980—2010年受教育年限的年均增长率。从表中可以看出，在这三十年里，几乎所有国家的人均受教育年限都有所增加。总体说来，发展中国家在1980年的初始教育水平较低，但在接下来的三十年里都取得了长足的进步。相比之下，发达国家一般说来初始教育水平更高，进步的空间较小。从受教育年限的年均增长率来看，中国在所有发展中国家里并不突出，排名位列146个经济体的第56位。印度、韩国、新加坡和越南等其他快速增长的经济体，排名也不靠前。

表5-1 部分国家15岁以上人口的人均受教育年限

| 国家 | 受教育年限（年）（1980） | 受教育年限（年）（2010） | 受教育年限的总增长量（年）（1980—2010） | 受教育年限的年均增长率（%）（1980—2010） | 年增长率排名（总计146个经济体） |
| --- | --- | --- | --- | --- | --- |
| 也门 | 0.23 | 3.73 | 3.50 | 9.73 | 1 |
| 尼泊尔 | 0.99 | 4.02 | 3.03 | 4.78 | 2 |
| 博茨瓦纳 | 3.12 | 9.56 | 6.44 | 3.80 | 7 |
| 巴西 | 2.77 | 7.55 | 4.78 | 3.40 | 10 |
| 海地 | 1.99 | 5.13 | 3.14 | 3.21 | 16 |
| 巴基斯坦 | 2.15 | 5.53 | 3.38 | 3.20 | 17 |
| 突尼斯 | 3.25 | 7.30 | 4.05 | 2.73 | 27 |
| 印度 | 2.34 | 5.20 | 2.86 | 2.70 | 29 |
| 约旦 | 4.58 | 9.17 | 4.59 | 2.34 | 40 |
| 津巴布韦 | 3.85 | 7.70 | 3.85 | 2.34 | 41 |
| 墨西哥 | 4.89 | 9.06 | 4.17 | 2.08 | 45 |
| 玻利维亚 | 5.47 | 9.87 | 4.40 | 1.99 | 48 |
| 肯尼亚 | 3.79 | 6.65 | 2.86 | 1.89 | 52 |
| 新加坡 | 5.24 | 9.13 | 3.89 | 1.87 | 53 |
| 斯威士兰 | 4.44 | 7.69 | 3.25 | 1.85 | 55 |
| 中国 | 4.75 | 8.11 | 3.36 | 1.80 | 56 |
| 南非 | 5.11 | 8.48 | 3.37 | 1.70 | 62 |

（续表）

| 国家 | 受教育年限（年）（1980） | 受教育年限（年）（2010） | 受教育年限的总增长量（年）（1980—2010） | 受教育年限的年均增长率（%）（1980—2010） | 年增长率排名（总计146个经济体） |
|---|---|---|---|---|---|
| 巴拉圭 | 5.20 | 8.51 | 3.31 | 1.66 | 64 |
| 牙买加 | 6.05 | 9.75 | 3.70 | 1.60 | 67 |
| 加纳 | 4.94 | 7.26 | 2.32 | 1.29 | 81 |
| 智利 | 6.97 | 10.17 | 3.20 | 1.27 | 84 |
| 韩国 | 8.29 | 11.94 | 3.65 | 1.22 | 89 |
| 秘鲁 | 6.22 | 8.93 | 2.71 | 1.21 | 91 |
| 乌克兰 | 7.92 | 11.10 | 3.18 | 1.13 | 95 |
| 菲律宾 | 6.63 | 8.95 | 2.32 | 1.01 | 101 |
| 阿根廷 | 7.30 | 9.42 | 2.12 | 0.85 | 112 |
| 日本 | 9.25 | 11.59 | 2.34 | 0.75 | 119 |
| 瑞典 | 9.42 | 11.48 | 2.06 | 0.66 | 125 |
| 芬兰 | 8.27 | 9.96 | 1.69 | 0.62 | 129 |
| 越南 | 5.29 | 6.34 | 1.05 | 0.61 | 132 |
| 美国 | 12.03 | 13.09 | 1.06 | 0.28 | 142 |
| 新西兰 | 11.83 | 12.68 | 0.85 | 0.23 | 144 |
| 瑞士 | 10.29 | 9.92 | −0.37 | −0.12 | 146 |

数据来源：人均受教育年限数据来自Barro and Lee (2013)，参见http://www.barrolee.com/（访问日期：2020年12月1日）。

20世纪90年代初，诺贝尔经济学奖得主罗伯特·卢卡斯（Robert Lucas）在一篇影响深远的论文中指出，每年通过教育所带来的人力资本的积累无法解释东亚增长奇迹。[①]二十年前，时任世界银行经济学家的兰特·普里切特（Lant Pritchett）发表了一篇颇具争议的文章，他在文章中指出，20世纪60年代至80年代，发展中国家人民的受教育程度明显提高，但

---

① 参见 Lucas (1993)。

经济增长速度总体说来并没有加快。①上面这两位经济学家当然不是要证明教育无用，而是要说明受教育年限的增长对同时期经济增长的直接效应是十分有限的，因此无法用来解释国家之间经济增长率的巨大差异。

尽管受教育年限的增长与同期经济增长之间的关系不大，但一些经济学家认为，一个国家当前的教育水平会对未来年份的经济增长有显著影响。具体说来，他们发现一个经济落后的国家能否实现长期的赶超式增长，在很大程度上取决于其初始的人力资本水平（即教育水平）。②的确，一个经济欠发达、劳动力廉价但人力资本水平相对较高的国家，更容易吸收模仿发达国家的技术，进而加快技术进步的进程。此外，人力资本相对较高，物质资本的投资回报率就会较高，从而吸引更多的国内外投资，进而加快物质资本的积累。③

中国的情况似乎印证了这个假说。如图5-1所示，1980年时中国是全世界最贫穷的国家之一，但当时15岁及以上成年人口的人均受教育年限已经与中等收入经济体相仿或接近。如果教育真是经济发展的重要驱动力，那么为什么中国经济在1980年之前发展得不好呢？答案是显而易见的：1980年之前长期实行的中央计划经济和错误的政策耽误了中国的经济发展。一旦实行了改革开放，中国相对较高的教育水平就成了之后实现赶超式增长的一个巨大优势。事实上，诺贝尔经济学奖得主阿马蒂亚·森甚至认为，整个东亚奇迹在很大程度上是建立在经济腾飞前基础教育的扩张之上的。④

---

① 参见 Pritchett (2001)。
② 参见 Barro (1991) 以及 Barro and Sala-i-Martin (2003) 等。
③ 参见 Barro (2001)。
④ 参见 Sen (1999)，第40—41页。

# 第五章
## 教育的作用：数量与质量

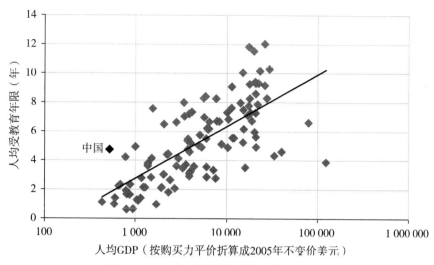

**图5-1　1980年人均受教育年限与人均GDP**

注：图中每一点都代表一个经济体。横轴是1980年的人均GDP水平（均按购买力平价折算成2005年不变价美元），使用对数刻度。纵轴是1980年的人力资本水平，以一个国家15岁以上成年人口的人均受教育年限衡量，数据来自Barro and Lee(2013)。GDP数据均来自"世界发展指标"数据库。

那么，为什么中国在1980年时具有相对于其他低收入国家来讲较高的教育水平或人力资本水平呢？一个解释是，中华人民共和国成立后的三十年里，中国通过普及初等教育、扩大中等教育积累了大量人力资本。1952年，中国只有一半的学龄儿童上过小学，到1978年，这个比例是98%。[①]

然而，1980年中国4.75年的人均受教育年限带来的人力资本的相对优势远远不足以解释中国增长的奇迹。根据经济增长跨国研究的先驱者罗伯特·巴罗（Robert Barro）的研究，平均而言，一个国家的成年男性在小学毕业后每多接受一年教育（即中等或以上教育），该国的经济增长率会提高0.44个百分点。[②]这个效应看上去不算小。不过，Barro and Lee（2013）

---

[①] 参见 Yao (2014)。

[②] 参见 Barro (2001)。

的数据显示，1980年中国人平均只接受了0.93年中等或以上的教育（因此大约能给中国带来额外的0.4个百分点的增长）。事实上，如图5-2所示，2005年时中国人均受教育年限的相对优势就已经消失，有相当数量的经济体虽然人均收入比中国还低，但人均受教育年限却更长。尽管如此，中国在2005年之后的经济增长与世界其他经济体相比依然势头强劲。

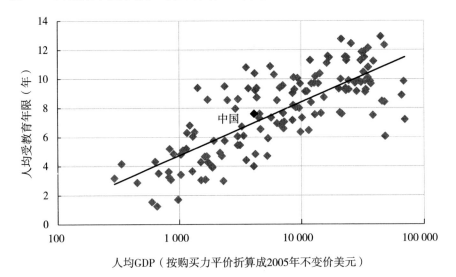

图5-2　2005年人均受教育年限与人均GDP

数据来源：Barro and Lee (2013)；"世界发展指标"数据库。

有些经济学家认为，中国在人力资本上的初始优势并不能只用正式的学校教育年限来衡量。他们指出，中国在1978年之前已经为工业发展打下了一些基础。尽管效率不高，但那时中国的工业已经覆盖了大多数产业部门，工矿企业工人的数量超过了其他所有第三世界国家的工人数量总和。改革之前，中国更关注的是对改善民生没有多少帮助的重工业，但是重工业部门培养了许多专业人才和技术人员，他们在中国改革后的工业化进程中发挥了积极作用。[①]一些学者在探究中国高速增长的历史原因时甚至走

---

① 参见 Brandt, Rawski, and Sutton (2008)。

得更远，认为在现代工业兴起之前，中国就已经发展出一套对于农业社会来讲相当复杂的经济体系，在农业、工业和运输业方面都有新的技术发明，而且国内贸易也比较发达。这些历史条件传承下来，成为中国20世纪经济发展的人力资本。①

那么，中国增长的奇迹在多大程度上可以用中国在人力资本上的历史优势解释呢？答案是恐怕很少。如果中国的悠久历史以及1949年之后三十年的工业化仅仅体现在改革开放初期较高的人力资本水平上，而人力资本又体现在正式教育或非正式的培训所传授的技能上，那么一个不具有历史优势的国家应该也用不了太久就可以获得这些技能和知识。所以，中国丰富悠久的历史可能不仅仅蕴含在以技能衡量的人力资本中，更重要的可能是蕴含在中国人的世界观、价值观和行为准则中，也即蕴含在中国的文化中。②

## 教育的质量

以人均受教育年限来衡量的教育数量看上去对经济增长的影响确实不大，它既不能解释大多数发展中国家为什么没能成功追赶发达国家，也不能解释包括中国在内的东亚经济增长奇迹。因此，一些经济学家开始关注教育的质量，研究教育质量对经济增长的影响。斯坦福大学的教育经济学家埃里克·哈努谢克（Eric Hanushek）即是该研究领域的先驱者之一。③哈努谢克及其合作者注意到，如果教育的质量不高，教育的数量增长可能也没有什么作用，仅仅坐在教室里并不意味着学生真的就获取了有用的认

---

① 参见 Perkins (2010) 等。
② 普林斯顿大学的邹至庄教授是少数肯定文化在中国经济增长中的重要作用的著名经济学家，他认为，除了正式教育，人力资本还应该包括人们在某一社会成长和生活过程中所学的知识，中国人的工作习惯以及企业家的能力都是中国人力资本的一部分，都有中国历史和文化传统的印记。参见 Chow (2012)，第二章。
③ 参见 Hanushek and Kimko (2000)。

知技能（cognitive skills）。他们发现，一个国家的经济增长更多地与教育的质量而不是数量有关。这个结果理论上当然说得通，因为受过高质量教育的人可能更容易在工作中积累知识和技能，而这些知识和技能与受教育年限本身可能关系不大。

那么，他们是如何衡量教育质量的呢？哈努谢克及其合作者利用1964—2003年12项国际性中小学数学和科学考试的成绩数据，构建了一个涵盖70多个国家和地区的所谓"认知技能"指数。这些具有国际可比性的考试成绩被用来衡量各国和地区同龄的学生在相同的受教育年限里所获取的知识和技能，所以也就被用来衡量各国和地区教育质量的高低。①

其中最知名的考试是由经合组织主持的国际学生评估项目（Program for International Student Assessment，简称PISA），参加这个考试的经济体的数量也是最多的。PISA的目的是评估参与经济体的教育体系的质量、公平性和效率，为各经济体尤其是表现不佳的经济体的教育改善提供参考数据。自2000年以来，这个考试每3年组织一次，用来检验15岁学生的阅读、数学和科学素养水平，考试内容强调学生获得的实用技能。中国内地的上海和部分沿海省份参加了2012年、2015年和2018年的PISA，但在写作本书时，2018年的结果还没有公布。

表5-2列出了部分经济体2015年的PISA成绩以及埃里克·哈努谢克和卢德格尔·沃斯曼因（Ludger Woessmann）的"认知技能"指数。可以看出，这两组数据的结果并不完全相同，但高度正相关。从这两个衡量教育质量的指标来看，受儒家文化影响的东亚经济体不仅名列前茅，更是遥遥领先于其他所有发展中经济体。中国内地的两项指标排名都很高，超过了以发达国家为主体的经合组织国家的平均值。从2015年的PISA成绩来看，只有中国内地和越南两个发展中经济体超过了经合组织国家平均值。

---

① 参见 Hanushek and Woessmann (2012)。

表5-2 教育质量指标的国际比较

| 经济体 | 认知技能指数 | 2015年PISA数学平均分 | 2015年PISA科学平均分 | 经济体 | 认知技能指数 | 2015年PISA数学平均分 | 2015年PISA科学平均分 |
|---|---|---|---|---|---|---|---|
| 中国台湾 | 5.452 | 542 | 532 | 泰国 | 4.565 | 415 | 421 |
| 韩国 | 5.338 | 524 | 516 | 罗马尼亚 | 4.562 | 444 | 435 |
| 新加坡 | 5.330 | 564 | 556 | 斯威士兰 | 4.398 | N/A | N/A |
| 日本 | 5.310 | 532 | 538 | 乌拉圭 | 4.3 | 418 | 435 |
| 中国澳门 | 5.260 | 544 | 529 | 印度 | 4.281 | N/A | N/A |
| 中国香港 | 5.195 | 548 | 523 | 约旦 | 4.264 | 380 | 409 |
| 爱沙尼亚 | 5.192 | 520 | 534 | 哥伦比亚 | 4.152 | 390 | 416 |
| 瑞士 | 5.142 | 521 | 506 | 土耳其 | 4.128 | 420 | 425 |
| 芬兰 | 5.126 | 511 | 531 | 津巴布韦 | 4.107 | N/A | N/A |
| 澳大利亚 | 5.094 | 494 | 510 | 智利 | 4.049 | 423 | 447 |
| 法国 | 5.040 | 493 | 495 | 黎巴嫩 | 3.95 | 396 | 386 |
| 德国 | 4.956 | 506 | 509 | 墨西哥 | 3.998 | 408 | 416 |
| 英国 | 4.950 | 492 | 509 | 阿根廷 | 3.92 | 456 | 475 |
| 中国内地 | 4.939 | 531 | 518 | 印度尼西亚 | 3.88 | 386 | 403 |
| 越南 | N/A | 495 | 525 | 突尼斯 | 3.795 | 367 | 386 |
| 俄罗斯 | 4.922 | 494 | 487 | 菲律宾 | 3.647 | N/A | N/A |
| 经合组织国家平均值 | N/A | 490 | 493 | 巴西 | 3.638 | 377 | 401 |
| 美国 | 4.903 | 470 | 496 | 秘鲁 | 3.125 | 387 | 397 |
| 意大利 | 4.758 | 490 | 481 | 南非 | 3.089 | N/A | N/A |
| 以色列 | 4.686 | 470 | 467 | 多米尼加共和国 | N/A | 328 | 332 |

资料来源:"认知技能"指数来自Hanushek and Woessmann (2012)。2015年的PISA考试成绩来自http://www.oecd.org/pisa/,访问日期:2020年12月1日。

那么,以"认知技能"指数衡量的教育质量对经济增长的影响究竟有多大呢?根据哈努谢克和沃斯曼因用1960—2000年的GDP数据所做的估算,在控制了初始教育水平和人均GDP等因素的情况下,"认知技能"指数每增加1分，人均GDP年增长率就高出2个百分点，这是一个巨大的效应。①例如，中国内地的"认知技能"指数比秘鲁和南非高出2分左右，因此，在其他条件相同的情况下，这一项差异就使得中国的人均GDP年增长率比这两个国家高出4个百分点左右。如果这个结论成立，那么，从几个东亚经济体的基础教育质量都很高的角度看，该区域的经济奇迹就不难理解了。

有些读者，尤其是熟悉中国教育体系的读者可能会觉得，中国的教育质量高于许多像美国一样的发达国家这个说法听上去像是个笑话。但是要注意，我这里所讲的并不是所有阶段的教育质量，而是小学和中学阶段的教育质量。根据哈努谢克和沃斯曼因的指数或PISA成绩，中国的中学生所掌握的认知技能平均水平要高于美国。但是美国的人均受教育年限（2010年是13.09年）远大于中国（2010年是8.11年），所以美国的总体教育水平明显更高。此外，美国的高等教育质量，尤其是博士阶段的教育质量可能高出中国很多。

然而，有些人可能会质疑用考试成绩衡量教育质量的合理性：也许中国学生就是会考试，但不见得有真才实学，更谈不上有多少创造力。美国惠普公司前首席执行官卡莉·菲奥莉娜（Carly Fiorina）在2015年参加总统竞选期间曾讲过一段话："我在中国做了几十年生意，我跟你讲，中国人确实会考试，但他们做不到的是创新。他们不是特别有想象力，没有创业精神，不会创新，那就是他们要偷我们的知识产权的原因。"②根据菲奥莉娜的说法，考试成绩与创造力和创新能力好像没有关系，甚至负相关。当然，考试成绩好不等于创造力或创新能力就强，考试成绩差也不意味着创造力或创新能力就弱。但是，考试成绩与创新能力是高度正相关的。高分低能的比例远远低于低分低能的比例。毕竟，从表5-2中可以看出，创

---

① 即使控制更多影响经济增长的因素，"认知技能"指数每增加1分对人均GDP年增长率的影响仍然达到1.2个百分点以上，这依然是一个很大的效应。

② 引自 Huddleston (2015)。

新能力更强的欧美发达经济体学生的国际考试成绩总体要比除中国内地和越南外的所有发展中经济体都高。

菲奥莉娜女士还低估了窃取知识产权的难度。如果一个国家仅靠窃取他国技术就能实现增长奇迹,那么世界上早就应该出现更多的增长奇迹了。发展中国家对知识产权的保护力度自然比不过发达国家,但有证据表明,中国作为发展中国家,其知识产权保护的力度并不低于同等收入水平的国家。正如哥伦比亚大学的魏尚进及其合作者所指出的,中国支付给外国的知识产权使用费总额从2000年的13亿美元增加到2017年的287亿美元,年均增长率达20%,而同期所有国家知识产权使用费支付额年均增长率的中位数是9.5%。[①]不管怎样,发展中国家只有通过学习和模仿发达国家的现有技术才可能实现赶超式增长。这就带来一个耐人寻味的问题:为什么过去四十多年间中国在模仿和吸收西方技术上远比其他发展中国家更成功?我想答案可能就在于中国相对较高的基础教育质量。正是由于发展中国家可以利用现成的技术,不需要"重新发明车轮",它们才有实现更快技术进步的可能,这也是下一章要讨论的话题。

人们在批评中国的教育体系时,总是用中国当前的科技水平来评价中国的教育质量,但这是一种简单化的、静态的比较。作为中等收入国家,中国的科技水平与西方最发达国家相比自然有差距。但这并不必然是因为应试教育扼杀了中国学生的创新能力,而是因为中国人的平均受教育年限、科研人员占总人口的比例以及人均科研经费与许多发达国家相比还有差距;不是因为中国的中小学乃至本科教育质量太差,而是因为中国(非应试教育阶段的)研究生尤其是博士生的培养水平总体说来还不如多数发达国家。

中国学生一旦进入西方大学接受研究生教育,他们的创新能力和创造力并不亚于其他国家的学生。根据世界知识产权组织(WIPO)所

---

① 参见 Wei and Yu (2019)。

做的研究，中国为其他国家（主要是发达国家）贡献的"移民发明家"（immigrant inventors）的人数是最多的。[①]移民发明家指的是以外国人身份在居住国申请发明专利的科研人员。例如，一位在美国工作的中国籍科学家以美国居民（resident）的身份申请了发明专利，该科学家就是个移民发明家。研究数据显示，2006—2010年，发达国家吸纳了全世界97%的移民发明家。大约一半移民发明家来自发展中国家，另一半来自其他发达国家（例如加拿大和英国）。从表5-3可以看到，来自中国的移民发明家占全世界移民发明家的比例最高，达16.3%；其次是印度，占比为12.1%。来自拉美和加勒比地区（总人口6亿）的移民发明家只占2.7%，来自非洲（总人口11亿）的移民发明家只占1.7%。即使按人均数来算，中国贡献的移民发明家人数也远远超过了非洲和拉美。

表5-3 移民发明家的来源

| 来源国或地区 | 占移民发明家总人数的比例（%）（2006—2010） | 每百万人口中移民发明家的人数 |
| --- | --- | --- |
| 非洲 | 1.7 | 3 |
| 亚洲 | 41.9 | 21 |
| 　中国 | 16.3 | 25 |
| 　印度 | 12.1 | 20 |
| 欧洲 | 41.9 | 117 |
| 　英国 | 7.4 | 242 |
| 拉美和加勒比地区 | 2.7 | 9 |
| 北美洲 | 9.7 | 58 |
| 　加拿大 | 6.4 | 387 |
| 大洋洲 | 2.1 | 118 |

数据来源：World Intellectual Property Organization. *World Intellectual Property Indicators 2013*. WIPO Publication No. 941E.

注："每百万人口中移民发明家的人数"是作者根据WIPO的数据以及2010年的人口数据计算得出的。

---

[①] 参见 World Intellectual Property Organization (2013), pp. 21–38。

中国位列WIPO所发布的移民发明家来源地的榜单之首,一方面说明中国的人才外流很严重,另一方面也说明中国的教育体系能够培养出发达国家所需要的人才。毕竟这些移民发明家几乎都是在中国接受的中小学乃至本科教育,中国的应试教育显然没有扼杀掉这些人的创造力。中国的教育体系虽然还有很多需要改进的地方,但其基础教育的质量一点都不低。

## 中国学生天生就更聪明吗?

中国和其他东亚地区的学生成绩突出当然不一定就是因为教育质量高或者文化上更重视教育。当我在课堂上展示表5-2中的结果时,许多学生会认为,那是因为中国人天生就更聪明。我还没有看到学术界有哪位稍有声誉的经济学家提出过这种带有明显种族主义色彩的观点,但我关心的主要还不是这个观点是否政治正确,而是有没有让人信服的证据。譬如说,中国人的平均智商(IQ)更高吗?假如真的更高,那么一个国家或地区的人均智商与经济发展之间存在因果联系吗?英国研究者理查德·林恩(Richard Lynn)对这两个问题都给出了肯定的答案。[①]他的研究当然很有争议,但是这类观点在一般公众尤其是中国人当中很流行,所以我觉得有必要认真讨论一下这个问题。

林恩及其合作者格哈德·迈森伯格(Gerhard Meisenberg)收集了一百多个国家或地区的智商分数样本(将英国的智商分数设定为100,并作为基准),并用智商分数的差异来解释国家或地区之间在人均收入和经济增长率上的差异。根据他们某一版本的数据(见表5-4),中国内地的智商分数是105,而且日本和"亚洲四小龙"的智商分数也高于全世界其他发达经济体和发展中经济体。

---

① 参见 Lynn and Vanhanen (2002) 以及 Lynn and Meisenberg (2010)。

表5-4 不同国家或地区的智商分数

| 国家或地区 | 智商分数 | 国家或地区 | 智商分数 |
| --- | --- | --- | --- |
| 中国香港 | 108 | 土耳其 | 90 |
| 新加坡 | 108 | 墨西哥 | 88 |
| 韩国 | 106 | 巴西 | 87 |
| 中国内地 | 105 | 印度尼西亚 | 87 |
| 日本 | 105 | 菲律宾 | 86 |
| 中国台湾 | 105 | 伊朗 | 84 |
| 瑞士 | 101 | 埃及 | 83 |
| 英国 | 100 | 巴布亚新几内亚 | 83 |
| 德国 | 99 | 卡塔尔 | 83 |
| 法国 | 98 | 也门 | 83 |
| 西班牙 | 98 | 印度 | 82 |
| 美国 | 98 | 黎巴嫩 | 82 |
| 俄罗斯 | 97 | 沙特阿拉伯 | 80 |
| 乌拉圭 | 96 | 叙利亚 | 79 |
| 以色列 | 95 | 乌干达 | 73 |
| 阿根廷 | 93 | 肯尼亚 | 72 |
| 希腊 | 92 | 南非 | 72 |
| 爱尔兰 | 92 | 博茨瓦纳 | 71 |
| 马来西亚 | 92 | 尼日利亚 | 69 |
| 泰国 | 91 | 莫桑比克 | 64 |
| 智利 | 90 | 马拉维 | 60 |

资料来源：Lynn and Meisenberg (2010)。

表面上看来，表5-4中的智商分数确实可以解释中国和东亚的增长奇迹。但是，这些分数无法解释其他许多国家或地区的经济发展。例如，爱尔兰是过去二十年欧洲增长最快的国家之一，其人均GDP早就超过了英国，但其智商分数仅为92，同希腊一样，在欧洲国家中垫底。如果智商主要是由基因决定的，那么它同样难以解释为什么希腊作为欧洲文明的摇篮，智商分数却在欧洲垫底。在拉美，智利是过去三十年里该地区经济增

# 第五章
## 教育的作用：数量与质量

长速度最快的国家，但表中显示的智商分数只有90，还不如经济增长速度远远落后的乌拉圭（96）。在亚洲，印度是过去二十年里经济增长速度最快的国家之一，但智商分数只有82，还不如许多经济落后、增长缓慢的亚洲和拉美国家。在非洲，博茨瓦纳是该地区经济最发达、政治最稳定的民主国家之一，也是少数几个经济持续快速增长超过三十年的国家之一，而且经常被发展经济学家作为第三世界国家的典范加以研究。然而表中显示博茨瓦纳的智商分数只有71，甚至还不如经济增长缓慢的乌干达和肯尼亚。诚然，每一种规律都有例外，但如果有太多过于反常的例外，而且这些例外还包括了拥有世界1/6人口的印度，我们只能怀疑这个规律是否真的存在。

用智商理论解释经济发展的水平和速度存在许多问题。从个人层面讲，智商测试究竟能反映多少天生的认知能力，本来就很有争议，更不用说一个经济体的人均智商了。[①]事实上，有批评者就曾指出林恩及其合作者的研究中的诸多缺陷：许多经济体的智商分数所依据的样本要么数量太少，要么不具有代表性；一些经济体的智商分数是根据相邻经济体的分数错误地推测出来的；不同经济体但同一民族或种族的人，其智商分数差异也很大。[②]此外，作者在2002年出版的书中及2010年发表的论文中所引用的智商分数数据也不一致，许多经济体的智商分数变化很大，但作者却没有给出任何解释。例如，其2002年出版的书中显示中国内地的智商分数是98，而其2010年的论文中显示的是105，后者比前者高出很多，但作者并没有说明原因。

即使没有数据质量的问题，一个经济体的智商分数与经济发展的水平和速度之间存在的统计正相关性也不意味着前者是因、后者是果。经济发展水平是因，人均智商是果，也是完全有可能的。事实上，著名的弗

---

① 参见 Nisbett（2009）以及 Lee（2010）等。
② 参见 Richardson（2004）以及 Unz（2012b）。

林效应表明，许多经济体（或民族）的人均智商并不是恒定不变的，而是随着收入和教育水平的提高而逐步提高的。①理查德·林恩本人也承认了这种可能性，但并没有认真对待这个问题，只是根据几个东亚经济体的特殊情况就得出结论说，经济发展水平不会影响一个经济体的智商分数。他注意到，中国内地和"亚洲四小龙"在收入还很低的时候，智商分数就很高。

但是，东亚经济体看似恒定的高智商分数可能是个例外，而不是一个规律。②这个现象既不一定说明经济发展速度对人均智商没有影响，也不能证明人均智商是经济发展速度的决定因素。完全有可能是另外一个共同因素，即儒家文化，不仅影响了东亚人民的人均智商，也影响了东亚的经济发展速度。或许正是儒家文化让东亚人民不管经济状况如何都非常重视教育，从而拥有较高的人均智商。

### 重视教育的文化

为什么中国和其他受中国文化影响的东亚经济体都有很高的基础教育质量呢？是因为政府的教育投入更大，还是因为东亚人民在文化上更重视教育？

既然教育对经济发展的重要性是显而易见的，有多少政府会主动选择不投资于教育呢？的确，如表5-5所示，博茨瓦纳、南非、墨西哥等许多发展中经济体在教育支出占政府总支出的百分比以及占GDP的百分比上均高于中国内地。从这个角度来看，中国内地似乎并不比其他经济体更重视教育。

---

① 参见 Flynn(1987)。
② 参见 Unz (2012a)。

### 表5-5 政府的教育支出

(单位:%)

| 经济体 | 政府的教育支出（占政府总支出的百分比） | 政府的教育支出(占GDP的百分比) | 经济体 | 政府的教育支出（占政府总支出的百分比） | 政府的教育支出(占GDP的百分比) |
|---|---|---|---|---|---|
| 津巴布韦 | 30.02 | 6.14 | 瑞士 | 15.53 | 5.11 |
| 伊朗 | 21.15 | 3.96 | 以色列 | 15.45 | 5.85 |
| 印度尼西亚 | 20.5 | 3.58 | 中国内地 | 14.31 | 4.04 |
| 博茨瓦纳 | 20.48 | 9.63 | 印度 | 14.05 | 3.84 |
| 新加坡 | 19.96 | 2.90 | 英国 | 13.83 | 5.49 |
| 泰国 | 19.13 | 4.12 | 美国 | 13.59 | 4.96 |
| 南非 | 18.87 | 6.16 | 菲律宾 | 13.21 | 2.65 |
| 中国香港 | 18.79 | 3.32 | 约旦 | 12.07 | 3.60 |
| 秘鲁 | 18.24 | 3.92 | 埃及 | 10.94 | 3.76 |
| 巴拉圭 | 18.15 | 3.44 | 法国 | 9.6 | 5.43 |
| 墨西哥 | 17.94 | 4.91 | 日本 | 9.09 | 3.59 |
| 巴西 | 16.15 | 6.24 | 意大利 | 7.81 | 3.83 |

注：所有数据均来自2019—2020年"世界发展指标"数据库公布的相关数据。

然而，政府的教育支出只能反映政府对教育的重视程度，而不能反映家庭对子女教育的重视程度。而后者对中国教育质量的影响可能更加重要。事实上，中国的家长似乎比其他国家的家长更重视子女的教育，他们给孩子的学习压力更大。

根据美国皮尤研究中心2011年发布的一项多国（21个国家）民意调查的结果（见表5-6），中国的受访者中有68%认为家长给孩子的学习压力太大，这个比例在所有参加调查的国家中是最高的。相反，只有11%的受访者认为家长给孩子的学习压力不够。在美国，只有11%的受访者认为家长给孩子的学习压力太大，而有64%的受访者认为家长给孩子的学习压力不够。这个结果并不见得是因为中国还是个发展中国家，人口多，竞争激烈。如果是这个原因，那么其他人口密集的发展中国家的家长给孩子的学习压力就应该与中国一样大。然而，表5-6中的数据显示，在巴基斯坦、墨西哥、印度尼西亚等其他人口密集国家，认为家长给孩子压力太大的受访者比例分别是32%、20%和13%。日本虽然早已是发达国家，但根据皮尤中心2006年所做的类似调查，在日本，认为本国家长给孩子学习压力太大的受访者比例也高达59%。

表5-6 孩子的学习压力：全球比较

| 国家 | 受访者比例（%） | | | |
| --- | --- | --- | --- | --- |
| | 压力太大 | 压力不够 | 压力适中 | 不清楚/拒绝回答 |
| 中国 | 68 | 11 | 14 | 7 |
| 印度 | 44 | 24 | 21 | 10 |
| 肯尼亚 | 42 | 33 | 24 | 1 |
| 巴基斯坦 | 32 | 21 | 35 | 12 |
| 土耳其 | 30 | 35 | 27 | 8 |
| 德国 | 28 | 33 | 37 | 2 |
| 墨西哥 | 20 | 42 | 36 | 2 |
| 巴西 | 18 | 49 | 31 | 2 |
| 印度尼西亚 | 13 | 39 | 46 | 2 |
| 美国 | 11 | 64 | 21 | 4 |
| 西班牙 | 8 | 52 | 37 | 3 |

注：数据来自皮尤中心，"2011年春季皮尤全球态度调查项目"（https://www.pewresearch.org/global/dataset/spring-2011-survey/）。受访者被要求回答皮尤调查问卷中的第86个问题："总体说来，您认为（本国）家长给孩子的学习压力太大、不够还是基本适中？"

中国及其他东亚地区的学生在国际考试中的成绩突出可能与家长较高的期望和压力有很大关系。生活在西方国家的亚裔学生，尤其是来自中国、印度和韩国的学生，在学校里往往成绩优异。是亚裔学生天生就更聪明，还是他们学习更加刻苦呢？普林斯顿大学的社会学家谢宇及其合作者2014年发表的一项研究发现，在美国，亚裔学生的学习成绩超过白人学生的主要原因不是智商更高,而是更加努力。①根据他们的研究,在认知能力上,亚裔学生较白人学生的优势逐年递减,而在学习努力的程度上,亚裔学生较白人学生的优势逐年增加。因此两者都是亚裔学生比较高。为什么亚裔学生学习更加努力呢?作者认为,亚裔家长比白人家长更相信后天努力而不是天生资质的作用,因此也就对孩子的学习态度和成绩有更高的要求。

这种强调刻苦学习的文化最终就会体现在家长给孩子的学习压力上。谢宇及其合作者的研究也发现来自家长的期望和压力虽然使美国的亚裔学生更加用功、成绩更好,但并不更加幸福,而且与白人学生相比,心理健康程度更低,与父母的关系也相对更加疏远。

重视教育的文化显然是把双刃剑,它促进了中国过去四十多年高速的经济增长和技术进步,但也有其负面的一面。看来真的没有免费的午餐!在中国,由于大家过度关注数学、科学、语言等科目的学习,有益于学生身心健康的艺术、体育、音乐等科目以及各类课外活动没有得到应有的重视,中国学子也在埋头苦读中牺牲了很多青少年阶段应有的轻松快乐的时光。这些问题不只是中国学子所特有的,在受儒家文化影响的韩国、日本以及海外华人学子中也存在。

为什么中国与其他几个东亚国家和地区的家庭如此重视子女的教育呢?教育投资是最好的投资,利国又利己,这几乎是举世公认的道理。但如果教育真是这么有利可图的话,那么所有国家的政府和人民出于自身利益的考虑不就都会很重视教育吗?若如此,中国和东亚地区也就不应该有什么特别之处了。

经济学家通常认为教育有所谓的"正外部性",也就是说,个人并不能获得其所受教育的全部好处,相当一部分好处被社会上的其他人得到了。举例来说,一个人通过长期接受教育及自身的努力钻研成为一名优秀

---

① 参见 Hsin and Xie (2014)。

的科学家，这给其个人带来的好处与其对社会的贡献相比是微不足道的。由于教育存在这样的正外部性，因此，如果缺少了国家补贴或其他好处，人们自愿接受教育的程度与社会利益最大化所要求的程度就存在一定的差距。全世界的政府免费提供或补贴教育很大程度上也是为了降低家庭的教育成本，增加他们送子女入学的动力。但是，教育带给个人的好处只有在未来才会实现，即使免费的教育也不一定能激励家长送子女上很多年的学，更不用说能激励学生本人刻苦用功了。学生的学习态度很大程度上决定了他们在学校能获取多少知识和认知技能，但这不是政府能强加给他们或者花钱就能买到的。多数国家都针对学龄儿童实施了一定年限的义务教育，不过，虽然你可以强迫学生上学，但你无法强迫他们学习。

所以，要达到社会最优的教育质量和数量，就可能需要超越经济利益的额外动力。如果一种文化赋予了教育除经济利益外的目的和价值，它就能提供这种额外的动力。

历史上，那些重视教育的文化传统本意并不是为了给个人或社会带来经济利益。儒家传统重视教育的出发点就不是功利主义的，而是要培养有仁义道德的人。东亚文明中最具影响力的书当属孔子的言论集《论语》，而《论语》的第一句话说的就是学习与教育："学而时习之，不亦乐乎？"在孔子看来，学习的好处不在于谋利，而在于它本身是一件愉悦的事。学习的目的是修身养性，而不是升官发财。中国自宋朝一直沿用的儒家启蒙课本《三字经》，开篇就明确了教育的目的："人之初，性本善。性相近，习相远。苟不教，性乃迁。"儒家教育的目的就是弘扬仁义道德。[1]中国著名的历史学家和哲学家钱穆就说得很明白："在中国文化体系中，教育即负起了其他民族所有宗教的责任。"[2]

---

[1] 参见 Yao (2000)。

[2] 参见钱穆 (2001)，第 218 页。

# 第五章
## 教育的作用：数量与质量

同儒家文化一样，犹太文化也以重视教育而著称。①犹太民族是古代社会识字率最高的民族，诺贝尔奖得主的比例更是高得出奇。尽管教育让犹太人获得了经济利益，但他们重视教育的初衷并不在此。经济学家马里斯泰拉·博蒂奇尼（Maristella Botticini）和兹维·埃克斯坦（Zvi Eckstein）写过一篇关于犹太经济史的文章，下面我来引用其中的一段话：

> 公元70年第二神殿被毁后，法利赛人取代撒都该人掌握了犹太人社团的控制权。新的宗教领导阶层的改革使得犹太教不再依靠耶路撒冷圣殿的祭祀活动，而是要求每个犹太男子都去犹太会堂阅读《托拉》，并教给自己的儿子。以色列、巴比伦等多地都实行了这项改革，那里的犹太人多数都是农民，投资教育不会有什么回报。换句话说，这种教育改革并非出于经济利益的考量，而是外部原因，即圣殿被毁之后宗教领导权变化导致的结果。②

大约两千年前，犹太教就规定所有的父亲都必须在儿子六七岁时送他去上学，让孩子们学会阅读希伯来宗教经典。中国的《三字经》里也讲到了父亲教育儿子的责任："养不教，父之过。教不严，师之惰。"在农业社会，送孩子上学并没有什么经济上的回报，反而是家庭的负担。根据博蒂奇尼和埃克斯坦的说法，历史上相当一部分犹太人出于这个原因而转信了别的宗教。③

历史上，基督教新教也很重视教育。马丁·路德在五百年前发起新教改革运动时就明确要求每个小孩都要上学，学习如何阅读《圣经》，尤其是《福音书》。新教徒的识字率也因此比天主教徒更高。有些经济学家认

---

① 参见 Harrison(2012) 等。
② 参见 Botticini and Eckstein (2005), pp. 923–924。
③ 更多历史详情参见 Botticini and Eckstein (2012)。

为,19世纪欧洲新教国家资本主义兴起和经济繁荣的原因可能不只是马克斯·韦伯(Max Weber)所说的新教倡导的勤劳节俭的伦理观,而主要是其对教育的重视。①

虽说传统的儒家文化重视教育的出发点是培养孩子的仁义道德,但并不是说教育对个人就没有好处。中国有一千多年通过科举制度选拔学优之人进入仕途的传统,这让普通人家的子弟也可以通过教育进入统治阶层,从而光宗耀祖。但是能够在科举考试中考中进士而进入仕途的人少之又少。明清两代,几百万名地方赶考学子中每次只有大约300人能考中进士。②如果这是让子女接受教育的唯一目的,那么这种行为就太不理性了,其难度无异于在现代社会想要通过买彩票来发家致富。不过,由来已久的科举制度让人们感到受教育、有知识是一件体面的事,从而强化了儒家文化重视教育的价值观,毕竟只有饱学之士才有可能进入朝廷谋得显官要职。

即使在"文化大革命"那个大学停办、学制缩短、"知识越多越反动"的年代,民间对知识和教育的尊重也没有丧失。很多上山下乡的知识青年没有放弃读书学习,他们自学了高中甚至大学的课程,有些人还偷偷阅读西方的书籍。他们当时显然不是为了什么外在的利益,而是出于内在的对知识的热爱。如今教育已经普及,人们不再满足于大学本科学位,开始追求硕士、博士学位。许多官员和成功商人也热衷于通过兼职学习获得一个博士学位,这样做当然不大可能让他们成为真正的领域专家,也不会带来多少经济利益,只是让其得到一个博士头衔及其带来的荣誉或尊重。这也从侧面反映出了中国社会看重文凭本身的高低,而不只是文凭带来的经济价值。

---

① 参见 Becker and Woessmann (2009) 以及 Schaltegger and Torgler (2009)。
② 参见 Elman (2013)。

# 第五章
## 教育的作用：数量与质量

然而，中国传统文化对教育的重视并没有让中国成为现代科学的发源地。恰恰相反，尽管中国文化博大精深，中国古代也不乏先进技术，但并没有诞生现代科学，其中一个原因也许就是科举制度及其一味专注于儒家经典和诗词歌赋的考试内容。①但是中国的注意力一旦转向学习现代科学技术，其重视教育的传统就开始迸发出正面的能量，使得中国在短短几十年里取得了举世瞩目的进步。这一点与犹太人学习现代科学的情况颇为相似。正如前面所说，历史上犹太教育关注的是宗教经典的学习，而不是实用的知识。犹太学者对16世纪和17世纪的科学革命并没有什么贡献。但是犹太民族一旦融入西方社会，他们的学习热情就开始转移到世俗的现代科学上。一代人之后，他们就开始在科学领域做出重要贡献，最终造就了许多顶尖科学家。②也许可以预计，几十年后，中国也很可能会产生许多世界一流的科学家。

传统的儒家文化、犹太文化以及基督教新教文化都看重教育内在的价值，而非经济利益，所以受这些文化影响的社会也更加重视教育。虽然从历史上看这并不是出于经济上的考量，但这些文化对教育的热情确实有助于推动工业和后工业时代经济的发展。与东亚经济体相比，大多数发展中国家在沦为欧洲殖民地之前甚至都没有自己民族的书面语言，更不用说悠久的教育传统了。③

因此，从东亚社会受儒家文化影响而格外重视教育这个角度来看，我们就不难理解为什么日本是第二次世界大战之前唯一成功实现工业化的非西方国家，为什么第二次世界大战之后的四十多年里，除少数南欧国家、

---

① 参见 Fei(1953)。杰出的经济史学家乔尔·莫基尔（Joel Mokyr, 1990）认为，中国的科举制度将国家的人力资源全部集中在官场，而不是经济或技术领域。结果，中国各朝代的技术进步过于依赖政府的支持，而这种支持会随着政府偏好的改变而改变。

② 参见 Shillony (1992) 及 Ruderman (1995)。

③ 参见 Rogers(2005) 等。

以色列和盛产石油的中东国家外,只有"亚洲四小龙"成功进入了发达经济体的行列,以及为什么过去四十多年里,中国成为全世界经济增长最快的国家。这些都不是经济发展中的偶然事件。①

---

① 在过去二十年里,印度和越南是继中国之后经济增长最快的两个人口稠密的国家,也是公认的具有重视教育的文化传统的两个国家。其中也不乏历史原因。婆罗门是印度最高等级的种姓,他们是受教育程度最高的精英,垄断了吠陀文本的知识。越南也是一个历史上受儒家文化影响很深的东亚国家。事实上,越南废止科举制度比中国还要晚。

# 第六章

# 技术进步与创新

正如第四章所述，投资在过去四十多年中国经济的高速增长中起了关键作用，但批评者指出技术创新在这个过程中所起的作用非常有限。尽管现在许多西方评论家认为中国已经威胁到了西方的技术霸权地位，但就在数年前，这个世界第二大经济体似乎还在因为创新不足而为人所诟病。影响力很大的《哈佛商业评论》甚至在2014年刊登了一篇题为《中国为何不会创新》的文章。①

## 中国会创新吗？

在2014年美国空军学院毕业典礼上，时任美国副总统的乔·拜登指出，中国每年毕业的理工科学生是美国的6~8倍，但是他问空军学院的毕业生："能不能说出一项创新的项目、创新的改变、创新的产品是来自中国的？"②惠普公司前首席执行官卡莉·菲奥莉娜也认同拜登的观点。如前一章的引述，在2015年参加美国共和党内总统候选人选举期间，菲奥莉

---

① 参见 Abrami, Kirby, and McFarlan (2014)。
② 参见 *VOA News* (2014)。

娜指责中国因为不会创新才要"窃取"美国的技术。有些评论者甚至声称，中国经济能如此快速增长的一个原因就是"窃取"了美国的技术。①

一方面，与美国和其他一些最发达的经济体相比，中国的人均GDP和技术水平仍比较低，这很容易让许多人低估中国的创新能力；另一方面，中国经济的巨大体量和快速增长又让另外一些人做出相反的判断。事实上，随着特朗普政府发起对中国科技巨头华为和腾讯等公司的制裁，美国对中国技术能力的态度看起来已经发生了转变。现在，美国似乎十分担心会在人工智能和5G技术领域输给中国。然而，采取制裁措施也说明美国相信一旦对中国企业采取技术封锁，中国技术进步的速度就能得到遏制。针对中国"窃取"美国技术的严厉批评背后可能存在这样一个判断：中国目前的技术能力在很大程度上依赖于美国的科技创新成果，而不是自身的创新能力。②

外国人可能不一定意识到，其实中国国内人士对本国创新不足的批评甚至更加犀利。在搜索引擎里输入"创新不足"，就可以看到铺天盖地的文章或发言将中国的创新不足作为既定事实，痛陈体制的弊病或文化的缺陷。中国知名经济学家、北京大学的张维迎教授在2017年北京大学国家发展研究院的毕业典礼上讲道，过去500年里，中国对世界技术创新的贡献几乎为零，甚至与瑞士这样的小国都没有可比性，更不用说与美国和英国相比了。许多中国国内的评论者也有同样的批评，并对中国能否成功转型到创新驱动的增长模式表示担忧。

确实，我们今天生活中用到的几乎所有制造品可以说都是西方国家以及日本等少数非西方国家发明的，很多高科技产品虽然是中国制造，但核心技术却来自发达国家。例如，苹果手机虽是中国组装的，但来自

---

① 参见 Lewis (2018)。
② 参见 White House Office of Trade and Manufacturing Policy (2018)。

中国的附加值只是整个手机价值的零头。①中国有数十万名从事研究的科学家，但在2015年屠呦呦女士获奖之前，每年的诺贝尔科学奖都与中国无缘；而瑞士这个只有几百万人口的小国却有二十多位科学领域的诺贝尔奖得主。

与美国、英国或者瑞士等最发达的国家相比，中国过去两百多年的创新能力确实不足。但是，这样的比较适用于世界上所有的发展中国家，就连巴西、墨西哥、土耳其这些人均收入一直高于中国的国家也存在创新不足的问题，更不要说其他更为落后的发展中国家了。事实上，不只是中国在2015年前一直没有产生过诺贝尔科学奖，基本上可以说所有发展中国家都没有产生过荣获诺贝尔奖的科学研究成果。与西方发达国家相比，创新不足并不是中国特有的问题，而是所有中等和低收入发展中国家的共同特征。由此看来，发展中国家的创新不足显然不是简单的体制问题或者文化问题。毕竟发展中国家的体制和文化林林总总、各不相同。

所以，拿一个发展中国家的技术创新水平与发达国家做简单比较，只能看到创新水平的差距与经济发展水平的差距同步，并不能帮助我们发现导致差距的原因。不可能一个国家经济发展水平不高，但科技水平却是世界领先的；科技创新能力最强的那些国家也是经济最发达的国家。如果要问为什么中国或者任何一个发展中国家与发达国家相比创新不足，就等于在问为什么中国或者任何一个发展国家还没有成为发达国家。

对于一个远离技术前沿的国家来说，关键的问题不是与最发达国家的创新差距有多大，而是这个差距有没有在缩小，缩小的速度快不快。在下一节我们将看到，根据这个标准，中国在过去三十年左右的表现非常突出，技术进步十分迅速，技术进步作为经济增长的另一驾"马车"，为中

---

① 参见 Xing and Detert (2010) 以及 Lamy (2011)。

国经济的快速崛起做出了重要贡献。①

## 从专利数据看世界各国的创新

学者通常使用增长核算（growth accounting）方法来衡量技术进步对经济增长的贡献，也称为全要素生产率（TFP）的增长，这在第四章曾有描述。这种方法主要是将人均GDP增长中无法用投资和教育解释的部分看成技术进步的结果。换言之，技术进步不是直接衡量的，而是作为残值衡量的。如第四章所述，一些研究表明，在改革开放后的头三十年里，技术进步（即TFP的增长）对中国经济增长的贡献大约是40%。

需要强调的是，技术进步与创新并不是一回事。如果创新是为世界带来新鲜事物，那么对处于技术前沿的发达国家来说，技术进步的本质就是创新。然而对远离技术前沿的发展中国家来说，技术进步并不必然是为世界带来新鲜事物的那种创新。事实上，只要通过学习掌握发达国家现有的技术，一个发展中国家就可以实现比发达国家还要快的技术进步。如果第四章引用的TFP数据准确无误，那么，在改革开放后的头三十年里，中国技术进步的速度大约是每年3.8%，比所有发达国家都要快很多。

在过去四十多年里，中国的技术进步确实更依赖于西方的技术，而不是主要靠自身的创新，但这并不意味着中国没有技术创新。接下来，我将用技术创新的几个指标来说明中国创新能力的进步。衡量一个国家科技创新能力的常用指标有专利申请或授权数量、科技论文发表的数量、研发人员数量及研发支出等，不只是看总量，还要看人均数量。将中国与世界上所有其他国家相比之后很容易看出，无论用什么指标，中国的创新能力与最发达国家的差距都在迅速缩小。与所有其他发展中国家相比，中国目前

---

① 甚至曾对中国经济转型大加赞赏的已故诺贝尔经济学奖得主罗纳德·科斯（Ronald Coase）也认为中国缺乏"开放的思想市场"，从而低估了中国的创新能力。参见 Coase and Wang (2012)。

不仅创新水平遥遥领先,更重要的是创新增长的速度也遥遥领先。

表6-1显示了2018年一些国家的专利数据。本章所说的专利只限于发明专利(inventions),不包括更容易获得的实用新型专利(utility models)。2018年,世界知识产权组织数据库所涵盖的大约200个经济体中,有99个经济体的专利申请数超过了100项。中国的专利申请数最多,接近150万项,超过了排名第二到第六的国家(美国、日本、韩国、德国和英国)专利申请数的总和。中国的专利授权数也排名第一,不过与其他排名较高的国家相比,优势就不那么明显了。但是,从提出专利申请到最终获得批准要经过漫长的等待时间(大约3年到5年),所以专利申请数比专利授权数更能及时地反映一个国家的创新活动。

表6-1　全球专利申请数和授权数(2018)

(单位:项)

| 国家 | 各申请国专利申请总数 | 每百万人口专利申请数 | 各申请国专利授权总数 | 每百万人口专利授权数 | PCT*国际专利申请总数 | 每百万人口PCT国际专利申请数 |
|---|---|---|---|---|---|---|
| 中国 | 1 460 244 | 1 048 | 377 305 | 271 | 53 347 | 38 |
| 美国 | 515 180 | 1 575 | 289 082 | 884 | 56 247 | 172 |
| 日本 | 460 369 | 3 638 | 284 068 | 2 245 | 49 710 | 393 |
| 韩国 | 232 020 | 4 493 | 131 912 | 2 555 | 16 922 | 328 |
| 德国 | 180 086 | 2 172 | 101 556 | 1 225 | 19 744 | 238 |
| 英国 | 56 216 | 845 | 26 442 | 398 | 5 630 | 85 |
| 瑞士 | 46 659 | 5 479 | 26 109 | 3 066 | 4 575 | 537 |
| 意大利 | 32 286 | 534 | 22 224 | 368 | 3 330 | 55 |
| 俄罗斯 | 30 696 | 212 | 23 627 | 164 | 1 035 | 7 |
| 印度 | 30 036 | 22 | 8 350 | 6 | 2 007 | 1 |
| 加拿大 | 24 483 | 661 | 13 542 | 365 | 2 424 | 65 |
| 以色列 | 15 482 | 1 743 | 7 482 | 842 | 1 898 | 214 |
| 西班牙 | 10 292 | 220 | 6 271 | 134 | 1 398 | 30 |
| 土耳其 | 9 360 | 114 | 3 703 | 45 | 1 403 | 17 |
| 新加坡 | 7 415 | 1 315 | 3 337 | 592 | 935 | 166 |

（单位：项）（续表）

| 国家 | 各申请国专利申请总数 | 每百万人口专利申请数 | 各申请国专利授权总数 | 每百万人口专利授权数 | PCT*国际专利申请总数 | 每百万人口PCT国际专利申请数 |
|---|---|---|---|---|---|---|
| 巴西 | 6 859 | 33 | 1 976 | 9 | 616 | 3 |
| 波兰 | 6 757 | 178 | 3 973 | 105 | 334 | 9 |
| 墨西哥 | 2 695 | 21 | 1 170 | 9 | 273 | 2 |
| 印度尼西亚 | 1 451 | 5 | 552 | 2 | 7 | 0 |
| 埃及 | 1 174 | 12 | 240 | 2 | 44 | 0 |
| 菲律宾 | 736 | 7 | 141 | 1 | 18 | 0 |
| 尼日利亚 | 153 | 1 | 204 | 1 | 2 | 0 |

注：所有专利申请和授权数据均来自世界知识产权组织。

\* PCT指《专利合作条约》（Patenty Cooperation Treaty）。

当然，专利申请总数或授权总数排名第一并不能说明中国已经成为世界上最具创新力的国家。毕竟，中国也是人口最多的国家。按人口平均以后，中国的专利申请数就排在二十名以外了。从表6-1的第二列可以看出，2018年中国每百万人口的专利申请数不到瑞士的20%，不到韩国和日本的30%，也显著低于德国、美国等其他主要发达国家。但是，我们也应该看到，即便以人均指标衡量，中国的专利申请数也已经超过英国、加拿大、意大利等一些发达国家，并且大大超过多年来发展水平一直高于我们的非西方国家，包括曾经的超级大国俄罗斯、东欧国家波兰以及中上等收入国家土耳其、巴西和墨西哥，更不用说其他欠发达国家了。

也许有些读者会说，中国的专利申请数量虽然最多，但质量可能比不上发达国家。根据世界知识产权组织的规则，虽然各个国家的专利法不尽相同，但所有国家授予的发明专利都必须满足相似的标准，即必须是新颖的、非显而易见的以及有应用性的。尽管如此，一些研究人员发现，从被引用率数据等指标来看，中国专利的平均质量要低于发达国家。[①]但是，

---

① 参见 Zhang and Chen (2012), Thoma (2013), 以及 Song and Li (2014)。

并没有证据表明中国的专利质量低于其他发展中国家。

为了让数据更具国际可比性，表6-1还列出了通过世界知识产权组织管理的《专利合作条约》（PCT）提交的国际专利申请数。PCT目前有153个缔约国，为国际专利申请提供便利，让申请人不用在每个国家都分别提交申请。中国通过PCT提交的国际专利申请最终是由外国的专利机构审核的，因此，拿这个专利申请数与主要发达国家比较也许更具有可比性。但要注意的是，这样的比较会更有利于瑞士等体量较小的经济体，而不利于中国等体量较大的经济体。由于中国拥有全世界规模最大的制造业，许多发明者可能觉得国外对自己发明的需求不大，在外国申请专利保护既没有必要也没有价值。

如表6-1所示，虽然2018年美国的PCT国际专利申请数超过了中国，但优势并不明显。不过按每百万人口的专利申请数来看，中国的排名相当靠后，PCT国际专利申请数为38项，还不到美国1/4的水平，也不到日本的10%，少于大多数主要发达国家。然而，即便采用这个更严格的比较标准，中国也已经远远超过一些发达国家和所有中上等收入国家，如西班牙、俄罗斯、土耳其和巴西，这说明中国的创新能力已经走到了以人均GDP衡量的经济发展水平的前面。

对于一个仍然落后于技术前沿的发展中国家来说，与发达国家更有意义的比较不是看其当前的创新水平高不高——这个不用比也知道结果——而是看这个国家创新能力进步的速度快不快。一个国家不管现在有多落后，只要创新能力进步的速度比发达国家快，那么赶上后者就只是个时间问题。下面就让我们来看看中国的创新水平与发达国家的差距是否在缩小。表6-2给出了1985—2018年部分国家专利申请数的增长速度。我选择1985年作为起始年份，是因为中国在那一年才开始实施专利法。1985—2015年，中国专利申请数的年增长率为20.2%，比其他所有国家都要快，尤其是1995—2005年和2005—2015年，增长率均超过了25%。即使基数变大，中国仍然是2015—2018年专利申请数增长最快的国家之一。

表6-2　1985—2018年专利申请数年复合增长率

（单位：%）

| 国家 | 1985—1995年的增长率 | 1995—2005年的增长率 | 2005—2015年的增长率 | 1985—2015年的增长率 | 2015—2018年的增长率 |
|---|---|---|---|---|---|
| 中国 | 9.8 | 25.2 | 26.3 | 20.2 | 13.1 |
| 美国 | 11.2 | 7.5 | 3.3 | 7.3 | −1.0 |
| 日本 | 4.0 | 2.7 | −1.5 | 1.7 | 0.2 |
| 韩国 | 37.7 | 9.4 | 3.9 | 16.1 | −0.9 |
| 德国 | 7.9 | 8.2 | 1.3 | 5.8 | 0.9 |
| 英国 | 4.2 | 4.6 | 1.3 | 3.4 | 1.7 |
| 瑞士 | 13.8 | 9.3 | 4.4 | 9.1 | 0.5 |
| 意大利 | 9.5 | 12.7 | 2.1 | 8.0 | 14.2 |
| 俄罗斯 | — | 3.7 | 2.7 | — | −3.2 |
| 印度 | 5.7 | 16.7 | 11.6 | 11.2 | 7.8 |
| 加拿大 | 15.5 | 8.5 | 2.1 | 8.6 | −0.4 |
| 以色列 | 14.5 | 9.8 | 6.3 | 10.1 | 2.2 |
| 西班牙 | 4.9 | 8.1 | 3.6 | 5.5 | −1.8 |
| 土耳其 | 3.4 | 21.0 | 19.4 | 14.3 | 8.7 |
| 新加坡 | — | 28.6 | 12.5 | — | 6.2 |
| 巴西 | 4.7 | 4.8 | 2.9 | 4.1 | 1.4 |
| 波兰 | −6.1 | −0.6 | 10.6 | 1.1 | −1.2 |
| 墨西哥 | 0.3 | 4.3 | 10.4 | 4.9 | 2.4 |
| 印度尼西亚 | 2.4 | 15.2 | 16.5 | 11.2 | 7.2 |
| 埃及 | 9.3 | 1.1 | 6.2 | 5.5 | 12.0 |
| 菲律宾 | 6.4 | 5.2 | 10.1 | 7.2 | 0.0 |
| 尼日利亚 | — | — | 25.9 | 6.2 | 36.6 |

注：表中所有数值都是根据世界知识产权组织公布的各国专利申请总数计算得出的。因各种原因，部分国家部分年份的数据缺失，例如，俄罗斯的数据是在苏联解体后才开始有的。

从人均数量来看，中国的创新水平与最发达的国家相比仍有不小的差距（如表6-1所示），然而这个差距正在快速地缩小（如表6-2所示）。这在图6-1中表现得格外明显。2000年，中国的专利申请数是26 445项，世界排名第七，不到美国的10%，不到自己2018年水平的2%。2012年，中国超过美国，成为专利申请数最多的国家。相比之下，美国领先于大多数其他发展中国家（例如巴西、埃及和墨西哥）的程度则完全没有下降。从图6-1还可以看到，韩国和印度的专利申请数增长也比较快，难怪它们也是过去三十年里经济增长最快的国家之一。细心的读者可能会注意到，印度在2018年的专利申请数大约为30 000项，仅为中国的2%左右。对于一个拥有13亿人口的国家来说，这个创新水平实在太低了。但是，印度的成就和潜力还是不容小觑的。印度1985年的专利申请基数很低，大约是1 000项，这就意味着其专利申请数在1985—2018年间实现了近三十倍的增长。2000年左右的中国与今天的印度很相似。如果未来二十年里，印度创新能力的进步速度能够像中国过去二十年一样快，那么到2040年左右，印度将会像今天的中国，在专利申请总量上有可能超过美国。

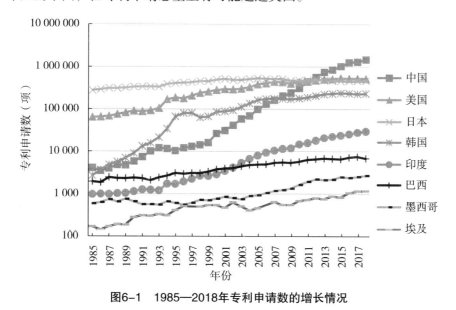

图6-1　1985—2018年专利申请数的增长情况

数据来源：世界知识产权组织数据库。

## 科学研究：数量与质量

持怀疑态度的人可能会指出，专利申请数或授权数不一定是很好的创新指标，因为并不是所有的创新都可以申请专利或者取得专利，也并不是所有的专利都是高质量的创新。事实上，有研究表明，中国专利申请数异军突起，在很大程度上得益于政策激励，如专利补贴政策，而不一定是因为实际的创新能力有所提高。[1]理论上，如果没有补贴，一些发明者可能就不会费力为自己的发明申请专利。另一方面，政策激励会吸引许多低质量的专利申请。在这两种情况下，专利申请数虽然表面上有所增加，但创新活动或创新能力实际上可能并没有增长或提高。确实，中国专利申请数量飙升，政策激励确实发挥了作用，但所有政策带来的增长效应都是短期的，除非不断有新的激励政策，否则，这种增长效应并不会持久。然而，从图6-1中我们可以清楚地看到，中国专利申请数的快速增长已经持续了三十年。更重要的是，有证据表明，除了爆炸式的数量增长，中国专利的质量也在提高。[2]因此，中国专利申请数的持续增长更可能是不断增长的创新能力的真实反映。总之，中国与技术前沿仍有一段距离，但是中国正大踏步地前进，而且无论是技术创新水平还是创新增长速度都已经超越了其他所有人均收入相同或更高的发展中国家。

可持续的技术创新离不开科学研究，一个国家的科学研究水平决定了其技术创新的潜力和后劲。那么，中国的科学研究水平如何？进步有多快呢？科学论文发表数是衡量一个国家科学研究水平的主要指标。图6-2是根据美国国家科学基金会公布的数据绘制而成的。从图中可以看出，中国已在2016年超越美国，成为全球科学与工程（S&E）论文发表数量最多的

---

[1] 参见 Dang and Motohashi (2015) 以及 Hu, Zhang, and Zhao (2017)。
[2] 参见 Wei, Xie, and Zhang (2017) 以及 Lin, Wu, and Wu (2021)。

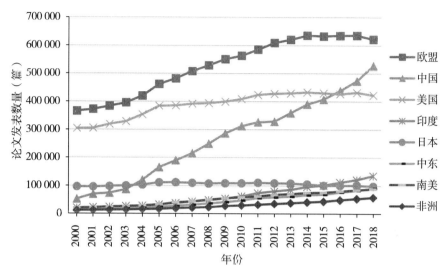

**图6-2　2000—2018年发表的科学与工程论文数**

注：图中的数据源自2019年美国国家科学基金会（NSF）的决策机构美国国家科学委员会（NSB）发布的《科学与工程指标2020》中的报告——《论文发表量：美国趋势与国际比较》（https://ncses.nsf.gov/pubs/nsb20206/）。报告中的论文数量是根据爱思唯尔的Scopus数据库收录的科学与工程类期刊统计得出的，该数据库是全球最大的同行评审的学术论文摘要和引用数据库。论文采用分数式计量方法（即当一篇论文的作者来自几个不同的国家时，每个国家都会按作者占比得到一个百分比的论文贡献值）。

国家。① 更重要的是，中国科学与工程论文的发表数量增长迅速，如表6-3所示，中国2000—2018年论文发表数的年复合增长率为13.62%，不仅远远超过了美国（1.84%）、欧盟（2.99%）和日本（0.10%），而且还超过了所有发展中国家，如印度（10.7%）和南美（8.39%）。2000年，中国科学与工程论文的发表数量还不到全世界的5%，但是到了2018年，这个比例超过了20%。当然，按人均数量来看，中国的论文发表数量仍然不及

---

① 参见 National Science Board, National Science Foundation (2019)。

美国水平的1/3，在这个意义上，中国要赶上美国还要继续努力。①

表6-3 2000—2018年科学与工程论文发表数、增长率和全球占比

| 国家或地区 | 2000年S&E论文发表数（篇） | 2000年占全球总数的比例（%） | 2018年S&E论文发表数（篇） | 2018年占全球总数的比例（%） | 2000—2018年的年增长率（%） |
| --- | --- | --- | --- | --- | --- |
| 全世界 | 1 071 952 | 100.00 | 2 555 959 | 100.00 | 4.95 |
| 欧盟 | 366 366 | 34.18 | 622 125 | 24.34 | 2.99 |
| 中国 | 53 064 | 4.95 | 528 263 | 20.67 | 13.62 |
| 美国 | 304 782 | 28.43 | 422 808 | 16.54 | 1.84 |
| 印度 | 21 771 | 2.03 | 135 788 | 5.31 | 10.70 |
| 日本 | 97 048 | 9.05 | 98 793 | 3.87 | 0.10 |
| 中东 | 15 522 | 1.45 | 91 366 | 3.57 | 10.35 |
| 南美洲 | 20 835 | 1.94 | 88 771 | 3.47 | 8.39 |
| 非洲 | 11 871 | 1.11 | 58 824 | 2.30 | 9.30 |

数据来源：同图6-2。

怀疑论者或许又会说：中国科学家虽然发表了大量论文，但这些论文的质量可能不高。事实究竟是怎样的呢？引用率是衡量科学论文质量的重要指标，它计算的是论文被引用的次数。一般说来，引用率越高，论文的影响力和质量就越高。极少数引用率很高的论文被称为高被引论文（highly cited articles，简称HCA）。上述美国国家科学基金会的报告编制了一个HCA指数，作为衡量一个国家科学论文质量的指标。该指数是一个国家每年发表的科学与工程论文在全世界引用率前1%的论文中所占的百分比乘以100后得出的结果。根据定义，全世界的平均HCA指数是1。图6-3显示了1996—2016年7个国家或地区科学与工程论文的HCA指数或质量指数。在这二十年里，

---

① 一些作者认为，美国国家科学基金会使用的Scopus数据库低估了中国对科学的贡献，原因有两个：第一，Scopus数据库主要收录的是英文期刊（78%），大多数中文期刊都被忽略了；第二，有相当数量的中国学者在国外机构工作，他们贡献的分值都计入了数据库中的其他国家。参见 Xie and Freeman (2019)。

美国科学与工程论文的质量一直是最高的，但中国论文的质量指数在7个国家和地区中上升的速度是最快的。就在二十多年前的1996年，中国科学与工程论文的HCA指数排名垫底，仅为0.33，只有世界平均水平的1/3。然而自2015年以来，中国科学与工程论文的HCA指数迈过了 1 这个门槛，说明中国论文的质量已经超越了世界平均水平，也超过了属于发达国家的日本以及属于发展中国家和地区的南美和印度。当然，中国仍显著落后于美国、欧盟以及中东地区（其HCA指数受以色列和沙特阿拉伯两个高收入经济体的影响很大），说明中国科学与工程论文的质量还有很大的上升空间。

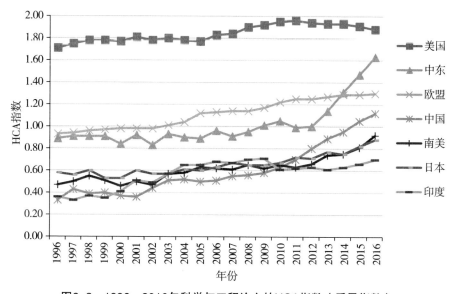

图6-3　1996—2016年科学与工程论文的HCA指数（质量指数）

注：图中数据来自美国国家科学基金会的报告《论文发表量：美国趋势与国际比较》。论文引用率数据是根据论文发表当年以及之后的被引用情况计算得出的，为了便于比较，该数据还统一了论文的子领域以及发表年份。

发表高被引论文多的学者就是学术领域内最有影响的领军人物。自2014年以来，科学网集团（Web of Science Group）每年都会统计全世界21个科学领域（包括社会科学领域）的论文引用率最高的学者名单。该名单基于过去十年被科学网检索的所有已发表的论文，某一领域的高被引论文是在同一领域及同一年发表的论文中引用率排名前1%的文章。在2019年度的报告里，科学网确认了6 216位高被引学者，其中3 725位属于特定领域，2 491位属于交叉领域。[①]美国有2 737位高被引学者，占总数的44%；中国有636位，占10.2%，在拥有100位及以上高被引学者的前十个国家里排名第二位，其余的国家包括英国（516位）、德国（327位）、澳大利亚（271位）、加拿大（183位）、荷兰（164位）、法国（156位）、瑞士（155位）以及西班牙（116位），均为发达国家。日本有98位，未能进入前十。相比之下，在科学网统计的第一年，即2014年的名单中，中国排在英国和德国之后，位列第四，高被引学者的数量不到全球的5%。短短5年内，中国取得了飞快的进步。

大多数发展中国家，包括印度尼西亚、巴基斯坦、菲律宾等人口众多的国家，是没有高被引学者的。在少数拥有高被引学者的发展中国家里，除了中国，只有两个国家超过了10位：印度有15位，巴西有14位。最具影响力、最前沿的科学研究几乎从来都是由高收入发达国家学者主导的，令人惊讶的不是为什么发展中国家没有多少世界一流的科学家和科学成果，而是为什么作为一个中等收入国家，中国已经拥有相当数量的世界级学者。

### 研发投入的全球比较：人力资源与资金投入

专利和科学论文是一个国家创新活动的产出，研发人员和研发支出则是创新活动的投入，也是衡量一个国家创新能力的指标。表6-4显示了部分国家每百万人口中研发人员的数量以及研发支出占GDP的百分比。很明显，发达国家的这两项指标都很高，而发展中国家普遍都很低。中国每百万人口研发人员数量还不到丹麦的16%，不到美国的30%，而且低于土

---

① 参见 Web of Science Group (2019)。

耳其，但也明显超过大多数发展中国家。不过中国研发支出占GDP的比重更接近于发达国家水平（但明显低于韩国、日本、瑞士和美国等），而且远远高于所有其他发展中国家。

表6-4 部分国家研发人员数量和研发支出占比

| 国家 | 2017年*每百万人口中研发人员的数量（人） | 2017年*研发支出占GDP的比重（%） |
| --- | --- | --- |
| 丹麦 | 7 897 | 3.10 |
| 韩国 | 7 514 | 4.55 |
| 日本 | 5 305 | 3.20 |
| 瑞士 | 5 257 | 3.37 |
| 德国 | 5 036 | 3.04 |
| 法国 | 4 441 | 2.19 |
| 英国 | 4 377 | 1.67 |
| 美国 | 4 256 | 2.80 |
| 加拿大 | 4 275 | 1.59 |
| 土耳其 | 1 386 | 0.96 |
| 中国 | 1 235 | 2.13 |
| 巴西 | 881 | 1.27 |
| 墨西哥 | 244 | 0.49 |
| 印度 | 216 | 0.62 |
| 印度尼西亚 | 216 | 0.24 |
| 马里 | 33 | 0.29 |

资料来源：所有数据均来自"世界发展指标"数据库。

*表内排名基于每百万人口中研发人员的数量，其中加拿大和美国是2016年的数据，瑞士和印度是2015年的数据，巴西是2014年的数据，墨西哥是2013年的数据。研发支出占GDP的比重数据中，巴西和墨西哥是2016年的数据，瑞士和印度是2015年的数据。

同样，对一个发展中国家来说，最重要的不是当前的创新能力如何，而是创新能力增长的速度如何，而创新能力的增长离不开研发的投入。图6-4显示了1996—2017年部分国家研发支出占GDP比重的变化。从中可以看出，发达国家研发支出占GDP的比重一般都高于发展中国家，这是预料之中的。这段时期内,日本、德国和美国的研发支出占比普遍有所增加,但法国和英国变化不大。韩国和中国两个国家的研发支出增长十分显著。韩国的研发支出占比从1996年的2.2%左右增长到2017年的4.5%以上,(与表中未列出的以色列一起)成为全世界研发支出占比最高的国家。中国在1996年的研发支出占比略高于0.5%,与当时的印度不相上下,2017年提高到2.1%,与法国持平。考虑到同期中国的GDP增长速度是全世界最快的(年均增长9.1%),研发支出的增长还要更快,达到年均16.2%的速度(21年增长了23倍),相比之下,研发支出增长迅速的韩国是7.6%,美国是3%,法国是1.6%。

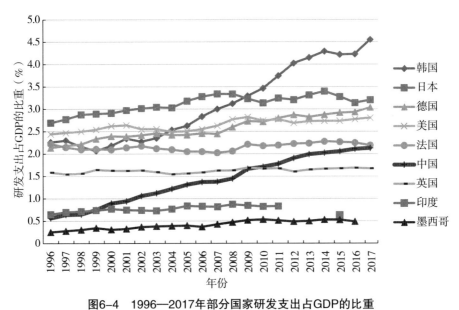

图6-4  1996—2017年部分国家研发支出占GDP的比重

数据来源:"世界发展指标"数据库。

至此,作为一个中上等收入的发展中国家,中国能否创新这个问题的答案无疑是非常肯定的。事实上,中国过去三十年的科技发展可以说是一直走在收入水平(即经济发展水平)的前面。尽管西方和中国国内有很多评论者都低估了中国的创新能力,但世界知识产权组织、康奈尔大学以及欧洲工商管理学院(INSEAD)联合发布的全球创新指数(Global Innovation Index,简称GII)却没有。GII用80个具体指标衡量一个经济体的创新表现。如表6-5所示,2019年度GII报告中,中国内地的创新能力在全世界排名第14位。根据GII的标准,中国内地是当年全世界最具创新能力的中等收入经济体,领先于土耳其、墨西哥、巴西等其他所有中等收入经济体。但是,仔细分析本章给出的一些重要的创新指标之后,GII将中国内地排在日本、法国和加拿大等发达经济体之前可能高估了中国内地的创新能力。按人均指标来看,中国内地的国际专利、高质量科学论文、研发支出以及研发人员数量仍然落后于这些发达经济体。

表6-5  2019年全球创新指数(GII)排名

| 排名 | 国家或地区 | 排名 | 国家或地区 |
|---|---|---|---|
| 1 | 瑞士 | 35 | 马来西亚 |
| 2 | 瑞典 | 39 | 波兰 |
| 3 | 美国 | 42 | 越南 |
| 5 | 英国 | 43 | 泰国 |
| 8 | 新加坡 | 46 | 俄罗斯 |
| 9 | 德国 | 49 | 土耳其 |
| 10 | 以色列 | 51 | 智利 |
| 11 | 韩国 | 52 | 印度 |
| 13 | 中国香港 | 54 | 菲律宾 |
| 14 | 中国内地 | 56 | 墨西哥 |
| 15 | 日本 | 66 | 巴西 |
| 16 | 法国 | 68 | 沙特阿拉伯 |
| 17 | 加拿大 | 73 | 阿根廷 |
| 22 | 澳大利亚 | 85 | 印度尼西亚 |
| 29 | 西班牙 | 92 | 埃及 |
| 30 | 意大利 | 114 | 尼日利亚 |

资料来源:https://www.globalinnovationindex.org/gii-2019-report(访问日期:2020年12月1日)。

总之，中国的创新能力既不应被低估也不应被高估。从总量上看，中国已经是一个创新大国，其专利申请数量和授权数量、研发人员数量以及科学论文发表数量均是全世界最多的。美国的技术制裁不大可能延缓中国技术进步的整体速度。中国已经不再是一个简单的追随者，中国在全球创新能力上的相对地位与其经济体量是相当的。从人均指标上看，中国与美国等技术更先进的国家仍然有较大的差距。但这并不等于说中国只是又一个中游水平的创新者，比上不足，比下有余。从创新能力的增长速度来看，中国鹤立鸡群，技术进步的速度首屈一指，不仅快于发达国家，也远快于其他所有发展中国家。在这个意义上，中国在过去二十年里已经走上了一条创新驱动的增长之路。举个微观层面的例子，2018年，中国科技巨头华为提交了5 405项PCT国际专利申请，位居世界第一，比第二位的日本三菱多出近2 600项。相比之下，2005年，华为仅提交了249项PCT国际专利申请，排名世界第38位。①

对于研究技术创新的学者来说，真正的谜题不是中国的创新能力为什么不如美国、瑞士或日本，而是中国的创新能力为什么在过去二三十年的增长速度超过了其他国家，尤其是其他发展中国家。②技术进步和经济增长一定是息息相关的，仅靠投资拉动的持续增长实际上是不存在的。中国经济的高速增长既提高了对技术创新的需求，也提供了技术创新的条件；技术进步又反过来促进了经济增长。因此，中国创新能力增长之谜与中国经济增长之谜只不过是一枚硬币的两面。技术创新需要大量物质资本和人力资本的投入，而重视储蓄和教育的儒家文化使得中国能够迅速积累物质资本和人力资本，从而推动科学技术的快速进步。

---

① 数据来源于世界知识产权组织的在线数据库：https://www3.wipo.int/ipstats/pmhindex.htm?tab=pct（访问日期：2020年12月1日）。

② 很多关于中国技术创新的研究只关心经济和政策因素如何影响专利申请的动力，却没有关心中国多项创新指标为什么能在过去二三十年保持惊人的增长速度（尤其在与其他发展中国家相比时）。参见 Hu and Jefferson (2009) 以及 Li (2012)。

# 第七章

## 儒家文化：关键的差异化因素

我先简单总结一下我们是如何得出儒家文化可能是中国过去四十年迅速崛起的关键差异化因素这一结论的。我在导言中就已指出，中国增长之谜不是中国的经济增长为什么比高收入发达国家快，而是中国的经济增长速度为什么远超其他中等和低收入的发展中国家。我们探讨了一些流行的解释，发现廉价劳动力、人口红利以及全球化东风下的出口带动等因素都无法充分解释中国增长之谜。随后，我们区分了经济增长的根本动因（地理、制度与文化）和直接动因（投资、教育与技术进步）。我们将中国经济的高速增长置于东亚增长奇迹的大背景下进行讨论，指出市场化改革与强势政府等制度因素以及地理位置因素均不足以使中国（以及其他东亚奇迹经济体）与其他发展中经济体区分开来。于是，我们提出，儒家文化或许才是真正的差异化因素。我们进而分析了中国经济增长的三个直接动因，并据此推论：中国（以及其他受儒家文化影响的东亚经济体）之所以能迅速积累物质资本和人力资本，很可能得益于勤劳节俭和重视教育的儒家文化传统；也正因为如此，中国才能比其他发展中国家更好地吸收西方的现有技术，提升本土的创新能力，促成经济的快速崛起。

经济学家或其他持怀疑态度的读者可能会提出很多疑问或批评：文化论不是一个已经过时、无法证实而且没什么应用价值的理论吗？毕竟，20世纪80年代和90年代早期，文化论至少在非经济学界曾普遍流行；但对于许多批评者而言，由于20世纪90年代初日本经济泡沫破灭，1998年又爆发了亚洲金融危机，文化论已经失去了信誉。[①]如果儒家文化真的很重要，为什么中国增长奇迹只发生在过去的四十多年，而不是更早的时期？如果文化论成立，那么如何理解中国丰富的改革和发展经验？这是否意味着，中国的经验对其他发展中国家没有借鉴意义呢？如果是这样，那不就是文化决定论吗？我将在本章回答这些问题。

## 文化论及其批评者

关于文化影响经济的系统论述可以追溯到伟大的德国社会学家马克斯·韦伯。一百多年前，韦伯注意到，基督教新教徒越多的国家，资本主义就越发达。实际上，在既有新教徒也有天主教徒的国家，资本家、商界领袖、技术人员和熟练工人多数也是新教徒。在1905年出版的著名的《新教伦理与资本主义精神》一书中，韦伯将这些现象归于新教教义在教徒身上激发出来的纯粹以积累财富而不是个人消费为目的的现代资本主义精神。勤劳节俭就是这种精神所要求的工作伦理（work ethic）。

韦伯关于新教伦理导致现代资本主义在西北欧而不是世界其他地区兴起的论断一直存在争议。勤劳节俭的工作伦理并不是基督教新教徒所特有的，这个工作伦理也常常被当作儒家文化的一个重要特征。当年韦伯认为中国以儒家和道家为代表的传统文化无法激发出足够强烈的致富动机，而以孝为核心的家族观念也不利于发展理性化的企业，中国也因此未能诞生现代资本主义。但韦伯也指出，中国完全有能力学习、吸收和发展资本

---

[①] 参见 Krugman (1994)，Pye (2000)，以及 Jones (2009) 等。

## 第七章
### 儒家文化：关键的差异化因素

主义。①

文化论者传统上都是在韦伯理论的背景下讨论儒家文化和东亚增长奇迹之间的关系的，试图证明儒家文化与资本主义并没有矛盾。②结果，他们往往只关注东西方文化的对比。但是为了解释东亚（包括中国）增长之谜，需要比较的不是东方与西方，而是东方与其他非西方地区。如果世界上只有东亚和西方国家，包括中国在内的东亚地区也就称不上有什么增长奇迹了。毕竟，东亚国家的经济发展只是成功追赶了西方国家，并没有超越它们。③东亚或中国增长之谜的核心问题是：为什么其他发展中国家没有成功追赶西方发达国家？所以，本书的文化分析并不是东西方之间的比较，而是东亚与其他非西方地区的比较，主要探讨儒家文化是否为东亚经济发展较这些地区更快的原因。

社会学家或许会理所当然地认为文化在经济发展中发挥了关键作用，但大多数经济学家出于职业习惯并不愿意接受这个观点。④经济学家通常更愿意关注资本、技术、政策和制度等比较容易衡量、操控或改变的因素，而不是文化这种难以定义、衡量或影响的因素。例如，世界银行前首席经济学家林毅夫就反对用文化来解释东亚（包括中国）的经济增长奇迹。⑤早前有两位人类学家的研究发现，1952年时的社会科学文献中就已经出现过

---

① 参见 Swedberg(2014)。
② 参见余英时 (1985)，Hamilton and Kao (1987)，Berger (1988)，Redding (1990)，以及 Tu (1996) 等。
③ 正如经济史学家埃里克·琼斯（Eric Jones）所指出的，勤劳、节俭以及依靠教育提升自我的"亚洲价值观"也是19世纪工业革命时期的英国特征（Jones, 2009, p.178）。但他却利用这一点反对东亚奇迹的文化解释，而没有认识到真正需要比较的并不是东方与西方，而是东亚与其他非西方地区。
④ 曾任世界银行高级经济学家的邹恒甫博士是一个例外，他建立了一个"资本主义精神"的数学模型，用来解释对财富积累（即储蓄）有着不同文化偏好的东亚奇迹。参见 Zou (1994)。
⑤ 参见 Lin (2014)。

164个不同的文化定义。据此林毅夫认为，文化概念难以精确定义，文化论也就难以通过严谨的定量研究来验证。他还指出，就在几十年前，同样的儒家文化还被视为东亚现代化的主要障碍，这是颇具讽刺意味的。

确实，儒家文化中可能有不利于现代化的成分，但儒家文化对勤劳、储蓄和教育的重视却不可能是现代化的障碍。真正的问题并不是文化重不重要，而是哪些具体的文化特征会影响一个国家的经济发展。林毅夫的批评针对的若是传统的或者民间的文化论者或许不无道理。然而，传统文化论者的软肋并不在于他们的基本观点有什么不对，而在于严谨、定量的研究不足。

其实文化价值并非不可衡量，其影响也并非不可量化。早在20世纪50年代，已故哈佛大学心理学家戴维·C.麦克莱兰（David C. McClelland）就曾尝试用量化数据证明文化在解释各国经济表现上的差异方面起重要作用。具体来说，他试图证明一个国家人民强烈的成就动机可能是这个国家经济发展的驱动力。[①]麦克莱兰通过比较不同国家儿童读物中的励志故事来量化一个国家对成就的需求（need for achievement）。他发现对成就需求越高的国家，经济发展速度就越快。但是他的研究仅仅覆盖了四十个国家，其中大多数在西方，发展中国家只占少数，且不包括中国。20世纪80年代以来，社会科学家已经开始用价值观调查数据做定量的文化研究（如第四章所述）。[②]然而，许多早期的研究往往将文化特征与经济表现之间的统计关系当成因果关系，缺少对地理、人口、制度等其他因素的考虑。

## 经济学的文化觉醒

过去二十年来，"文化的觉醒"（cultural awakening）在经济学界初见

---

[①] 参见 McClelland (1961)。

[②] 参见 Hofstede and Bond (1988)，Inglehart (1997)，以及 Hofstede (2001) 等。

# 第七章
儒家文化：关键的差异化因素

端倪。越来越多的主流经济学家开始用严谨、定量的方法来研究文化价值对经济发展的影响，并已经形成一批为数不少的文献。在这些研究中，文化通常指的是可能影响经济表现的信念和价值观，如节俭、信任、宗教信仰和个人主义等。[1] 近些年出版的两本由权威学者撰写的经济增长的教科书中，有专门的章节讨论文化在经济发展中的作用。[2]

但多数经济学家，包括中国的经济学家，似乎还没有意识到经济学界的文化觉醒；即使意识到了，也未必信服，制度派更不会轻易转变自己的观念。他们或许会问：朝鲜和韩国文化上同宗同源，但经济表现却天差地别，这还不能说明问题吗？除了制度原因，还能有其他解释吗？为什么儒家文化只在1978年之后才对中国的经济发展发挥积极的作用，而之前却没有呢？[3]

朝鲜和韩国的例子确实有力地证明了制度在经济发展中作用巨大，但并不能证明文化对经济发展不重要。要想证明文化的作用，就需要比较文化不同但其他方面相似的国家。没有文化论者会认为文化是影响经济的唯一因素，任何有点常识的学者都会承认制度和政策的重要性，没有大体合理的制度和政策，就不可能有什么增长奇迹。中国在1978年实行的改革开放政策为经济发展扫清了制度障碍，没有改革开放，也就不会有1978年以后的经济奇迹。但承认制度的作用并不意味着要否定文化的重要性。现在几乎没有什么人会认为中央计划经济体制比市场经济体制好，但即使经济体制相似的国家（无论是计划经济、市场经济还是混合经济），其长期增长速度也不尽相同，这种差异就可能是文化因素造成的。实际上，

---

[1] 参见 Knack and Keefer (1997)，Guiso, Sapienza, and Zingales (2006)，McCleary and Barro (2006)，Fernandez (2011)，Gorodnichenko and Roland (2011, 2017)，以及 Alesina and Giuliano (2015) 等。

[2] 参见 Aghion and Howitt (2009) 以及 Weil (2013)。

[3] 参见 Robinson (2006) 以及 Acemoglu and Robinson (2012) 等。

最近一些经济学研究用不同的数据得出类似的结论：即使控制了制度等因素的影响，文化对国家、地区或族群层面经济发展的长期影响仍然十分显著。①

所以很显然，制度和文化都是经济表现的重要决定因素。②事实上，影响经济增长的因素有很多，包括制度、文化、人口、地理以及初始经济条件等。不过，我们需要区分影响某个国家经济增长的因素和影响国家之间增长速度差异的因素。前者可以叫作促进因素（contributing factors），后者可以叫作差异化因素（differentiating factors）。对中国来说，低收入基数、廉价劳动力、市场化改革、人口红利、全球化以及儒家文化等都是经济快速增长的促进因素，但并不都是差异化因素。如果与发达国家比较，中国的低收入基数和廉价劳动力就是主要的差异化因素，正是得益于这种后发优势（或者叫落后优势），中国的增长速度才会领先于发达国家。如果与朝鲜、古巴以及改革开放前的中国等计划经济体比较，过去四十多年中国主要的差异化因素就是市场化改革和开放政策。但是如果与同期其他发展中国家比较，勤劳节俭和重视教育的儒家文化就变成了中国主要的差异化因素。正如两位著名的经济增长理论家菲利普·阿吉翁（Philippe Aghion）和彼得·豪伊特（Peter Howitt）在他们很受欢迎的教科书《经济增长》里所说："即使拥有与中国同样的初始制度条件，其他文化不同的国家也不会像中国增长得这么快。"③

由于在之前章节我主要使用的是学术界称为单变量分析的方法来论证文化的作用，读者可能会怀疑：也许还有其他什么影响经济增长的因素没有被考虑到，也许通过考察多个因素相结合或交互作用（interation）

---

① 参见 Tabellini (2010), Michalopoulos and Papaioannou (2014), 以及 Gorodnichenko and Roland (2017) 等。
② 参见 Greif (1994), Tabellini (2008, 2010), 以及 Alesina and Giuliano (2015) 等。
③ 参见 Aghion and Howitt (2009)，第 429 页。

## 第七章
儒家文化：关键的差异化因素

的影响就可以解释中国增长之谜。这些疑问很有道理，《美国经济评论》在2004年发表的一篇论文有助于解答这些疑问。在这篇引用率很高的论文中，著名的增长经济学家泽维尔·萨拉-伊-马丁（Xavier Sala-i-Martin）及其合作者用了88个经济体（不包括中国内地）的数据分析了1960—1996年人均GDP的平均年增长率是由哪些因素决定的。[①]他们总共考察了67个可能的因素（解释变量），包括地理位置、殖民历史、人口结构、政策制度、国际关系、教育、宗教以及1960年左右的一些初始条件，涵盖了几乎所有可能想到的影响一个国家经济增长的因素。他们得出的结论是：决定一个经济体增长率最重要的因素在于其是否位于东亚。具体地说，在控制了所有其他因素的情况下，一个东亚经济体的人均GDP年增长率要比其他经济体快2个百分点，而同一时期所有88个经济体的平均增长率只有1.8%，这是一个巨大的效应，说明东亚有高达2个百分点的年增长率是无法用任何已知因素来解释的。从论文中的人口数据看，作者定义的东亚地区包括印度尼西亚、菲律宾等东南亚经济体。由于1960—1996年"亚洲四小龙"的增长速度比这些东南亚经济体快，这就意味着"亚洲四小龙"的经济增长中不能被解释的部分还要更多。实际上，受儒家文化影响的人口比例也是该研究中的一个解释变量，而且是与经济增长关系最为密切的变量之一。这个变量有非常显著的效应：如果一个经济体内受儒家文化影响的人口比例高出20个百分点，其人均GDP增长率就要高出1个百分点以上。

换句话说，除了地理位置和文化，其他任何已知因素都无法充分解释为什么一个有儒家文化传统的经济体的增长速度会快过其他经济体。中国内地、日本以及"亚洲四小龙"不仅地理位置都在东亚，而且在文化上都受勤劳节俭、重视教育的儒家伦理的影响。正是这个共同的文化因素使得这些经济体与其他大多数发展中经济体区别开来。

---

① 参见 Sala-i-Martin, Doppelhofer, and Miller (2004)。

批评者喜欢说，文化论只不过是对超常的经济发展成果的事后解释，缺乏预测能力。①但社会科学——尤其是经济学——本来就擅长事后解释，而不是事前预测。与任何社会科学理论一样，我们在用文化论做出具体预测时当然可能会犯错误，但这并不等于文化论本身就是错的。更何况，文化论其实是有预测能力的。经济发展的文化论的坚定支持者劳伦斯·哈里森（Lawrence Harrison）曾经直言："只要一个政府支持经济发展，'儒家文化'……对于高水平的经济成就有百分之百的预测率。"②例如，我们可以用文化论做出预测：深受儒家文化影响的越南在未来三十年里很可能会实现经济的持续高速增长。事实上，大约五十年前，已故哈佛大学教授、美国前驻日本大使埃德温·赖肖尔（Edwin Reischauer）就已经预见，一旦中国内地、越南和朝鲜"改变政策，释放本国人民毋庸置疑的经济动力"，就可以实现与日本和"亚洲四小龙"一样的经济成就。他的预测依据就是文化论，因为他认为东亚人民"有着某些共同的关键特征，如群体团结、强调政治统一、卓越的组织能力、很强的工作伦理以及巨大的受教育动机"③。另一位哈佛学者、已故的经济史学家戴维·兰德斯（David Landes）甚至说："如果我们从经济发展史中学到什么东西的话，那就是：几乎所有的差异都是由文化造成的。"④这种说法或许过于偏激，但却指出了一个重要事实，即文化对于经济发展非常重要。

## 儒家文化及其与制度的关系

具有讽刺意味的是，没有几个中国经济学家认真考虑过儒家文化在中

---

① 参见 Jones (2009) 等。

② 参见 Harrison (2006)。

③ Reischauer (1974), pp. 347–348. 杜维明（Tu, 2000）曾引用这篇文章预测东亚儒家文化圈的崛起。

④ 参见 Landes (2000) 和他的名著《国富国穷》（*The Wealth and Poverty of Nations*）。

# 第七章
## 儒家文化：关键的差异化因素

国近年来经济发展中发挥的关键作用。一个重要的例外是德高望重的制度经济学家茅于轼先生，他与合作者苏东在一篇评论文章中提出用文化来解释中国的增长奇迹。① 两位作者指出，中国在体制上并无优势，因此中国卓越的经济表现必须从文化的角度加以解释。他们认为，中国发展得好是因为中国人致富心强，比别的民族更勤劳、更节俭；如果制度质量再好一点的话，中国经济还会发展得更好。因此，根据他们的观点，中国的文化优势在经济发展中起到了替代体制缺陷的作用。

然而，在影响经济发展方面，文化和制度不只是替代关系，还有互补关系。例如之前章节中讲到的，重视储蓄和教育的儒家文化就放大了中国计划生育制度带来的人口红利。此外，文化和制度之间还存在互为因果的关系。不同的文化价值观可能会导致不同的制度选择，而制度又可能会影响到价值观的变迁和存续。② 在中国历史上，集体主义的儒家文化可能与相对集权的政治体制互相兼容，而长期的科举考试可能是中国文化格外强调教育的制度原因。③

到目前为止，我只强调了勤劳节俭和重视教育的文化在中国快速的赶超式增长中所起的关键作用，儒家文化的其他方面或许也发挥了重要作用。无论一个国家的人民多么努力地工作、学习和存钱，如果没有基本的法律和秩序，缺乏必要的基础设施和公共物品，经济增长依然难以为继。光有自由市场是不够的，政府必须发挥作用，而且也必须要有基本的社会信任。如第三章所示，中国政府虽然很难说是最高效的，但仍然好过大多数发展中国家。那么，是什么让中国拥有相对高效的政府和公共机构呢？其中的差异化因素或许还是儒家文化。

---

① 茅于轼、苏东 (2012)。

② 参见 Alesina and Giuliano (2015)。

③ 参见 Shin (2012) 和 Elman (2013)。不过，也有学者批评说，集权主义并不是儒家思想的一部分。参见 Sen (1999)。

儒家文化的道德体系可以总结为所谓的"五常",即仁、义、礼、智、信。①传统的儒家教育就是要培养这五个方面的美德,要求每一个受教育者都将"五常"作为自己的道德追求。政府官员尤其要具备这些美德,仁政是儒家学说中最重要的一个主张。一两千年来,中国的政府官员与儒家学者几乎是同一批人,政府官员都饱受以培养"五常"美德为宗旨的儒学经典的浸染。②帝制时代中国任人唯贤的贤能体制(meritocracy)与儒家伦理有着密切的关系。原则上,有道德情操的儒家学者才有入仕的权利和义务。在现实中,个人私利当然常会凌驾于儒家理想之上,继而催生出任人唯亲和贪污腐败的问题,但儒家思想依然会对官员选拔和官员行为形成强大的非正式约束。中国共产党虽然是马克思主义政党,但也在相当程度上继承了儒家的道德体系以及仁政的政治理想,即施政为民,不求私利。③从前国家主席刘少奇那本著名的小册子《论共产党员的修养》中,不仅可以读到马克思主义,也可以读出儒家的道德理想。④尽管"文化大革命"期间儒家思想遭到公开批判,但在改革开放后又得以复兴。⑤虽然现实中的共产党干部不可能都达到人民公仆的理想标准,但他们至少都被要求要有一颗为人民服务之心。同几乎所有发展中国家一样,中国也有过比较严重的贪腐问题,但是与许多独立后的非洲国家官员相比,中国政府官员的廉洁程度要高得多。⑥实际上,如表7-1所示,根据1995—2019年透明国际(Transparency International)的廉洁指数排名,中国虽然排在发达国家之后,但排在大多数发展中国家之前。

---

① 参见 Xing (1995) 以及 Zhao (2018)。
② 参见 Yao (2000)。
③ 参见 Bell (2016) 以及 Jiang (2018)。
④ 参见刘少奇 (1981)。
⑤ 参见 Billioud and Thoraval (2015) 以及 Ford (2015) 等。
⑥ 参见 Meredith (2011) 等。

## 第七章
儒家文化：关键的差异化因素

表7-1 廉洁指数（1995—2019）

| 年份 | 数据完备的排名经济体数量 | 中国的排名 |
|---|---|---|
| 1995 | 41 | 40 |
| 1999 | 99 | 58 |
| 2003 | 133 | 66 |
| 2007 | 180 | 72 |
| 2011 | 183 | 75 |
| 2015 | 167 | 83 |
| 2019 | 180 | 80 |

资料来源：表中数据源自透明国际官方网站（https://www.transparency.org/en/cpi），访问日期：2020年12月1日。

第三章提到过一个重要学派，他们从"发展型政府"的角度来解释东亚奇迹，强调积极的政府干预和明智的产业政策在经济发展中所起的作用。如果政府干预真的是中国和其他几个东亚经济体取得成功的关键，那为什么别的发展中经济体却没有这么成功呢？换句话说，中国和其他东亚经济体究竟有什么独特之处让积极干预型的经济和产业政策获得了成功？

著名的《历史的终结及最后之人》（*The End of History and the Last Man*）一书的作者弗朗西斯·福山（Francis Fukuyama）在其近作《政治秩序与政治衰败》（*Political Order and Political Decay*）中提出了上面这个问题，他的答案是"政府的力度"（strengh of the state）。他认为强势政府（strong state）是成功实施产业政策的关键，基于历史原因，东亚经济体同欧洲国家一样，在工业化时代之前就发展起较有力的政府机构（state institutions），从而为工业化奠定了制度基础。他注意到中国"在秦朝统一的时候就创建了现代国家（modern state），比近代欧洲出现的现代国家早了大约一千八百年"[①]。根据福山的观点，东亚国家和地区利用其强大

---
① Fukuyama (2014), p.393.

的政府力量（并常在集权体制下）成功促进了经济增长；相比之下，拉美和撒哈拉以南非洲地区在遭遇西方殖民势力之前还未发展起有力的国家和政府，而且出于种种原因，该地区大多数国家的情况至今仍然如此。福山的观点当然有一定道理，但我怀疑他是根据事后的经济成就倒推出东亚地区政府更加有力这个结论的。难道韩国的政府力量在20世纪50年代时比阿根廷更大吗？恐怕未必。事实上，从世界银行公布的世界治理指标看，东亚地区（尤其是中国）与拉美地区相比并不具备独特的优势，这一点福山本人也不否认。而且，构成有力政府的东西到底是什么呢？如果有力政府主要靠的是正式的规则和组织，那就不需要有很长的历史才能建立起来；如果有力政府主要靠的是非正式的规则和人员素质，那么真正起作用的就不是国家机器本身了，而是人力资本，尤其是蕴含在国家机器中的文化价值观。实际上，福山在他精彩的著作中也说到了这一点：

> 中国以及受其影响的国家是儒家道德和官僚体系的传承者，这个体系通过教育和社会化过程（socialization）引导统治者具有广泛的共同利益的概念。另外，儒家强调识字和教育，这给现代经济的发展带来了意想不到的好处。东亚自20世纪下半叶以来的快速崛起是由强势的技术官僚组成的政府推动的，其领导阶层不管有多集权都始终认准经济和社会发展的共同目标。①

政府官员既要胜任也要有公心才能制定出明智的政策，并有效地加以执行。如果政府干预和产业政策确实在中国以及其他东亚奇迹经济体的经济表现中起到了积极作用，功劳恐怕很大程度上也要记在儒家文化上，

---

① Fukuyama (2014), p.394.

# 第七章
儒家文化：关键的差异化因素

是儒家文化影响了政策的导向和政府的能力。如果说中国的政府能力看上去要比同等收入水平的国家表现得更强，其原因可能不在于国家的治理体系（system of governance），而在于国民的文化。如果一个国家的人民更愿意储蓄和投资，政府就更容易推进基础建设和投资驱动的增长模式；如果一个国家的劳动力不仅廉价而且教育程度高，政府就更容易推动出口导向型的制造业的发展。而且，执政的精英们自己也是同一种文化熏陶出来的。

除了储蓄和教育，经济学家还发现，信任（trust）也是影响经济发展和增长的一个重要文化特征。[1]信任是与家庭以外的人合作的态度，在市场关系中发挥着至关重要的作用。正如已故的诺贝尔经济学奖得主肯尼斯·阿罗（Kenneth Arrow）所指出的："几乎所有的商业行为都涉及信任，对于那些需要相当一段时间才能完成的交易来说肯定如此。可以说，世界上经济落后的情况很大程度上都可以用缺乏互信来解释。"[2]发展中国家的法律体系对契约的执行力度普遍较小，因此信任就显得格外重要。如果社会信任既弱，正式的法律约束又不足，一个国家单凭市场化是无法实现经济增长的，因为在这样的环境下，高风险、高回报的经济往来以及长期投资就会非常缺乏。所以，经济高速增长的中国恰恰是世界价值观调查中社会信任度最高的发展中国家，就不是巧合了。如表7-2所示，在世界价值观调查中被问及"是否大多数人都值得信任"时，超过一半的中国内地受访者回答了"是"，社会信任度排名第三（位列瑞典和荷兰之后）。毕竟，诚信是儒家文化倡导的"五常"之一。

---

[1] 参见一篇出色的文献综述 Algan and Cahuc (2014)。另见 Knack and Keefer (1997), Zak and Knack (2001), 以及 Algan and Cahuc (2010)。

[2] 参见 Arrow (1972), 引用于 Algan and Cahuc (2014)。

表7-2　世界各地的社会信任度

| 国家/地区 | 大多数人都值得信任（%）* | 排名 | 国家/地区 | 大多数人都值得信任（%）* | 排名 |
| --- | --- | --- | --- | --- | --- |
| 瑞典 | 60 | 1 | 卡塔尔 | 21 | 31 |
| 荷兰 | 58 | 2 | 南非 | 20 | 32 |
| 中国内地 | 54 | 3 | 乌拉圭 | 20 | 33 |
| 新西兰 | 50 | 4 | 阿根廷 | 19 | 34 |
| 澳大利亚 | 45 | 5 | 亚美尼亚 | 19 | 35 |
| 中国香港 | 44 | 6 | 智利 | 19 | 36 |
| 伊拉克 | 40 | 7 | 尼日利亚 | 19 | 37 |
| 德国 | 39 | 8 | 阿塞拜疆 | 18 | 38 |
| 日本 | 38 | 9 | 斯洛文尼亚 | 18 | 39 |
| 哈萨克斯坦 | 38 | 10 | 摩洛哥 | 16 | 40 |
| 美国 | 38 | 11 | 巴勒斯坦 | 16 | 41 |
| 也门 | 38 | 12 | 突尼斯 | 16 | 42 |
| 泰国 | 37 | 13 | 格鲁吉亚 | 15 | 43 |
| 巴林 | 34 | 14 | 罗马尼亚 | 15 | 44 |
| 爱沙尼亚 | 32 | 15 | 阿尔及利亚 | 14 | 45 |
| 印度 | 32 | 16 | 乌兹别克斯坦 | 14 | 46 |
| 韩国 | 30 | 17 | 土耳其 | 12 | 47 |
| 中国台湾 | 30 | 18 | 哥伦比亚 | 11 | 48 |
| 科威特 | 29 | 19 | 卢旺达 | 11 | 49 |
| 吉尔吉斯斯坦 | 28 | 20 | 黎巴嫩 | 10 | 50 |
| 俄罗斯 | 28 | 21 | 利比亚 | 10 | 51 |
| 新加坡 | 28 | 22 | 津巴布韦 | 10 | 52 |
| 白俄罗斯 | 27 | 23 | 塞浦路斯 | 9 | 53 |
| 埃及 | 27 | 24 | 马来西亚 | 9 | 54 |
| 西班牙 | 26 | 25 | 巴西 | 8 | 55 |
| 乌克兰 | 26 | 26 | 秘鲁 | 8 | 56 |
| 巴基斯坦 | 25 | 27 | 厄瓜多尔 | 7 | 57 |

(续表)

| 国家/地区 | 大多数人都值得信任（%）* | 排名 | 国家/地区 | 大多数人都值得信任（%）* | 排名 |
|---|---|---|---|---|---|
| 约旦 | 24 | 28 | 加纳 | 7 | 58 |
| 波兰 | 22 | 29 | 菲律宾 | 6 | 59 |
| 墨西哥 | 21 | 30 | 特立尼达和多巴哥 | 4 | 60 |

*该列数据表示1981—2014年多轮世界价值观调查中赞同"大多数人都值得信任"这一说法的各国（或地区）受访者的平均比例。

20世纪80年代和90年代初，乡镇企业是中国最具活力的经济增长的驱动力，这是当时中国经济转型的一个突出特点。[1]理论上，乡镇企业属于乡镇居民集体所有的企业，但实际上是个产权不清、定义模糊的合作组织。[2]从传统经济理论来看，乡镇企业的成功是个谜：为何这种产权不清的企业也能如此有效地促进经济增长？在一篇最先尝试回答这个重要问题的论文中，经济学家马丁·韦茨曼（Martin Weitzman）和许成钢将乡镇企业的成功归因于中国人基于信任的合作文化。在他们看来，在以高度信任为特征的合作型社会里，即使没有正式明晰的所有权，人们也能与他人做生意，也能为上下游企业做专门性投资（relationship-specific investment）。[3]不出所料，他们的文章受到了当时很多主流制度派经济学家的批评。

在中国，社会关系在生意往来中极为重要。管理学者忻榕和琼·皮尔斯（Jone Pearce）在一篇开创性的论文中指出，如果法律不足以保护私有产权，关系可以作为正式制度的一种替代性安排。[4]她们的研究表明，中国私营企业的管理者比国有企业的管理者更依赖关系，而且也更信任自己

---

[1] 参见 Walder (1995) 等。
[2] 参见 Weitzman and Xu (1994) 以及 Li (1996)。
[3] 参见 Weitzman and Xu (1994)。
[4] 参见 Xin and Pearce (1996)。

的关系。信任是关系的基础,而关系是中国私营企业在改革开放后得以蓬勃发展的赋能者。

## 中国增长的经验可以复制吗?

如果中国的高速增长是因为实行了什么特别有效的制度或者明智的产业政策,那么其他国家就可以学习中国的经验。实际上,一些经济学家认为,可以从中国和其他东亚经济体的发展经历中总结出政策建议,然后推广到其他发展中经济体。北京大学的林毅夫教授及其合作者就倡导发展中国家以中国为榜样,积极发展符合本国比较优势的产业,以实现快速的赶超式增长。按照这种观点,大多数发展中国家之所以没有实现高速增长,主要是因为采用了错误的经济发展政策。[①]换句话说,只要知道正确的发展道路,所有的发展中国家都可以像中国那样增长。但真有这样的好事吗?所有受儒家文化影响的东亚经济体,显然没有得到多少经济理论的指导,都各自找到了正确的发展道路,而其他发展中经济体则要等到中国的经济学家来传授他们新的理论才能发展起来,这种可能性有多大呢?一个人对自己的理论必须有无比的信心才会相信这种可能性。

本书则试图论证,中国经济发展的比较优势在于强调勤劳、储蓄、教育、信任和仁政的儒家文化。正是这种传统文化将中国及其他几个东亚经济体与多数发展中经济体区分开来。出于这个原因,中国式的增长无法轻易复制。[②]中国的一些做法(如经济特区等)或许可以复制,但是想要提高一个国家的储蓄率、教育质量或者社会信任度,则绝非易事。这并不是说,一个发展中国家的文化不如儒家文化那么重视节俭和教育就不可能实现赶超式增长。东亚增长奇迹的文化解释并不是某些批评者眼中的文化决

---

① 参见 Lin (2014)。
② 经济学家巴里·诺顿(Barry Naughton,2010)从另一个角度写道:"中国体制独有的特点以及政企关系的组织方式都无法在其他国家轻易复制。"

# 第七章
儒家文化：关键的差异化因素

定论。只要具备恰当的条件和制度，任何发展中国家都有可能实现3%左右的人均GDP的持续增长，这样假以时日，最终也会赶上长期增长率只有1%~2%的发达国家。

文化通常具有黏性，变化很慢。①已故的诺贝尔经济学奖得主奥利弗·威廉姆森（Oliver Williamson）区分过社会分析的四个层面，最顶层的就是文化和其他非正式制度，制度派经济学家认为这个层面是固定的，因为它们变化很慢——要以百年或千年来衡量。②因此，批评者会认为文化论没有实际价值，因为我们在改变文化方面做不了什么。但是，文化价值并非一成不变，有些可以变化得很快。③储蓄和教育的文化是否可以在几十年或者一两代人的时间里培育出来，目前还不清楚。实际上，一些文化论者曾试图说服发展中国家和国际发展机构的决策者去鼓励文化的改变以建立有利于经济增长的价值观。④但他们的主张在学界以及现实世界里并没有得到多少响应。

如果经济增长是发展的主要目标，而文化又是一个国家经济增长的障碍，那么改变文化或许值得一试。无论改变文化有多难，我们必须首先承认文化的作用，否则，没有人会尝试改变。如果有足够多的人，尤其是专家、意见领袖以及决策者能认识到文化对经济发展的根本作用，大家通过团结一致的努力，也许是有可能改变文化的。

然而，经济增长并非人民生活的唯一目标，根据阿马蒂亚·森对发展的理解，经济增长甚至不是发展的唯一目标。⑤因此，有利于经济发展

---

① 经济学家杰拉德·罗兰（Gerard Roland, 2004）将制度划分为"变化很慢"的制度和"变化很快"的制度。变化很慢的制度主要是文化，包括价值观、信仰以及社会规范。

② 参见 Williamson (2000)。

③ 参见 Inglehart (1997) 以及 Giavazzi, Petkov, and Schiantarelli (2019) 等。

④ 参见 Harrison (2000, 2008) 以及 Harrison and Huntington (2000)。

⑤ 参见 Sen (1999)。

的文化不一定就是优越的文化。如果经济增长要以牺牲个人幸福或环境为代价，增长慢一点可能是好事。人们很早就认识到，经济增长与幸福没有必然的联系。经济学家理查德·伊斯特林（Richard Easterlin）很多年前就证明，虽然在一个国家内部，收入高的人比收入低的人平均说来要幸福一些，但整个国家的收入水平上升并不会提升国民的整体幸福感。[①]事实上，根据《全球幸福指数报告2020》（*World Happiness Report 2020*），中国在153个国家和地区中幸福感排名第94位，还不如许多收入和经济增长率都比较低的国家。[②]经济学家查尔斯·肯尼（Charles Kenny）注意到，虽然大多数发展中国家的经济增长速度很慢，但如果从健康水平、人均寿命和受教育机会等反映人民福祉和生活质量的指数来看，几乎所有发展中国家在过去几十年中都有显著的进步。[③]

---

[①] 参见 Easterlin (1974, 1995)。

[②] 参见 *World Happiness Report 2020*（https://happiness-report.s3.amazonaws.com/2020/WHR20.pdf，访问日期：2020年12月1日）。

[③] 参见 Kenny (2005)。

# 第八章

# 中国经济增长为何放缓

中国经济增长的速度近年来显著放缓，人均GDP增长率从2010年的10.1%滑落到2019年的5.8%，为1990年以后的最低点。2012年之后的七年（2013—2019年），人均GDP年均增长率降到6.5%，相比之下，2003—2012年的年均增长率是10.0%，1982—2012年的年均增长率是9.1%。中国经济增长为什么放缓？是因为自然周期、外部因素还是内部结构问题？随着中国经济体量越来越大、人均收入达到一定的水平，经济增长速度下行就是必然的吗？中国是否正在落入所谓的"中等收入陷阱"？

## 中等收入陷阱的迷思

2015年4月24日，时任财政部长楼继伟在清华大学演讲时预测，未来五到十年，中国有50%以上的可能性会落入中等收入陷阱。一位政府高官讲出这样的话颇不寻常，因此引起舆论一片哗然。[1]然而在此之前，"中等收入陷阱"的说法就已经在中国流行开来了。这个听上去颇具宿命意味的

---

[1] 相关中文报道见《财政部长楼继伟：中国有 50% 以上可能滑入中等收入陷阱》，https://www.guancha.cn/economy/2015_04_26_317372.shtml，访问日期：2020年12月1日。

概念触动了决策者、经济学家以及普通百姓的神经。顾名思义，中等收入陷阱是说一个经济体难以逾越中等收入阶段而进入发达经济体行列的一种状态。这个概念最早是世界银行的两位经济学家在2007年的一份报告里无意提到的，当时并没有给出定义。大约十年之后，该报告的两位作者才在另一篇文章中明确了它的含义。①他们注意到很多拉美和中东国家长期陷于中等收入水平不能自拔，并认为这些中等收入国家在劳动力成本上失去了优势，不能靠传统的劳动密集型产业与低收入国家竞争，同时又缺乏足够的创新能力与高收入发达国家竞争。但是两位作者并不认为中等收入陷阱是宿命，也有一些经济体——主要是"亚洲四小龙"——成功跨越了这个陷阱。

虽然中等收入陷阱这个概念的提出者并没有讨论过低收入和高收入经济体的经济增长，但后来的使用者都明确地指出或隐含地假设：一个经济体从低收入阶段发展到中等收入阶段要比从中等收入阶段发展到高收入阶段容易得多。②换句话说，如果这一概念成立的话，低收入经济体的经济增长通常应该快过中等收入经济体。实际上，如果经济增长与收入水平无关，中等收入陷阱或者低收入陷阱的概念就失去了其意义。

中等收入陷阱的概念在中国被广为接受，学术界也有一些相关文献。③但我还没有见到过发表在一流经济学期刊上的相关研究，因此这个概念在经济增长与发展研究中的有效性和适用性令人怀疑。一些经济学家（包括我本人）也曾质疑过这个概念，尤其是它在中国的适用性。④那么，究竟是否存在中等收入陷阱呢？更重要的是，中国会落入这个"陷阱"吗？

---

① 参见 Gill and Kharas (2007, 2015)。
② 参见 Agénor, Canuto, and Jelenic (2012) 等。
③ 参见 Cai (2012)，Felipe, Kumar, and Galope (2017) 以及其中的参考文献。
④ 参见朱天 (2015)。

# 第八章
## 中国经济增长为何放缓

自1988年起,世界银行将所有成员方分成低收入、中等收入(包括中下等收入和中上等收入)和高收入经济体。如第一章所述,低收入经济体和中等收入经济体又统称为发展中经济体。本书也是在这个意义上使用"发达"和"发展中"这两个概念的。这个分类标准是根据各经济体按美元计的人均国民总收入(人均GNI)来确定的,类似于人均GDP。世界银行会根据几个主要发达国家的通货膨胀率定期调整收入标准。表8-1显示了部分年份世界银行的收入分类标准。

表8-1 世界银行的收入分类标准

(单位:美元)

| 年份 | 低收入 | 中下等收入 | 中上等收入 | 高收入 |
| --- | --- | --- | --- | --- |
| 1987 | ≤480 | 481~1 940 | 1 941~6 000 | ≥6 001 |
| 1992 | ≤675 | 676~2 695 | 2 696~8 355 | ≥8 356 |
| 1997 | ≤785 | 786~3 125 | 3 126~9 655 | ≥9 656 |
| 2002 | ≤735 | 736~2 935 | 2 936~9 075 | ≥9 076 |
| 2007 | ≤935 | 936~3 705 | 3 706~11 455 | ≥11 456 |
| 2012 | ≤1 035 | 1 036~4 085 | 4 086~12 615 | ≥12 616 |
| 2018 | ≤1 025 | 1 026~3 995 | 3 996~12 375 | ≥12 376 |

数据来源:世界银行网站,https://datahelpdesk.worldbank.org/knowledgebase/articles/378833-how-are-the income-group-thresholds-determined,访问日期:2020年12月1日。

根据2018年的标准,世界上约36%的国家或地区属于高收入(共80个),27%属于中上等收入(共60个),23%属于中下等收入(共47个),14%属于低收入(共31个)。也就是说,半数国家或地区属于中等收入经济体。2018年中国的人均GDP是9 780美元,属于中上等收入经济体。高收入经济体的最低标准12 376美元其实并不高,远低于所有发达经济体的平均水平,只是美国水平的20%。

从表8-1中可以看出,1987年第一次确定的高收入经济体的标准是人均GNI达到6 001美元,大约是当时美国收入的28%,到2018年上调到12 376美元，但只相当于美国收入的20%。因此，世界银行的分类标准使用的是绝对收入而不是相对收入。如果世界银行继续使用这个标准，只要一个经济体扣除物价上涨因素后的实际增长率大于零，早晚都会成为高收入经济体，如此一来，就不存在所谓的"中等收入陷阱"。1988年世界银行定义的高收入经济体只有41个，而2018年则达到80个，说明在这三十年内有39个中等收入经济体成功转变为高收入经济体。所以，根据世界银行的标准，或者根据某些研究者使用的其他绝对收入标准，中等收入陷阱显然是不存在的。

只有用相对收入标准划分高、中、低收入经济体，中等收入陷阱的概念才可能有意义。下面我用美国作为高收入经济体的标杆，根据一个经济体的人均GDP占美国人均GDP的百分比来衡量其相对收入水平。一个发展中经济体想要追赶发达经济体，其经济增长速度必须快过发达经济体。换句话说，发展中经济体的相对收入必须保持正增长才有可能缩小与美国的差距。

接下来，我用一个相对收入标准将各个经济体划分为三个收入等级，然后通过考察过去五十年里世界各经济体的经济增长表现来判断是否存在中等收入陷阱。我将所有人均GDP不到美国5%的经济体划为低收入经济体，相当于收入水平不到2018年的3 140美元；所有人均GDP超过美国30%的经济体划为高收入经济体，相当于收入水平超过2018年的18 840美元；所有人均GDP介于美国5%～30%的经济体划为中等收入经济体。我提出的中等收入和高收入标准，比世界银行2018年的标准高，而与世界银行1988年的标准相仿。当然这个标准有一定的随意性，但是我相信任何合理的相对收入标准都会得出类似的定性结果。①

在世界银行的"世界发展指标"数据库中，有1968—2018年的人均GDP数据的经济体共113个。根据上面的标准，其中1968年属于中等收入经济体的有44个。那么到2018年时，它们当中有多少变成了高收入经济体

---

① 我也用宾大世界表的人均购买力平价GDP数据计算过相对收入水平，得出了类似的定性结果。

呢？从图8-1中可以看出，答案是9个。图中一个点代表一个经济体；横轴是以1968年人均GDP占美国人均GDP的百分比衡量的相对收入水平，纵轴则是2018年时的相对收入水平。例如，新加坡在图中的位置表示其1968年的人均GDP是美国的15%左右，到2018年则略微超过美国。我们在图中可以看到，在代表30%相对收入水平的粗线以上有9个点，也就是说，按我的标准，到2018年这9个经济体已经达到高收入水平，它们分别是两个盛产石油的国家沙特阿拉伯和文莱，四个欧洲经济体爱尔兰、西班牙、葡萄牙和希腊，两个东亚经济体新加坡和中国香港，以及加勒比地区的旅游胜地小国圣基茨和尼维斯。这些经济体中，爱尔兰、西班牙、希腊和文莱1968年时的人均GDP就已经达到美国水平的20%以上。

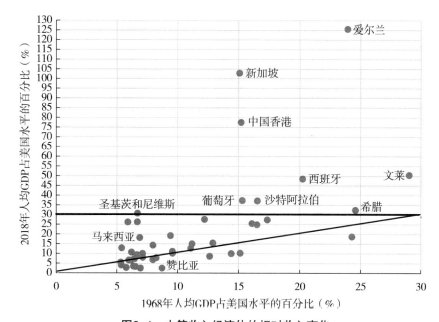

图8-1 中等收入经济体的相对收入变化

数据来源："世界发展指标"数据库。

由此看来，在过去五十年里，只有20%的中等收入经济体成功跻身于高收入经济体行列，大部分都还停留在中等收入水平，这些经济体大多位于拉美和加勒比地区。而且，图8-1中斜线右下方各个点代表的中等收入经济体（共12个）在1968年以后五十年间的增长速度都比美国慢，因此，它们的相对收入水平（与美国相比）是下降了。一个极端的例子是赞比亚，1968年时其收入还位于美国水平的8%以上，到2018年反而下降到只有美国水平的2.5%。除了赞比亚，还有津巴布韦、尼加拉瓜、科特迪瓦和塞内加尔四个国家（图中未标出）在1968年时还处于中等收入水平，到2018年反而下滑到低收入行列。

这些结果似乎表明，确实存在一个中等收入陷阱。但应该注意的是，图8-1中斜线左上方各个点所代表的经济体的增长速度都比美国快。这些经济体一共有32个，占1968年时中等收入经济体总数的73%左右，其中一些经济体的增长速度是远远超过美国的。例如，马来西亚1968年时的相对收入大约是美国水平的7%，到2018年则接近美国水平的20%。假以时日，这些经济体也会达到高收入水平。

如此一来，真正的问题是：许多中等收入经济体的相对收入增长停滞乃至下降真的与它们处于中等收入水平有关吗？低收入经济体又如何呢？它们的增长速度就要快一些吗？答案是否定的。1968—2018年大多数低收入经济体的相对收入水平不仅没有上升，反而还下降了。

图8-2显示了1968年划为低收入水平的47个经济体1968—2018年相对收入水平的变化。其中，只有12个经济体在2018年达到了美国水平5%以上的中等收入标准，包括韩国（不在图中）、中国、泰国、印度尼西亚，以及两个资源丰富的非洲经济体博茨瓦纳和赤道几内亚。图中未出现的韩国，从1968年的低收入经济体（相当于美国收入水平的4.2%）跃升为2018年时相当于美国收入水平50%的高收入经济体。我略去韩国是为了让图8-2更容易看明白一些。图8-2中位于5%的粗线下方、斜线左上方的各点代表的10个经济体，增长速度都比美国快。例如，印度1968年时的人均GDP略微超过美国的2%，到2018年则超过了美国的3%。

# 第八章 中国经济增长为何放缓

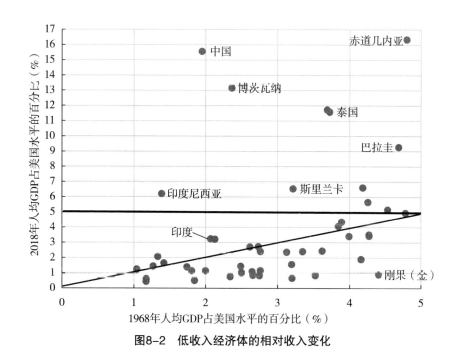

**图8-2 低收入经济体的相对收入变化**

数据来源:"世界发展指标"数据库。

然而,也许会令一些读者感到惊讶的是,图8-2中斜线右下方各点代表的绝大多数低收入经济体(共25个)的增长速度都比美国慢,相应地,其相对于美国的收入水平更低了。例如,刚果民主共和国[简称刚果(金),旧称扎伊尔]1968年时的人均GDP是美国的4.4%,到2018年则下降到美国的1%以下。相比之下,大多数中等收入经济体的增长速度都比美国快。所以,如果存在增长陷阱的话,这个陷阱更可能是低收入陷阱,而不是中等收入陷阱。"中等收入陷阱"的说法常常让人误以为,一个经济体从低收入阶段进入中等收入阶段比较容易,从中等收入阶段进入高收入阶段比较难。从上面两组数据看,事实恰恰相反!

如果"陷阱"指的是多数发展中经济体经济增长的停滞,那么这个陷阱与一个经济体是低收入还是中等收入经济体并没有什么关系。事实上,绝大多数发展中经济体的经济增长都没有比发达经济体快多少,其相对收入水平要么上升缓慢，要么停滞不前，甚至出现倒退。在过去60年里，除了个别资源丰富的经济体，只有屈指可数的几个东亚经济体连续30年以上保持了年均6%的高速增长。另外，除了中国（其增长起步晚了20年，收入基数也更低），所有这些经济体都已经从低收入经济体（如韩国）或中等收入经济体（如新加坡）成功过渡到高收入发达经济体（参见第一章表1-6）。

比较一下东亚与拉美过去60年的经济增长也很说明问题。拉美国家通常被认为是落入中等收入陷阱的典型经济体，据说它们经过快速增长达到中等收入水平，然后就停滞下来了。但事实上，没有一个拉美经济体曾经有过像几个东亚经济体这样持续20年以上的高速增长。由表8-2可以看出，从1960年之后连续30年的平均增长率来看，拉美增长最快的国家是智利，1982—2012年人均GDP增长率达到3.8%，这也让智利成为拉美人均收入最高的国家。但这个速度远低于新加坡的6.9%（1964—1994年）、韩国的6.7%（1965—1995年）和中国的9.1%（1982—2012年）。从连续20年的平均增长率来看，巴西曾经是拉美增长最快的国家，1960—1980年人均GDP增长率达到4.6%，这个速度同样远低于新加坡的7.7%（1964—1984年）、韩国的6.7%（1975—1995年）和中国的9.6%（1991—2011年）。即使看增长率最快的10年，东亚经济体的增长速度也显著高于拉美增长最快的两个国家。

表8-2 高速增长时期：东亚和拉美之间的比较

| | 30年高速增长时期内人均GDP平均年增长率 | 20年高速增长时期内人均GDP平均年增长率 | 10年高速增长时期内人均GDP平均年增长率 |
| --- | --- | --- | --- |
| 智利 | 3.8% (1982—2012) | 4.5% (1983—2003) | 6.1% (1987—1997) |
| 巴西 | 2.8% (1960—1990) | 4.6% (1960—1980) | 6.9% (1966—1976) |
| 新加坡 | 6.9% (1964—1994) | 7.7% (1964—1984) | 9.4% (1964—1974) |
| 韩国 | 6.7% (1965—1995) | 6.7% (1975—1995) | 7.9% (1981—1991) |
| 中国 | 9.1% (1982—2012) | 9.6% (1991—2011) | 10% (2001—2011) |

数据来源："世界发展指标"数据库。

# 第八章
中国经济增长为何放缓

中等收入陷阱这个概念尤其不适用于中国这样存在巨大地区发展差异的经济体。中国的人口比非洲、美洲和欧洲任何一个洲的人口都多，中国各省份之间的发展差异不比拉美各个国家之间的差异小。表8-3显示了1978—2018年中国各省份（不含港、澳、台地区）的经济增长表现，在这40年里，各地都实现了高速增长。

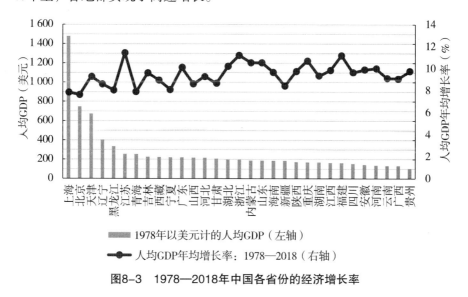

图8-3 1978—2018年中国各省份的经济增长率

资料来源：CEIC数据库。

注：1978年人均GDP按1美元=1.68元人民币折算。

事实上，上海和北京这两个中国最发达的省级经济体，在过去40年里人均GDP的增长速度都低于其余省份。通过比较图8-3和图8-4中的柱状图可以看出，其他省份一直在追赶上海和北京。1978年，上海与当时最贫困的省份贵州相比，人均GDP的差距超过14∶1，但到2018年，这个差距缩小到4∶1以下。可以看出，1978—2018年中国各省份的经济增长与1978年的收入水平没有相关性。

根据图8-4所示的2018年人均GDP数据，中国31个省份中有7个已经属于世界银行定义的高收入水平，还有一些正在接近这个水平，其余都属于中上等收入水平。即使在2013—2018年中国经济下行期间，中国各省份的经济增长速度也大多快于世界其他经济体。同样，各省份的经济增长率与收入水平之间也不存在明显的统计相关性。中国各省份显然不存在低收入、中等收入或者高收入陷阱。预计再过10年，中国大约三分之二的省份应该都会达到世界银行定义的高收入标准。

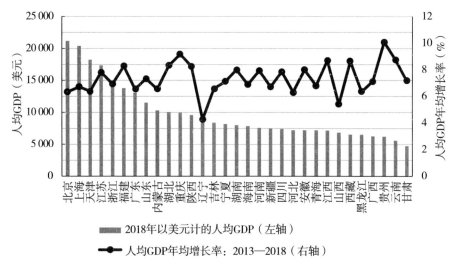

图8-4 中国各省份的收入水平和2013—2018年经济增长率

资料来源：CEIC数据库。

注：2018年人均GDP按1美元=1.68元人民币折算。

诺贝尔经济学奖得主阿马蒂亚·森说得好："我并不认为有中等收入陷阱。人们应该找到经济放缓背后的原因，并不能用这样一个概念解释所有问题。"①实际上，中等收入陷阱的概念模糊了中等收入经济体之间的巨大差异，容易让人们将经济增长与收入水平简单挂钩，不利于我们去探寻各国或地区经济增长差异的真正原因。

---

① 摘引自赵振江和陈柯芯（2016）对森教授在北京大学演讲的新闻报道。

# 第八章
## 中国经济增长为何放缓

### 解释中国经济的下行

如果不是中等收入陷阱,那么,是什么造成了中国经济增长的下行呢?中国经济下行是周期性的、结构性的还是其他什么原因?经济学家对此没有达成共识。①

在第四章,我们区分了长期经济增长和短期经济波动。一个国家的长期经济增长趋势是由供给因素决定的,而短期经济波动主要是由需求因素决定的。经济增长从来都不是一帆风顺的,增长率的周期性波动是经济生活中正常的部分。从图8-5中可以看出,虽然中国经济1978—2018年的四十年间平均增长率达到8.5%,但也经历了四个上升下降的周期。同一时期,美国和欧盟的年均经济增长率都是1.7%,也经历了几次经济衰退,而印度经济则经历了更频繁的波动。经济波动虽然不可避免,但适当的政策可以减轻经济的波动,而错误的政策则会加剧经济的波动,延长经济衰退的时间,推迟经济复苏的到来。

2008—2009年的全球金融危机让发达国家陷入第二次世界大战以来最严重的经济衰退。2009年,美国、日本和欧盟的人均GDP增长率分别为-3.4%、-5.4%和-4.6%。同年,中国采取了4万亿元的大规模刺激政策,实现了8.9%的人均GDP增长率,但还是低于2007年13.6%②的峰值。如果当时没有采取刺激政策,中国经济必然会产生更严重的下滑。③2010年全球经济开始复苏,中国经济也跟着复苏。但是2012年一些欧洲国家的债务危

---

① 英文期刊《中国经济学前沿》(*Frontiers of Economics in China*)在2019年第1期(第14卷第1期)专刊讨论了这个问题,其中有主张外部周期性原因的林毅夫和主张结构性原因的田国强的辩论文章。

② 首次公布的2007年GDP增长率是11.4%,几年之后修正的数据上升了2.8个百分点,达到14.2%(即人均GDP增长率为13.6%),因为2013年第三次全国经济普查显示,在之前的GDP核算中,服务业的增加值被低估了。

③ 参见 Naughton (2009, 2018)。

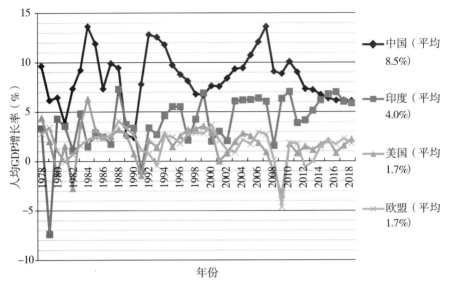

图8-5 经济波动：1978—2018年人均GDP增长率

数据来源："世界发展指标"数据库。

机让欧盟再次陷入经济衰退。结果，中国对欧盟的出口增长急速下跌，中国的人均GDP增长率从2011年的9.0%下降到2012年的7.3%，达到1999年以来的最低点。2013年以后，中国经济增长的速度不仅没有恢复到之前的水平，反而持续下降，人均GDP增长率滑落到2019年的5.8%。

全球金融危机之后，经济增长放缓并不是中国的独有现象，而是全世界的总体趋势。从表8-3中可以很清楚地看出，就增长率而言，世界经济一直没有从危机中恢复，远远没有。表中，我比较了金融危机前后两个八年期（即2000—2007年和2011—2018年）全球的经济增长。[1]显而易见的是，金融危机之后，除了印度，表中所有其他国家和地区的经济增长都出现了下滑。日本和美国增长下滑得比较温和，其他地区下滑得十分显著。

---

[1] 为了让两个时期的比较更有意义、更对称，我剔除了三个异常值的年份：危机发生的2008年和2009年，以及随后经济开始复苏的2010年。但是2009—2018年和1999—2008年的比较所得出的结论与本书的结论也大同小异。

"金砖五国"中的两个国家（巴西和俄罗斯）、拉美和加勒比地区、中东以及撒哈拉以南非洲地区，相对于各自的长期增长趋势来说，其经济下行的情况都比中国更为显著。

表8-3 全球金融危机前后人均GDP增长率

（单位：%）

| 国家或地区 | 平均增长率（1978—2018） | 危机之前的平均增长率（2000—2007） | 危机之后的平均增长率（2011—2018） | 增长率变化 |
|---|---|---|---|---|
| 巴西 | 1.0 | 2.4 | −0.3 | −2.6 |
| 中国 | 8.5 | 9.9 | 6.9 | −3.0 |
| 印度 | 4.0 | 4.8 | 5.6 | 0.9 |
| 日本 | 1.9 | 1.3 | 1.2 | −0.1 |
| 韩国 | 5.3 | 4.8 | 2.4 | −2.4 |
| 俄罗斯 | 0.8 | 7.6 | 1.2 | −6.4 |
| 英国 | 1.8 | 2.3 | 1.2 | −1.1 |
| 美国 | 1.7 | 1.7 | 1.5 | −0.3 |
| 欧盟 | 1.7 | 2.2 | 1.3 | −0.9 |
| 拉美和加勒比地区 | 1.1 | 2.1 | 0.7 | −1.5 |
| 中东和北非（不包括高收入地区） | 0.5 | 2.8 | 0.7 | −2.1 |
| 撒哈拉以南非洲地区 | 0.2 | 2.7 | 0.6 | −2.1 |
| 全世界 | 1.5 | 2.2 | 1.7 | −0.6 |

数据来源："世界发展指标"数据库。

在一个全球化的世界里，其他国家和地区经济下滑的负面影响将会通过贸易链条传导到中国，而中国经济下滑的负面影响也会传导到其他国家和地区。实际上，如表8-4所示，全球金融危机严重拖累了全世界的进出口增长。中国商品出口的年增长率在危机之前是23.9%，但危机之后只有5%，是表中所有国家和地区中下降幅度最大的。中国的商品出口自然代表着其他国家和地区的商品进口，因此，大部分国家和地区的进口增长率都出现了大幅下降。

表8-4 全球金融危机前后的进出口增长

（单位：%）

| 国家或地区 | 商品与服务出口（实际年增长率） | | | 商品与服务进口（实际年增长率） | | |
| --- | --- | --- | --- | --- | --- | --- |
| | 危机之前的平均增长率（2000—2007） | 危机之后的平均增长率（2011—2018） | 增长率变化 | 危机之前的平均增长率（2000—2007） | 危机之后的平均增长率（2011—2018） | 增长率变化 |
| 巴西 | 9.3 | 2.8 | -6.5 | 6.9 | 0.5 | -6.5 |
| 中国 | 23.9 | 5.0 | -18.9 | 18.9 | 5.8 | -13.1 |
| 印度 | 16.6 | 6.1 | -10.5 | 14.9 | 6.3 | -8.6 |
| 日本 | 8.0 | 3.1 | -4.9 | 4.4 | 3.6 | -0.8 |
| 韩国 | 11.9 | 4.4 | -7.5 | 11.0 | 4.4 | -6.6 |
| 俄罗斯 | 8.6 | 3.0 | -5.5 | 21.3 | 2.2 | -19.1 |
| 英国 | 4.6 | 2.7 | -1.9 | 5.4 | 3.1 | -2.3 |
| 美国 | 4.7 | 3.2 | -1.6 | 5.7 | 3.9 | -1.8 |
| 欧盟 | 6.2 | 4.2 | -2.0 | 6.2 | 3.8 | -2.4 |
| 拉美和加勒比地区 | 5.1 | 2.8 | -2.3 | 6.9 | 2.6 | -4.4 |
| 中东和北非（不包括高收入地区） | 6.7 | 3.7 | -3.0 | 9.5 | 1.7 | -7.8 |
| 撒哈拉以南非洲地区 | 7.6 | 3.2 | -4.3 | 12.0 | 2.9 | -9.1 |
| 全世界 | 6.5 | 3.9 | -2.6 | 7.1 | 3.7 | -3.4 |

注：中国的数据只指商品（不包括服务）的进出口增长率。另外，中国不公布进出口的实际增长率，只有名义增长率。表中的实际增长率是作者根据《中国统计年鉴2019》公布的数据用名义增长率减去相关价格指数得出的。因为缺少相关价格指数，中国服务进出口的实际增长率是无法计算的。不过，服务进出口占中国进出口总额的比例不到15%。其他所有数据都是用"世界发展指标"数据库中的数据计算得出的。

# 第八章
中国经济增长为何放缓

由此看来，金融危机后全球经济下行显然是中国增长放缓的一个外部因素。[①]那内部因素又如何呢？一些经济学家将中国经济下行归咎于内部供给侧的结构性因素，例如人口红利消失、创新不足、市场化改革停滞。[②]的确，中国经济下行的同时，劳动年龄人口恰巧也开始负增长，根据官方的统计，劳动年龄人口的平均增长率从2006—2012年的0.9%下降到2013—2019年的-0.2%，GDP增长率可能会因此降低1个百分点。但是官方统计还显示，经济活动人口（或劳动力）的平均增长率几乎没有变化，从2006—2012年的0.5%下降到2013—2019年的0.4%。[③]所以，如果说人口变化是经济下行的一个因素，那也只是一个相对较小的因素。至于创新不足，我们在第六章已经证明，中国近些年来的创新能力在快速提升。

国内外都有评论者认为近些年中国的市场化改革出现了停滞，政府加大了对经济干预的力度。[④]但是，中国经济体制的市场化程度与过去相比并没有明显下降，改革节奏的放缓也不是最近几年的事。根据巴里·诺顿的说法，"大约2005年之后，中国政府的市场化改革力度明显下降"[⑤]。即便如此，2005—2012年中国经济在经历了2008年全球金融危机的情况下依然保持了高速增长。不过，重要的也许不是市场化改革实际上有没有倒退，而是人们主观上是否感觉存在倒退。如果很多经济学家都有这样的感觉，那么很多企业家和企业高管也可能会有这样的感觉，结果就可能会影响他们的投资决策，继而影响经济增长。

不管怎样，中国近期经济下行也许可部分归咎于上述供给侧问题，但是短短几年里增长率急速下滑，还是应该从需求侧寻找原因。图8-6显

---

[①] 参见 Lin (2019)。
[②] 参见 Tian (2019) 等。
[③] 这些平均增长率是作者根据 CEIC 数据库的数据计算得出的。
[④] 参见 Shambaugh (2016)，Economy (2018)，Lardy (2019)，以及 Tian (2019) 等。
[⑤] Naughton (2018), p. 31.

示了2011—2018年消费、投资和出口三个需求因素的增长率变化，三者在2013年之后均大幅下滑，但2018年之前，消费增长的速度明显超过GDP增长，这说明并不是消费增长下滑拖累了GDP增长，而是GDP增长放缓拖累了消费的增长。消费占GDP的百分比也因此有所上升，这个现象常常被统计局和一些评论者作为近些年中国"经济增长质量"上升的证据。其实，这只不过是投资和出口增长率下行幅度超过GDP增长率下行幅度的必然结果，与所谓的"经济增长质量"根本无关。

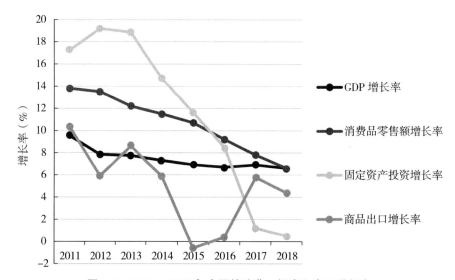

图8-6　2011—2018年中国的消费、投资和出口增长率

注：（1）对于消费和投资，作者没有使用最终消费支出和资本形成总额两个支出法GDP的构成项目，而是使用了消费品零售额和固定资产投资的相关数据。其原因如第四章所述，中国的支出法GDP核算存在很大的缺陷，低估了消费，高估了投资。（2）所有增长率都是扣除相关价格因素后的实际增长率。多数年份的消费品零售额和固定资产投资的增长率数据来自《中国统计年鉴2019》。官方数据缺失时，作者根据名义增长率减去相关价格指数得出实际增长率。

如表8-4所示，全球金融危机过后，全球的进口增长大幅下滑，中国的出口增长也明显放缓。从图8-6可以看出，2012年中国的出口增长率急剧下降，2013年略有回升，但到2015年跌破了零。整个经济下行时期，出口增长率基本都低于GDP增长率。出口占中国GDP的比重是20%~25%，而出口中的国内增加值部分占GDP的比重则更低，约为15%~20%①，相比之下，投资占GDP的比重高达35%~40%②，因此出口增长率对中国GDP增长率的影响远远小于投资。

从图8-6中可以看出，相较于消费和出口，中国的固定资产投资增长率下滑得更加严重，2013年是18.8%，到2018年只有0.5%。很明显，中国经济下行最主要的推手就是固定资产投资增长率断崖式的下降。鉴于投资和出口增长率的显著下滑，官方公布的人均GDP增长率只从2013年的7.2%下降到2018年的6.1%似乎有点难以置信。在有些经济学家看来，近年来中国GDP的增长率有可能被高估了大约两个百分点，也就是说，经济下行的程度比统计局的数字所显示的或许还要更加严重。③

那么，究竟是什么造成了中国投资增长率如此大幅度的持续下滑呢？原因可能主要有两个方面。首先，近年来国家的政策导向发生了深刻的转变，政策目标变得更加多元化，不再像过去那样单纯地追求GDP的增长，而是更加重视对贪污腐败和环境污染等主要政治和社会问题的治理，2013年起开展了比较彻底的反腐运动和环保运动。④从中央到省和地方各级政府，许多官员被执纪审查，很多污染严重的工厂被关停或缩减规模。这种情况下，投资热度降温、经济增长放缓应在意料之中，牺牲一点经济增长换来蓝天白云和清正廉洁的官场风气，应该是值得的。⑤山西就是一个明显的例子。一方面，山西是煤炭资源大省，因此受"环保风暴"的影响较大；另一方面，山西也是在"反腐风暴"中被执纪审查的省部级官员数量

---

① 根据经合组织的数据，中国的国内增加值占出口总额的比率大约是80%。参见 https://data.oecd.org/trade/domestic-value-added-in-gross-exports.htm（访问日期：2020年12月1日）。

② 官方公布的投资占GDP的比率在45%和50%之间，但是按照第四章所述，中国投资占GDP的比率可能被高估了10个百分点。

③ 参见 Chen et al. (2019) 以及 Lai and Zhu (2020)。

④ 参见 Economy (2018) 等。

⑤ 关于反腐与经济增长关系的一个理论研究，参见 Bai, Hsieh, and Song (2020)。

最多的省。①全国2014—2016年间的平均GDP增长率是7.0%,而山西只有4.2%,分别比之前十年(2004—2013)的平均增长率下降了3.4个和7.6个百分点。同样拿两个时期做比较,同样是煤炭资源丰富的内蒙古自治区的增长率下滑了9.2个百分点。

经济下行的第二个原因是2015年之后中国实行了过紧的宏观经济政策。我们从图8-6中看到,2014年和2015年,投资和出口的增长率都大幅下滑,导致经济增长乏力。2015年,GDP增长率自1990年以来首次下降到7%以下。这种情况下,正常的经济政策应该是逆周期的,即采取比较积极的财政和货币政策来刺激经济增长。但是,2016年中国却开始了去产能、去杠杆的顺周期②紧缩性宏观调控措施。从图8-7中可以看出,中国

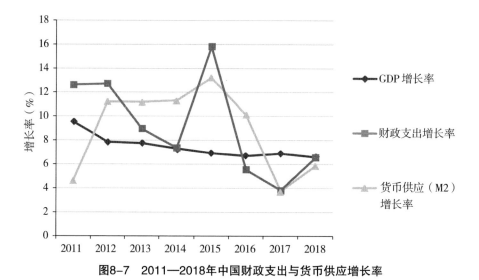

图8-7 2011—2018年中国财政支出与货币供应增长率

注:图中所有增长率都是扣除价格因素后的实际增长率,财政支出与货币供应的实际增长率是作者根据《中国统计年鉴2019》公布的名义增长率减去通货膨胀率(GDP平减指数)得出的结果。

① 根据中纪委网站的数据,在2013年中期至2015年中期反腐运动的高潮阶段,全国被执纪审查的省部级官员约50人,其中山西就有8人,而第二多的省份只有3人。

② 顺周期政策指的是在一个经济周期内,经济扩张阶段采取扩张性政策,经济衰退阶段采取紧缩性政策。这种政策会放大经济周期,使其结果恶化。逆周期政策指的是与经济周期反向而行、使其变得更加缓和的政策。

在2016年和2017年的财政支出和货币供应增长率都是大幅下降的,到2017年,两者都显著低于GDP增长率。这种过紧的财政和货币政策只会加剧而不会扭转中国2013—2015年的经济下行。

## 被误判的中国经济与顺周期政策

那么,为什么在中国经济显著下行的时候,却采取顺周期的紧缩性政策呢?原因颇为讽刺:很多对政策和舆论有影响的经济学家和权威人士误判了中国经济面临的问题,将经济下行归咎于供给过多,而不是需求不足。而之所以有这样的误判,是因为他们在理论上反对投资拉动的增长模式,认为伴随这种增长模式的是宽松的货币政策和过度的企业负债。

我在第四章已经指出,影响经济波动的因素与决定长期经济增长的因素是不同的,前者包括投资、消费和出口这三个需求因素,后者包括投资、教育和技术进步这三个供给因素。两组因素中只有投资是共通的,因为投资既创造短期需求,又创造长期供给,可见投资无论对短期增长还是长期增长都十分重要。然而,国内外媒体上很多宏观经济评论家对过去十年间中国经济的判断却颠倒了基本的宏观经济学理论:需求因素被用来解释中国过去几十年的增长表现,而供给因素则被用来解释和应对近年来的经济下行。

具体说来,与其他国家(尤其是主要的发达国家)相比,在需求侧,中国的投资率明显较高,而消费率又明显较低,因此许多经济学家和权威人士便认为,中国在过去几十年里过度依赖投资拉动增长,而消费不足,导致许多行业产能过剩,产品价格下降,企业利润减少,经济增长下行。根据他们的观点,高投资率也导致中国企业负债水平过高、不可持续。对于如何解决中国近年来的经济下行问题,他们则认为,刺激需求从长远来看只会适得其反,因为更多的投资导致负债上升、资本回报率下降。根据这个思路,中国2016年的政策就不应该是刺激需求,而是通过去产能、去杠杆（即减少负债）解决过剩问题。①这样的政策，尤其是自上而下、通过"一刀切"的行政干预手段实施后，自然会导致投资增长率急剧下降，使经济进一步下行。

中国某些行业的产能或许真的存在过剩，但宏观上产能过剩不是经济下行的原因，而很可能是经济下行的结果。中国的一些经济学家和政策智囊明显没有区分经济波动和经济增长，而是将短期波动的原因和长期增长的动力混为一谈。他们都犯了第四章批评的错误，即没有认识到高储蓄、高投资恰恰是中国最大的优势之一，正是凭借这一优势，中国的经济增长速度才可能超越其他国家。他们没有认识到，无论是解决短期经济下行还是长期经济增长问题，投资都发挥着重要的作用。

即使一些懂得增长理论的经济学家有时也低估了投资的作用，认为长期增长主要取决于技术进步或者生产率的提高，而不是投资。他们依据的是新古典增长模型（即"索洛模型"）在稳态均衡（steady-state equilibrium）下的结论。然而，这个模型不应该用来分析发展中国家的赶超式增长（或者用经济学术语来讲，也称均衡状态之间的"过渡型"增长），更不能作为分析短期经济波动的工具。技术进步根本离不开资本投资，很难将两者对经济增长的作用区分开来。资本投资一般说来主要不是用于增加同样的设备、扩建原有的厂房设施或者增加原有产品的产量，而是用于获得新的技术、创建新的设施、生产新的产品。为了追赶发达国家，发展中国家必须依靠资本投资拉动经济增长。中国某些产业或行业出于各种各样的原因可能存在过度投资的问题，但是中国人均资本总量仍然远远低于最发达的国家，所以在宏观层面中国不大可能存在投资过多的问题。

对中国经济的另一个误判是中国货币政策过于宽松，导致货币和信

---

① 国外对中国在这些问题上争论的专业评论可参见 Naughton (2016)。

贷供应过量，继而引发投资过度，企业负债水平过高。根据这个判断，中国必须收紧货币供应、降低企业杠杆以避免潜在的金融危机。确实，从表8-5可以看出，中国内地的广义货币供应（M2）与GDP之比在2016年达到2.08，排名世界前列，是美国水平的两倍多，是全球平均水平的三倍以上。这样看来，中国的M2/GDP好像是太高了。但是，并没有什么经济理论或证据表明M2/GDP高对经济不利。事实上，研究经济发展的学者常常用这个比例来衡量一个国家或地区的金融发展水平。[①]如表8-5所示，低收入的撒哈拉以南非洲地区的M2/GDP很低，而高收入的经合组织成员国的这一比例则相对较高，中国香港和瑞士等金融中心则更高。总之，全球各经济体的M2/GDP差异巨大，影响这个比例的因素很多，但不管怎样，这个比例与经济增长、通货膨胀、资产价格泡沫以及金融危机的风险都没有必然的联系。正因为如此，这个比例并不是一个经济体制定货币政策时需要考虑的指标。一般来说，市场经济国家主要是依据GDP增长率、失业率和通货膨胀率来决定货币供应应该放宽还是收紧。除非通货膨胀超过一定水平，否则很难说存在"货币超发"。事实上，过去十年里，阿根廷的M2/GDP在0.28左右，是全世界最低的之一，但其通货膨胀率却是全世界最高的之一，而且阿根廷近期还经历了债务和货币危机。

表8-5 全世界货币供应（M2）与GDP之比

| 国家或地区 | M2/GDP（2016年） | M2/GDP（2006年） | 十年间M2/GDP的变化 | M2/GDP的年均变化率 |
| --- | --- | --- | --- | --- |
| 中国香港 | 3.77 | 2.75 | 1.02 | 3.2% |
| 日本 | 2.42 | 1.96 | 0.46 | 2.1% |
| 中国内地 | 2.08 | 1.57 | 0.51 | 2.8% |
| 瑞士 | 1.90 | 1.34 | 0.56 | 3.5% |
| 越南 | 1.51 | 0.79 | 0.72 | 6.7% |

① 参见 Naughton (2018)，第694页。

（续表）

| 国家或地区 | M2/GDP（2016年） | M2/GDP（2006年） | 十年间M2/GDP的变化 | M2/GDP的年均变化率 |
|---|---|---|---|---|
| 韩国 | 1.47 | 1.19 | 0.28 | 2.1% |
| 经合组织成员国 | 1.18 | 1.02 | 0.15 | 1.4% |
| 巴西 | 1.00 | 0.65 | 0.36 | 4.5% |
| 中东和北非地区（不包括高收入地区） | 0.96 | 0.64 | 0.33 | 4.2% |
| 美国 | 0.90 | 0.74 | 0.16 | 2.0% |
| 印度 | 0.75 | 0.70 | 0.06 | 0.8% |
| 南非 | 0.73 | 0.73 | −0.01 | −0.1% |
| 全球平均 | 0.68 | 0.52 | 0.16 | 2.7% |
| 拉美和加勒比地区 | 0.64 | 0.44 | 0.21 | 3.9% |
| 丹麦 | 0.62 | 0.53 | 0.09 | 1.5% |
| 俄罗斯联邦 | 0.59 | 0.38 | 0.21 | 4.6% |
| 印度尼西亚 | 0.40 | 0.41 | −0.01 | −0.3% |
| 撒哈拉以南非洲地区 | 0.36 | 0.36 | 0.01 | 0.2% |
| 阿根廷 | 0.28 | 0.28 | 0.00 | 0.1% |
| 尼日利亚 | 0.20 | 0.12 | 0.09 | 5.7% |

注：表中排序依据的是2016年的M2/GDP。全球平均值是根据2006年和2016年所有有数据的经济体（共152个）的M2/GDP计算得出的。所有数据均来自"世界发展指标"数据库。

我们一旦了解了M2/GDP的真实含义，中国的这个比例很高就不奇怪了。M2就是所谓的广义货币，包括全部银行存款和流通中的现金总和。由于现金占比只有4%，所以广义货币供应基本上就是银行存款的同义词。中国是世界上储蓄率最高的国家之一，但非银行金融产品的投资渠道相对不足，所以对很多人来说，银行存款就成为主要的储蓄方式。M2与GDP之比本质上就是银行存款与国民收入之比，所以中国的M2/GDP在全世界名列前茅是理所当然的。我们不能简单地拿中国的M2/GDP与储蓄率低且金融市场发达的美国相比。事实上，2000年左右中国的M2/GDP就已经处于高位，达到1.34，那时就有中国经济学家担心这个比例比美国高出太多了。结果怎样呢？此后的20年，中国经济基本上一直保持了高速增长。

有些经济学家会说，中国的M2/GDP高可以理解，但是这个比例快速上升就危险了，说明货币供应增长速度超过了（名义）GDP增长速度，多出的货币供应很可能会导致资产价格（尤其是房地产）泡沫和企业杠杆率过高，金融危机爆发的可能性也会随之上升。但是，究竟是货币供应多了导致资产价格上涨，还是资产价格上涨了，需要相应地增加货币供应来支撑实体经济中的正常交易呢？孰因孰果并非一目了然。资产价格是由自身的需求和供给两方面的多个因素决定的，货币供应只是因素之一，不一定起决定性作用。事实上，美国的M2/GDP从来不高，2006年次贷危机前的5年里（2001—2005年）也没有怎么上升，但仍然出现了严重的房地产泡沫，并最终酿成了2008年的全球金融危机。上文提到，阿根廷的M2/GDP也不高，2006—2016年也没有什么变化，但依然爆发了严重的金融与经济危机。

2016年，中国的M2/GDP达到高峰，并开始实行去杠杆政策。从表8-5最后一列可以看出，2006—2016年，中国内地的M2/GDP上升了0.51，年均变化率是2.8%。但是M2/GDP的上升并非中国所特有，而是一个全球现象。实际上，这一时期M2/GDP年均变化率的全球平均水平是2.7%，与中国几乎持平，而美国的变化率也在2%。因此，从全球来看，自2008年金融危机以来，货币供应增长速度都超过了名义GDP增长速度；但是，包括中国在内的主要经济体的通货膨胀率和利率水平依然很低。这是一个全新的经济现象，是经济学界需要研究的重要课题之一。①

在中国决策者和许多权威人士看来，中国最紧迫的一个问题就是企业

---

① 关于这个全新现象的专题报道参见 *The Economist* (2019年10月12—18日)，该杂志称之为"世界经济奇怪的新规则"。

的高负债率，因此需要采取降杠杆的政策。"杠杆"指的是负债，而降杠杆就是减少负债。这些本来是金融专业术语，现在却成了中文常用词。所谓的"宏观杠杆率"就是政府部门、家庭部门和非金融企业部门的全部负债与GDP的比率。根据国际清算银行（Bank for International Settlements，简称BIS）的数据，中国的宏观杠杆率在2018年是255%，与美国（250%）和所有发达国家的平均水平（265%）相似，但显著低于日本（375%）。[①]
经济学家和决策者主要担心的是中国非金融企业的宏观杠杆率过高，如表8-6所示，2016年第四季度中国内地的非金融企业部门杠杆率达到161%，远高于美国的72%、欧元区的平均水平108%，以及日本的99%。更让人担心的是，这个比率在2016年之前上升的速度很快，与2008年金融危机那一年的98%相比上升了63个百分点。相比之下，同一时期日本、美国、英国、德国等主要发达国家的企业杠杆率都没有上升。

表8-6 2008—2018年非金融企业部门杠杆率

（单位：%）

| 经济体 | 2008年第四季度 | 2010年第四季度 | 2012年第四季度 | 2014年第四季度 | 2016年第四季度 | 2017年第四季度 | 2018年第四季度 |
| --- | --- | --- | --- | --- | --- | --- | --- |
| 中国香港 | 130 | 155 | 166 | 206 | 212 | 232 | 219 |
| 荷兰 | 124 | 145 | 162 | 177 | 180 | 174 | 172 |
| 瑞典 | 150 | 146 | 149 | 152 | 146 | 150 | 156 |
| 中国内地 | 98 | 122 | 132 | 152 | 161 | 158 | 152 |
| 法国 | 116 | 119 | 128 | 131 | 139 | 141 | 141 |
| 瑞士 | 90 | 99 | 109 | 103 | 110 | 117 | 118 |
| 欧元区 | 96 | 101 | 105 | 105 | 108 | 106 | 105 |
| 日本 | 106 | 103 | 103 | 100 | 99 | 100 | 103 |
| 英国 | 102 | 95 | 93 | 81 | 83 | 85 | 84 |
| 美国 | 73 | 67 | 67 | 68 | 72 | 74 | 74 |

---

① 所有数据均来自国际清算银行，网址 https://stats.bis.org/statx/toc/CRE.html，访问日期：2020年12月1日。

# 第八章
## 中国经济增长为何放缓

（单位：%）（续表）

| 经济体 | 2008年第四季度 | 2010年第四季度 | 2012年第四季度 | 2014年第四季度 | 2016年第四季度 | 2017年第四季度 | 2018年第四季度 |
|---|---|---|---|---|---|---|---|
| 希腊 | 62 | 67 | 68 | 68 | 65 | 61 | 58 |
| 德国 | 58 | 56 | 54 | 53 | 54 | 56 | 57 |
| 阿根廷 | 15 | 14 | 13 | 11 | 12 | 14 | 16 |

注：所有数据均来自国际清算银行，网址https://stats.bis.org/statx/toc/CRE.html，访问日期：2020年12月1日。

但是，中国非金融企业部门的宏观杠杆率高其实并不奇怪，这只不过是中国的高储蓄率和银行主导型的金融体系的自然结果，其本身并不构成中国经济的金融风险。正如之前提到的，中国的储蓄率高意味着银行存款占国民收入的百分比更高，M2/GDP也就更高。银行存款多就意味着银行贷款也多，而银行贷款多就意味着企业的借款多，导致企业负债与GDP的比率更高。由此看来，至少在中国，M2/GDP高和企业杠杆率高是同一枚硬币的两面。

那么中国的非金融企业部门杠杆率为何上升得这么快呢？其实问题出在对非金融企业部门债务的定义上。根据中国社科院国家金融与发展实验室张晓晶及其合作者的研究，中国非金融企业部门的所有债务中，国有企业债务占比约为三分之二，其中又有一半左右实际上属于地方政府融资平台公司的债务，名义上是企业债务，实则不是。换句话说，中国名义上的企业债务，大约有三分之一本质上属于地方政府债务。[①]2008年之后中国非金融企业部门的杠杆率迅速上升大多是由这类债务增加引起的。若将这部分债务重新划分到政府债务里，则中国非金融企业部门的宏观杠杆率在2018年约为100%，而民营企业的宏观杠杆率大约只有50%，并不算高。

---

① 参见张晓晶官方网站（http://www.nifd.cn/Professor/Details/34）发布的中文报告，包括张晓晶（2019）及张晓晶、常欣、刘磊（2019a，2019b）。

所以，如果说中国需要降杠杆，那也应该是地方政府和国有企业（而不是民营企业）降杠杆。但在降杠杆政策的执行过程中，民营企业反而成了降杠杆的主要对象。根据张晓晶及其合作者的估算，国有企业债务在全部非金融企业债务中的占比由2017年的61.4%上升到2018年的66.9%，这说明民营企业被降杠杆的力度比国有企业要大得多。事实上，在去产能的政策中，首当其冲的也是民营企业，结果就给人造成一种"国进民退"的印象。但"国进民退"应该不是政策制定者的本意，而只是在国有企业仍然享有某些固有优势的经济体制下，运动式地执行去产能和降杠杆政策的自然结果。

债务与GDP之比并不是衡量企业负债水平最恰当的指标，债务与资产之比（即"微观杠杆率"）才是企业界衡量杠杆水平的通用指标。债务和资产是一枚硬币的两面。资产多、债务高是正常现象。中国民营工业企业的总体资产负债率自2004年以来实际上还有所降低，2016年下降到历史最低水平。相比之下，国有企业的总体资产负债率自2007年以后有所上升，全球金融危机爆发后，由于"4万亿元"刺激政策的很多资金都流向了国有企业，其资产负债率在2013年达到高峰。但是2013年之后，国有企业的资产负债率也开始下降。[①]换句话说，用更恰当的指标来衡量，中国的企业杠杆率早在2016年之前就已经在持续下降（尤其是民营企业），所以2016年本无须进一步降企业的杠杆。

在评估政府部门的负债水平时，用债务与GDP之比要合理一些，因为政府债务不一定用来投资，因此也就没有相对应的资产。但即使是政府负债，在做跨国比较时也不能只看债务与GDP的比率，还要看政府的收税能力以及能带来收益的国有资产的多少。即使将地方政府融资平台的债务算入政府债务，中国政府部门的杠杆率也只有90%左右，低于发达国家的平

---

① 本段所有数据都是根据《中国统计年鉴》（2019年及其他年份）的官方数据计算得出的。

均水平，还是处于可以承受的范围，因为中国各级政府还持有各种形式的资产。①

综上所述，中国经济增长的放缓既不能简单地归因于正常的经济周期，也不只是由外需减少或者某些内部结构性问题造成的，同时还是政策选择的结果。换句话说，中国经济是可以增长更快的。但是，中国经济究竟还能以多快的速度增长？我们将在下一章回答这个问题。

---

① 据一项权威研究（李扬、张晓晶、常欣，2018），2016 年中国政府持有的资产占全国净资产总值的比例是 27%，是当年 GDP 的 150% 以上。相比之下，美国和英国的政府净资产是负数。

# 第九章

# 在后疫情时代追赶美国

1997年，伟人邓小平逝世，享年93岁。同年11月12日，时任国家主席江泽民在中国共产党第十五次全国代表大会上宣布了中国的"两个一百年"奋斗目标。[①]中共十八大重申了这一奋斗目标。第一个百年奋斗目标是要实现邓小平多年前提出的构想，到建党一百年时全面建成小康社会；第二个百年奋斗目标是到中华人民共和国成立一百年时建成富强民主文明的社会主义现代化强国。

中国显然已经实现了第一个百年奋斗目标，2019年人均GDP突破1万美元大关，2020年基本消除了绝对贫困（尽管脱贫的收入标准还比较低）。就在中国即将庆祝实现第一个百年奋斗目标，并踏上第二个百年奋斗目标的征程之际，美国特朗普政府在2018年发动了对华贸易和科技战。2020年年初，新冠疫情爆发，并很快席卷全球，世界经济陷入"大萧条"以来最严重的衰退。

特朗普政府发起贸易和科技战清楚地表明，美国对待中国崛起的态度由容纳转向了对抗，中国的崛起看上去威胁到了美国维持了一百多年的世

---

① 江泽民(1997)。

界第一大经济体的地位。中美紧张关系的升级似乎应验了哈佛大学格雷厄姆·艾利森（Graham Allison）教授的预言：两个超级大国可能会陷入所谓的"修昔底德陷阱"，即新兴大国与老牌大国之间难以避免的冲突。①

中国会在后疫情时代实现第二个百年奋斗目标吗？中国会赶上美国吗？如果会，将在何时赶上？大国冲突会让中国经济增长脱轨，或者明显放缓吗？中国进一步的崛起对世界其他国家意味着什么？这些是我要在本书最后一章讨论的问题。首先，我将假设地缘政治，尤其是中美关系的挑战不会对中国的长期增长趋势产生重大影响，并在这个前提下评估中国未来三十年的潜在增长率。然后，我将讨论新冠疫情和地缘政治对中国经济增长前景可能的影响。

## 未来三十年②中国经济增长预测

经济学家做预测的准确性向来不高。毕竟没有几个经济学家曾经预见到，中国会是过去四十多年里增长最快的经济体。多数学术界经济学家都明白这个道理，所以通常不会轻易做预测。但如果必须做预测，那么预测长期（比如未来三十年）的增长率比预测短期（比如2024年和2025年）的增长率要容易。我可以大胆地预测未来三十年美国人均GDP年均增长率将在1.5%左右，却不大敢预言其2025年的增长率会在1.5%左右，主要是因为长期经济增长率非常稳定，而短期经济增长率波动频繁。例如，1890—1920年、1920—1950年、1950—1980年以及1980—2010年这四个三十年期间，美国人均GDP的年复合增长率分别为1.66%、1.97%、2.24%和1.71%。③以上每个时期都发生过很多大事，但美国作为一个技术领先的

---

① 参见 Allison (2017)。
② 因本书英文版成稿时间为2020年，以下分析中提到的"未来三十年"均指的是2021—2050年。——译者注
③ 这些数字依据的是2018年版麦迪森项目数据库。

主要经济体,其长期增长率却没有多大的变化,真是令人惊叹。

如图9-1所示,从全球来看,1979—2019年,美国、日本和欧盟等发达经济体的人均GDP增长速度基本相同,年复合增长率略高于1.6%。① 相比之下,发展中经济体(按1979年的收入水平界定)之间的增长率差异则十分显著,韩国、中国和印度过去几十年都在快速追赶发达经济体,而撒哈拉以南非洲、拉美以及中东等发展中地区的经济则停滞不前,年增长率还不到1%。可以将列夫·托尔斯泰的一句名言改动一下描述这种情况:发达国家都是一样发达,而不发达国家则各有各的不发达。②

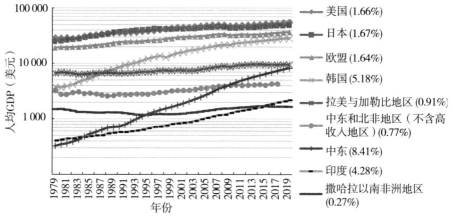

图9-1 1979—2019年人均GDP增长情况

注:国家或地区(大洲)名称后面括号里的数据是1979—2019年人均GDP的年复合增长率。数据均来自"世界发展指标"数据库。

虽然技术领先的发达经济体的长期增长率变化不会太大,但发展中经济体的情况却并非如此。当一个高速增长的发展中经济体接近高收入水平

---

① 根据"世界发展指标",1979—2019 年,加拿大、法国、德国和英国人均GDP 年复合增长率分别为 1.44%、1.29%、1.54% 和 1.69%。

② 图 9-1 还证实了我之前的观点,即中等收入陷阱实际上并不存在:大多数发展中经济体,无论是低收入经济体(例如大多数撒哈拉以南非洲国家)、中下等收入经济体(例如许多中东和北非国家)还是中上等收入经济体(例如大多数拉美国家),长期增长率都很低,只有少数经济体增长迅速,而且大多位于亚洲。

时，其后发优势就开始减少，从而导致增长放缓。这种现象称为"增长趋同效应"：控制了某些条件后，一个国家的经济增长与收入水平呈负相关关系。根据世界银行的标准，中国已经成为较高水平的中上等收入国家，从发达国家简单复制现有技术和产品的空间越来越小，因此两位数增长的时代已经结束。一些经济学家认为，中国近期经济的下行折射出其潜在GDP增长率在下降。[1]

日本以及韩国、新加坡、中国香港、中国台湾四个东亚奇迹经济体都经历了增长放缓的阶段。问题是收入达到什么水平，这种放缓才变得足够明显？从图9-2中我们或许可以找到答案。在这个散点图中，我将"世界发展指标"数据库涵盖的55年（1961—2015年）的数据分成11个五年期（即1961—1965年，1966—1970年，……，2011—2015年），并计算出日本以及韩国、新加坡和中国香港三个"亚洲四小龙"经济体每个五年期人均GDP的平均增长率。[2]同时，我还以美国作为技术领先的标杆经济体，计算出各东亚经济体每个五年期初期的相对收入水平，即当时的人均GDP占美国水平的百分比。[3]由此得到图9-2中的44个数据点，每一个点代表一个东亚奇迹经济体五年期人均GDP的平均增长率（用纵轴表示）以及相应五年期第一年的相对收入水平（用横轴表示）。

从图9-2中可以清楚地看出，在30%的相对收入水平之前，四个东亚奇迹经济体的增长率大多位于7%以上，在30%～40%的相对收入水平之间，其增长率大多位于6%以上，但是，在40%的相对收入水平之后，其平

---

[1] 参见 Bai and Zhang (2017)。潜在GDP增长率指的是充分就业条件下的增长率，这里的充分就业并非零失业，而是失业率处于所谓的"自然"水平。

[2] 世界银行数据库不包括中国台湾地区的数据。

[3] 这里，我用世界银行以现价美元计的人均GDP数据计算得出相对收入水平。除此之外，也可以改用世界银行或宾大世界表数据库中经购买力平价调整后的人均GDP数据，结果大同小异。如果用经购买力平价调整后的GDP总量衡量，中国已经是世界第一大经济体。不过，购买力平价调整并不那么科学，容易受测量误差的影响。参见 Feenstra et al. (2013)。

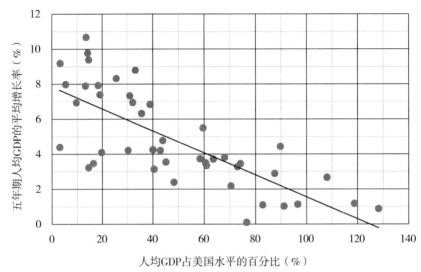

**图9-2　增长放缓与相对收入水平：四个东亚经济体的情况**

注：四个东亚经济体分别是日本、韩国、新加坡和中国香港。数据均来自"世界发展指标"数据库。

均增长率大幅下滑到4%左右，甚至更低。换句话说，在达到美国水平的30%这个高收入门槛之前，东亚经济体的平均增长率大多保持在7%以上，说明在"中等收入"阶段，经济增长并没有明显放缓。

如果儒家文化是东亚经济奇迹背后关键的差异化因素，那我们就可以参考其他东亚经济体的增长表现来预测中国（指中国内地，下同）的增长前景。2020年中国的人均GDP只是美国水平的16%，如果一切顺利，中国未来十年[1]的潜在增长率可以达到年均7%。因为未来十年中国人口的年增长率预计会低于0.2%，所以GDP增长率只会略高于人均GDP的增长率。[2] 这个预测与林毅夫预测的2028年以前8%的GDP增长率比较一致。[3]

---

[1]　指2021—2030年，下同。——译者注

[2]　中国人口增长率的预测源自世界银行"人口估计与预测"数据库（https://databank.worldbank.org/source/population-estimates-and-projections），访问日期：2020年12月1日。

[3]　参见Lin (2019)。

# 第九章
## 在后疫情时代追赶美国

不过，GDP年增长率超过7%当然无法保证。中国劳动年龄人口预计在未来十年会出现每年0.3%左右的负增长，再加上每年0.2%的人口增长率，合在一起会对人均GDP的年增长率造成0.5个百分点的负面影响（即直接人口红利呈负值）。相比之下，四个东亚经济体在收入水平达到美国16%之后的十年里，其直接人口红利都是正值，范围在0.5个百分点左右到1.5个百分点以上。① 因此，中国内地的人均GDP增长率可能会比四个东亚奇迹经济体在类似的经济发展阶段平均低1.5个百分点。② 换句话说，未来十年中国的人均GDP年增长率可能会达到或略高于5.5%。

此外，未来十年美国人口的年增长率预计会在0.5%左右，如果美国人均GDP的年增长率继续保持在1.5%，即之前三十年（1989—2019年）的平均增长率，那么其GDP年增长率将是2%。只要中国的GDP年增长率达到6%（或者人均GDP年增长率达到5.8%）——这是一个有可能实现的目标，那么到2030年中国的GDP总量将赶上美国，成为世界第一大经济体。但届时中国的人均GDP仍然只是美国水平的四分之一。

也有对中国未来增长的悲观预测，哈佛大学的两位经济学家兰特·普里切特和劳伦斯·萨默斯（Lawrence Summers）在2014年的一篇文章中表示，用简单的外推法预测中国或任何国家的增长都是不正确的，回归到平均值（reversion to the mean）才是经济增长的规律，也就是说，中国在"异常"高速增长过后可能会出现更加"正常"速度的增长，或者断崖式的下跌。他们预测中国经济的年增长率2013—2023年会下降至5%，2023—2033年会下降至3.3%。③ 他们之所以得出这个结论，是因为他们认为中国与所有其他发展中国家一样遵循相同的经济增长规律，这与本书的基调——中

---

① 这些数字是作者根据"世界发展指标"的数据计算得出的。直接人口红利的定义参见第二章。

② 假定中国的直接人口红利呈负值不会进一步导致负的间接人口红利，因为中国的储蓄率比国内投资率高，所以由老龄化造成的储蓄率降低不会成为经济增长的瓶颈。

③ 参见 Pritchett and Summers (2014)。

国并非一个普通的发展中国家——截然不同。

假设中国的GDP总量可以在2030年赶上美国，那么在这之后，中国的经济增长速度会多快呢？到2050年，中国经济相对于美国经济又会怎样呢？中国的人均GDP会赶上美国吗？有研究者尝试预测中国在2050年前的经济增长速度。预测长期经济增长率通常有三种方法：（1）基于增长趋同效应的简单类推法，我在前面预测未来十年中国经济增长率时用的就是这种方法；（2）基于增长核算法的预测，主要做法是，先分别估算物质资本、劳动力和人力资本以及生产率（或更准确地说，是全要素生产率）的增长率，然后计算这些估值的加权平均值；（3）上述两种方法相结合。① 两位谨慎的经济学家——中国社科院的蔡昉和清华大学的白重恩及其合作者分别用第二种和第三种方法预测中国未来GDP的潜在增长率，得出了相似的结果：从2019年的6%下降到2050年的2%~3%，2020—2050年的平均年增长率在4%左右。② 北京大学的王勋用类似的方法做出了稍微乐观一些的预测，即未来三十年中国GDP的年增长率会略高于5%。③ 这三项研究都考虑了中国的人口因素。在国外，经合组织的一份报告预测，2011—2030年中国人均GDP的年均增长率将在6.4%，但2030—2060年只有2.8%。平均下来，该报告预测，2011—2060年中国人均GDP的年均增长率为4.2%，而美国则为1.5%。④

如果未来三十年中国和美国的GDP年均增长率分别是4%和2%，到2050年，中国的GDP总量将超过美国22%，而人均GDP只有美国水平的34%

---

① 参见 Wang (2020)。将 GDP 分解成四类收入（劳动报酬、折旧、生产税净额以及营业盈余）的增长核算法参见 Holz (2008)。

② 白重恩、张琼（2017）；陆旸、蔡昉（2016）。

③ 参见 Wang (2020)。针对2021—2030年的中国GDP增长率，王勋的预测是6.6%，白重恩和张琼的预测是5.2%，陆旸和蔡昉的预测是5.3%。针对2031—2050年的中国GDP增长率，他们的预测分别是4.3%、3.4%和3.5%。

④ 参见 Johansson et al. (2012)。

左右（以当前美元计，中国为35 600美元，美国为105 000美元）。但是，如果中国的增长率是5%，到2050年，GDP总量将超过美国64%，而人均GDP将是美国水平的46%左右（以当前美元计，中国为48 000美元，美国为105 000美元）。无论哪一种情况，按照通常的标准，中国在2050年都将成为一个高收入的发达经济体。作为对照，2019年人均GDP达到美国水平34%左右的经济体有爱沙尼亚、葡萄牙、沙特阿拉伯以及捷克共和国，达到美国水平45%左右的经济体有韩国和西班牙。

上述预测中我的隐含假设是，未来三十年人民币对美元的实际汇率维持不变。[1]这是一个非常保守的假设，因为如果一个发展中国家的经济增长速度快过发达国家，其实际汇率通常会上升，[2]这种现象称为"巴拉萨-萨缪尔森效应"（Balassa-Samuelson effect）。以中国为例，当中国追赶美国时，其总体物价水平也会向美国趋同，如此一来，要么人民币的名义汇率会上升，要么中国的通货膨胀率会超过美国，或者两种情况都会发生。结果，以美元计的中国GDP增长速度将会快过以人民币计的增长速度。图9-2中的四个东亚经济体1961—1990年本币对美元的实际汇率都有所上升，平均年升值率从新加坡的0.7%、中国香港的2%到韩国的2.9%、日本的4.4%不等。[3]

我们做一个相对保守的假设：未来三十年中国的实际汇率每年上升1%。如果中国的GDP按白重恩、蔡昉及其合作者预测的那样每年增长4%，那么以不变价美元计，年增长率将是5%。也就是说，假设美国GDP的增长率保持在2%，到2050年，中国的GDP总量将超过美国64%，人均GDP将达

---

[1] 人民币对美元的实际汇率指的是名义汇率乘以中国物价水平与美国物价水平的比率得出的结果。如果名义汇率不变，两国的通胀率不变，实际汇率就会保持不变。

[2] 参见 Ito, Isard, and Symansky (1999) 以及 Choudhri and Khan (2005) 等。

[3] 这些数字是我根据"世界发展指标"的数据计算得出的。一个国家或地区一年实际汇率的升值率是根据名义汇率的升值率加上该国或地区通胀率（以GDP平减指数计）减去美国通胀率计算得出的结果。

到美国水平的46%左右。但是，如果中国的GDP按王勋预测的那样每年增长5%，以不变价美元计，年增长率将是6%，这样一来，到2050年，中国的GDP总量将超过美国120%，人均GDP将达到美国水平的60%左右。作为对照，2019年欧元区成员国人均GDP的平均水平大约是美国的60%。

综上所述，到21世纪中叶，中国（指中国内地）的人均GDP很可能将达到美国水平的50%左右，GDP总量超过美国三分之二甚至一倍。其他四个东亚经济体的增长情况也会给我们一些启示：人均GDP从美国水平的16%增长到50%（以现价美元计），日本用了13年（1960—1973年），中国香港用了24年（1963—1987年），新加坡用了20年（1969—1989年），韩国用了20年（1987—2007年）。如果东亚增长奇迹的文化解释是正确的，那么中国很可能会在未来三十年实现相同的成就，达成第二个百年奋斗目标。

至于中国的人均GDP是否或者何时能赶上美国，我还未见到任何相关预测。即使中国成功实现了这个壮举，那也是在相当遥远的将来，眼下我们无须多虑。

## 走向全面发达之路上的"减速带"

我在做出上述预测时，并没有明确考虑新冠疫情以及中美关系不断紧张造成的影响。疫情对需求和供给都会造成冲击，短期经济增长率已经遭受了重创，尽管一些权威人士认为疫情会对地缘政治造成长期影响，但是疫情对长期经济增长率的影响似乎还是有限的。[1]根据世界银行的数据，2020年世界GDP增长率因疫情下降了5.7%，从2019年的2.6%降至2020年的-3.1%。[2]相比之下，由于中国采取了更有效的疫情防控措施，其GDP增长率的下降幅度在4.2%的较低水平，并是2020年唯一一个实现正增长

---

[1] 关于新冠疫情可能会对地缘政治造成的影响的相关讨论，参见 Cimmino, Kroenig, and Pavel (2020) 以及 Nye (2020) 等。

[2] 世界银行数据库，https://data.worldbank.org/indicator/NY.GDP.MKTP.KD.ZG，访问日期：2022年3月31日。

（1.9%）的主要经济体。2020年中国的出口相较于2019年有正增长，而国际商品贸易额的下降幅度可能超过9%，中国在全世界的出口占比也相应增加。[①]根据世界银行的数据，2021年世界GDP增长率为5.9%，而中国的GDP增长率则为8.1%。

总体说来，如表9-1所示，国际货币基金组织（IMF）并没有预计后疫情时代GDP增长率会出现恶化。根据IMF的预测，后疫情时代四年间（2022—2025年），世界经济的平均增长率将在3.8%，高于疫情前四年间（2016—2019年）3.4%的平均增长率。但是，中国经济的增长率预计会从疫情前四年间6.6%的平均值下降到后疫情时代四年间5.7%的平均值。尽管如此，这个预测可能与新冠疫情无关，而与普遍认为的中国未来经济增长的下行趋势有关。

表9-1 新冠疫情对GDP增长率的影响及2025年前增长预测

（单位：%）

| 经济体 | 2016—2019年增长率（四年间的平均值） | 2019年增长率 | 2020年增长率 | 2021年增长率 | 2022—2025年增长率（四年间的平均值） |
|---|---|---|---|---|---|
| 中国 | 6.6 | 6.1 | 1.9 | 8.2 | 5.7 |
| 美国 | 2.3 | 2.2 | −4.3 | 3.1 | 2.2 |
| 欧盟 | 2.3 | 1.7 | −7.6 | 5.0 | 2.4 |
| 发达经济体 | 2.1 | 1.7 | −5.8 | 3.9 | 2.2 |
| 印度 | 6.4 | 4.2 | −10.3 | 8.8 | 7.6 |
| 拉美和加勒比地区 | 0.5 | 0 | −8.1 | 3.6 | 2.6 |
| 撒哈拉以南非洲地区 | 2.8 | 3.2 | −3.0 | 3.1 | 4.3 |
| 发展中经济体 | 4.4 | 3.7 | −3.3 | 6.0 | 4.9 |
| 全世界 | 3.4 | 2.8 | −4.4 | 5.2 | 3.8 |

数据来源：IMF，"世界经济展望"（2020年10月），https://www.imf.org/external/datamapper/NGDP_RPCH@WEO/OEMDC/ADVEC/WEOWORLD，访问日期：2020年12月1日。

注：IMF分别用"先进经济体"和"新兴市场与发展中经济体"指代发达经济体和发展中经济体。

---

① 参见 Huang and Lardy (2020)。

新冠疫情可能让许多国家和跨国公司重新评估依赖当前全球供给链的利益与风险。不过目前的焦点主要还是放在医疗用品以及其他必需品上，其总价值占GDP的比例可以忽略不计。新冠疫情对经济造成的破坏可能会助长"去全球化"的声音，全球化发生部分逆转似乎是不可避免的。但是在2020年11月15日，15个亚太国家（东盟的10个成员国以及中国、日本、韩国、澳大利亚和新西兰）共同签署了《区域全面经济伙伴关系协定》（RCEP），该协定覆盖全球约30%的GDP和人口，是迄今最大的自由贸易协定。这显然说明全球化趋势并未逆转。[1]

新冠疫情期间，适逢2020年美国总统竞选造势之际，中美冲突显得愈演愈烈。在抗衡中国的问题上，美国两大党似乎达成了共识，中美两国"脱钩"的言论也甚嚣尘上。[2]但是，中美两国真会"脱钩"吗？或者说会"脱钩"到什么程度？截至目前，"脱钩"似乎还只是停留在言语上。[3]即使在特朗普任内，"贸易战"也仅限于对中国出口商品加征额外关税，其目的并不是要终止中美贸易，而是向中国施压，迫使中国在知识产权保护、市场开放以及政府补贴和产业政策等问题上做出让步。"科技战"则主要是以国家安全的名义制裁华为等少数中国科技企业，以阻止中国主导敏感的5G通信技术。2020年2月特朗普政府的高级官员提议阻止通用电气向中国销售飞机发动机时，特朗普本人就表示反对，认为国家安全不应该作为阻止美国企业出口产品的借口。该提议如果实施，将会严重影响中国国产大型商用飞机项目。[4]

特朗普政府发起的"贸易战"表面上大张旗鼓，但对中国（以及美国）经济增长的总体影响并不大，与新冠疫情的影响不在一个数量级上。

---

[1] 参见 Petri and Plummer (2020)。
[2] 参见 Johnson and Gramer (2020) 以及 Mahbubani (2020) 等。
[3] 参见 Lardy and Huang (2020)。
[4] 参见 Donnan (2020)。

# 第九章
## 在后疫情时代追赶美国

近些年中国经济增长下行并不是"贸易战"的结果,而是先于此。在中美贸易摩擦发生之前,中国对美国的出口占中国GDP的比例不到4%,即使美国对全部中国出口商品加征25%的关税,总额也就是中国GDP的1%,影响有限,况且关税中的相当一部分要由美国进口商和消费者承担。如果美国继续保留加征的关税,可能会导致中国贸易结构发生一些变化,全球供应链也会略有调整,一些中低端制造厂商将从中国转移到印度、越南等其他国家。但是,只要中美贸易继续往来,关税本身对中国长期经济增长的影响会很小。

那么"科技战"的影响又如何呢?"科技战"的影响取决于其是只局限于少数技术(就像目前的情况一样),还是全面的技术脱钩。美国通过技术制裁可以有效削弱华为等中国技术领军企业的核心业务,这本身就表明美国对中国有着明显的技术优势。如果美国的最终目标是要完全切断中美两国的技术联系,那么毫无疑问,这至少会严重损害中国的中短期利益。然而,美国先进技术的销售禁令是一把双刃剑:它既伤害了买家,也伤害了卖家。[①] 先进技术产品在研发阶段的前期固定成本投入很高,在生产阶段的边际成本(即多生产一件产品的额外成本)通常很低,如软件生产的边际成本几乎为零。换句话说,这些高科技产品的销售收入很大一部分是利润,如果"科技战"使销售额减少20%,美国企业的利润可能就会减少50%。这就是为什么对华为实施制裁的消息会让美国芯片制造商的股价大幅下跌,也是美国许多高科技企业并不赞成与中国打"科技战"的原因。

当今全球经济已经高度一体化,从现实的角度看,中美两大经济体全面脱钩是不可能的,即使可能,其代价也是难以承受的。[②] 整个世界早已"被绑在全球化的链条上"[③]。如果全面脱钩不可能,那么选择性的技

---

[①] 参见 Bown (2020)。

[②] 参见 Lardy (2020)。

[③] 参见 Farrell and Newman (2020)。

术脱钩会对中国经济增长产生重大影响吗？大概不会。有限的"科技战"短期来看会损害一些中国企业的生产经营业务，长期来看只会对中国的技术进步产生非常有限的影响。相反，它可能成为中国自身技术创新的催化剂。正如我在第六章所指出的，中国的创新能力及其在经济增长中的作用通常被低估了。中国企业已经在努力向价值链上游进发，美国的技术制裁将激励一些中国企业自行开发替代技术。因此，从长远看，有限的"科技战"可能会让美国得不偿失。

随着有效的新冠疫苗全面推广，拜登当选美国总统（《纽约客》称他为"毫无歉意的全球主义者"），许多人都期待中美关系会更加稳定、明朗。[①]拜登在对华政策上可能不会软弱，但他相信与中国打"关税战"并不是解决中美贸易关系的正确途径，他认为最有效的方法是建立与传统盟友的统一战线，通过影响从环境到劳工、贸易、技术和透明度等各方面的"游戏规则"，来应对"中国的挑战"。拜登希望加大研发投入，以保持美国在创新和竞争力方面的领先地位，而不是阻止中国的技术进步。他还将会在气候变化、阻止核扩散和全球健康保障等问题上寻求与中国合作。[②]简而言之，拜登政府的对华政策不会是要与中国脱钩，而是试图改变中国在贸易和竞争中的行为。在拜登执政期间，中美之间可能会在"人权"、台海问题和南中国海领土争端等政治问题上出现更多冲突和争执。但这些政治矛盾不太可能对中美贸易关系或者中国的长期经济增长造成严重的影响。

许多西方领导人及经济学家似乎也认同拜登的立场。北约秘书长、挪威前首相詹斯·斯托尔滕贝格（Jens Stoltenberg）认为，中国将很快成为世界上最大的经济体，中国的崛起也为西方的经济和贸易提供了机遇，当务之急是与中国继续接触，而不是将其视为北约的对手。他呼吁北约成员

---

① 参见 Wright (2020) 及 Hansen (2020)。

② 参见 Biden (2020)。

# 第九章
## 在后疫情时代追赶美国

国结成强有力的联盟,捍卫西方价值观,但不要试图阻止中国的崛起。①美国前总统布什的经济顾问委员会主席、哥伦比亚大学的格伦·哈伯德（Glenn Hubbard）教授指出,美国政府不应纠缠于对华双边贸易的逆差问题,"贸易战"无助于解决美国的总体贸易逆差。增加国内储蓄、减少财政赤字才是解决之道。哈伯德教授认为,美国最好是把精力放在国内问题上,比如增加研究和教育支出,以保护美国的技术领先地位,而不是一味地抗议中国的产业政策或在美国恢复传统制造业。②

中国与美国及其西方盟友的关系并非中国经济唯一的重大挑战。唱衰者还以中国自身内部的问题为依据对中国的经济增长做出悲观甚至危言耸听的预测。我在前面已经评论过常常被提及的几个中国经济的所谓"痼疾",如人口老龄化、过度依赖投资和出口、企业债务高企等,这里不再赘述。有位评论者反复预言中国经济即将崩溃,因为他认定中国集权的、国家主导型的发展模式效率必然低下；他的预测当然无一言中。③。有些评论者则更为谨慎,譬如畅销书《国家为什么会失败》（*Why Nations Fail*）的两位作者德隆·阿西莫格鲁和詹姆斯·罗宾逊,他们在该书中预测,中国在达到中等收入水平后,经济增长在现有体制下将无法持续,因为不可能再靠进口外国技术和出口低端制造业产品来实现追赶式的增长了。他们的理论依据是：在"攫取式"（即非"民主"的）政治体制下,很难产生"创造性的破坏"（也即创新）,而创新是中等收入国家继续增

---

① 参见 Stoltenberg (2020)。
② 参见 Hubbard (2018)。类似的观点还可以参见 Ratner, Rosenberg, and Scharre (2019)。
③ 2001 年,华裔美国专栏作家章家敦（Gordon G. Chang）出版了《中国即将崩溃》（*The Coming Collapse of China*）一书,书中预言中国经济（以及中国政府）将会在 2011 年之前崩溃,因为中国的国有企业和银行效率太低。虽然他的预言如此不靠谱,但是美国《外交政策》（*Foreign Policy*）杂志竟然在 2011 年还发表了作者以同一标题命名的文章《中国即将崩溃：2012 年版》（"The Coming Collapse of China: 2012 Edition"）,预测中国经济将在 2012 年崩溃！

长的前提。①但是，中国早就已经超出了这两位作者在写书时所设想的中等收入阶段（即进口外国技术和出口低端制造业产品的阶段）。本书第六章表明，中国已经是一个创新大国；第八章还表明，按照世界银行的标准，中国有多个人口过千万的省份已经达到高收入经济体的水平。此外，广东、江苏、浙江等沿海省份共有几十个百万以上人口城市的人均GDP已经接近作为发达经济体的台湾地区的水平，深圳、苏州、无锡等城市的人均GDP甚至超过了台湾地区。这些高收入的省市与中国其他地方有着相同的政治体制，有什么理由认为同样的体制下，其他省市就不会成为高收入经济体呢？

我在本书第三章中指出，许多制度派学者——无论是左翼还是右翼——都夸大了特定形式的政治体制在经济增长和发展中的作用。相比之下，经济体制和政策的作用要大得多。②比较市场化改革前后的中国，我们可以清楚地看到，在同样的政治体制下，更加市场化的经济体制使得中国在改革开放后四十年的经济增长远远快过改革开放前的三十年。只要市场化改革不发生逆转，再过十年左右，中国完全可能进一步发展成为全球最大的经济体；跨过这一里程碑之后，中国仍有潜力在之后二十年比美国和其他发达国家增长得更快。

## 多极的世界

中国的进一步崛起当然不是必然的，但是最好不要押注中国的崛起会突然"失速"。事实上，中国经济的韧性常常被人低估。那么，中国的进一步崛起对世界其他国家意味着什么呢？美国、欧洲以及全世界应当如何

---

① Acemoglu and Robinson (2012)。在他们看来，"中国的经验就是在攫取式政治体制下实现增长的例子。虽然中国最近强调创新和技术，但中国经济增长依靠的还是现有技术和快速投资，而不是创造性破坏"(p.439)。

② 参见 Lin (2001) 及 Glaeser et al. (2004)。

# 第九章
## 在后疫情时代追赶美国

对待中国的崛起呢?

对于德国前外交部长、副总理约施卡·菲舍尔（Joschka Fischer）来说，中国的崛起意味着西方霸权的终结，这就是为什么中西方之间的对抗直到现在才开始升级，而不是二十年前。但他怀疑，西方是否真能遏制一个拥有14亿人口且极具竞争力的经济体。在一篇评论文章中，菲舍尔冷静地指出，现在要阻止或延缓中国的崛起已经太晚了，即使成功做到了，其他国家也要付出沉重的代价。他认为，西方必须找到一种方式与中国和平相处，既不能不顾原则地迁就中国，也不能劝诱中国成为西方式民主国家。[1] 瑞典前首相卡尔·比尔特（Carl Bildt）也赞同这一观点。[2] 他们都认为，西方应该在贸易以及气候变化等问题上与中国接触，同时也要保护西方的价值观和利益。

中国的崛起给西方价值观和利益带来的风险可能被过分夸大了。[3] 如果世界上两类不同制度的国家集团之间展开竞争，无论从经济上还是人口规模来看，中国都并无优势。从表9-2中可以看出，就当前的经济实力而言，即使以更宽松的经购买力平价调整后的GDP衡量，2019年中国占全球GDP的比例是17%，不比美国（15%）和欧盟（16%）高多少。经合组织是一个由36个成员国组成的经济联盟，其中大部分都是西方"自由民主制"国家，2019年所有成员国GDP之和占全球GDP的比例是47%。即使存在一个以中国为首的联盟，其经济实力也无法与以美国为首的包括欧盟、日本和印度在内的联盟相抗衡。即使有一天中国的人均GDP赶上了美国和欧盟（这需要几十年甚至更长的时间才能实现），其经济实力将与人口规模成正比，但由于未来几十年中国人口的增长速度不会超过经合组织国家的平

---

[1] 参见 Fischer (2020)。

[2] 参见 Bildt (2020)。

[3] 为什么中国的威胁被夸大，以及为什么与中国接触而不是脱钩才是美国的正确战略选择，参见 Zakaria (2020)。

均水平,到那时其经济实力最多也就相当于经合组织国家的总和。但到那时印度作为人口最多的西式民主制国家,也将成为一个经济大国,一个平衡中国的力量。

表9-2 中国相对于其他国家的经济实力

| 国家 | 2019年GDP(以购买力平价美元计)占世界总量的百分比 | 2019年人口占世界总人口的百分比 |
| --- | --- | --- |
| 经合组织成员国 | 47% | 18% |
| 中国 | 17% | 18% |
| 欧盟 | 16% | 6% |
| 美国 | 15% | 4% |
| 印度 | 7% | 18% |
| 日本 | 4% | 2% |
| 俄罗斯 | 3% | 2% |

数据来源:"世界发展指标"数据库。

再者,两个国家之间政治体制的差异并不一定意味着两国人民在基本价值观上的差异。中国并不是冷战时期的苏联,而且中国在意识形态上有很多中国特色的成分,包括浓厚的儒家思想。[1]在经济发展与民主化的关系问题上,现代化理论家可能过于乐观了,但是现在就否定他们的理论还为时尚早。经济发展和全球化很可能影响新一代人的价值观,而这些价值观又将会影响未来的政治经济制度。[2]

我们正在进入一个真正的多极世界的时代,再也没有哪个国家可以完全主导全球事务。大国之间的和平共处也许已经不是一种选择,而是一种必然。[3]世界其他国家应当考虑如何适应中国的崛起并从中受益,而不是如何阻止中国的崛起。中国方面则应当努力使自己在经济上的崛起能让世

---

[1] 参见 Jacques (2009),Page (2015),Bell (2016),以及 Mahbubani (2020) 等。
[2] 参见 Inglehart and Welzel (2005) 等。
[3] 参见 Rodrik (2019)。

## 第九章
### 在后疫情时代追赶美国

界其他国家受益而不是受损。

中国在经济上的崛起看上去已经让一些发展中国家获益,因为中国的经济增长推动了许多自然资源价格的上涨,使得这类资源非常丰富的国家获得了资源红利。人们当然可以说,发展中国家过度依赖资源也会产生负面的经济效应,譬如资源价格变化造成的经济波动以及对其他行业投资的挤出效应。但是,对于一些发展中国家来说,资源价格上涨的总体效应仍然是利大于弊。[①]另外,中国的国内储蓄盈余可以为其他发展中国家的投资项目提供资金。当然,人们也可能质疑一些发展中国家过度借债的做法是否明智。

更重要的是,中国的崛起将为世界科技进步做出重大贡献。中国的研发投入占GDP的比重已经超过欧盟,发明专利申请量占世界总量的40%以上,而且两者仍在快速增长。中国的技术创新当然会让本国受益最多,但其他国家也能享受到显著的溢出效应。此外,中国科学与工程论文的发表数量占全球的比例接近20%,从本质上讲,这些论文都属于公共品,原则上可以造福所有国家。在过去的两百年里,几乎所有现代技术都是由西方国家以及日本等少数其他发达国家发明的。然而在未来几十年里,中国将在推动技术前沿的进步方面发挥越来越重要的作用,其贡献的创新数量有可能达到全球创新总量的一半。全球技术进步将有望因此而加速,最终助力全球经济增长。

当然,中国未来的技术进步也可能被视为对美国和西方技术霸权的重大挑战。中国以及中国企业的进一步崛起将不可避免地给许多美国企业和其他西方企业带来巨大的竞争压力。因此,对双方而言,这既不是一个纯粹双赢的局面,也不是纯粹的零和博弈,而是两者兼而有之。不过,任何市场竞争都是如此,当印度崛起成为另一个经济大国时,情况也不会

---

① 参见 Brunnschweiler and Bulte (2008)。

例外。

以美国为首的联盟不应试图与中国脱钩或遏制中国,而应寻求一种中间道路的策略,即帮助中国推进更加市场化的政策和体制改革,更有效地保护知识产权,这些策略既能解决一些西方关心的问题,也符合中国的长期利益。这应该是一个更合理,也更可能实现的目标,也是许多中国经济学家和改革者所希望的。[①]面对美国和西方对中国经济体制的挑战,中国政府当加倍努力,推动经济体制向更加市场化、法治化的方向发展,以更加开放的心态应对外国竞争。若如此,中国与美国等世界其他国家的矛盾就会减少。

中美两个大国之间的经济和政治摩擦可能会成为未来几十年的常态,这种摩擦就像前进道路上的减速带,也许会减缓中国崛起的速度,但不会使其逆转方向。最终,由儒家文化和体制改革驱动的投资、教育和技术创新等内在的增长引擎,将决定中国进一步崛起的速度。

---

① 参见 Wei (2018) 和吴敬琏 (2018)。

# 附录一

# 被低估的中国消费[1]

中国是全世界消费率最低的国家之一（因此也是全世界储蓄率最高的国家之一），但是其真实的消费率并没有低到只有GDP的50%甚至以下，因为官方统计数据严重低估了居民消费。首先，由公司账户付费的私人消费在中国非常普遍，但无法计入官方统计数据，此项支出一般计入企业的经营成本，如果是汽车一类的耐用品，则可能算作资本支出。[2]当然，这样的消费由于其公司付费的属性难以被估算。其次，由于国家统计局使用的统计方法问题，住房消费被低估了。最后，居民消费统计的主要依据是住户调查，但调查样本中高收入人群的代表性严重不足。我和张军曾尝试估算最后两部分数据被低估的程度，发现消费率比官方公布的数据大约高出10个百分点。

住房消费由租金、房屋维修保养以及水电煤气等支出构成，其中租金又包括租客支付的实际租金以及房产所有者自住的"虚拟租金"。理论上，自有住房的虚拟租金应该等于住在自有房屋中的居民要在租赁市场上

---

[1] 本附录内容基于 Zhang and Zhu (2015)。

[2] 参见 Cai, Fang, and Xu (2001)。

租住类似的房子需要支付的租金。而实践中,计算虚拟租金并非易事。国家统计局使用建造成本乘以一个固定的折旧率(城镇住房是2%,农村住房是3%)作为估算值。这种方法虽然很容易计算,但是大大低估了实际的住房消费。一方面,建造成本在中国城镇房屋的实际市场价值中只占很小的比例;另一方面,2%的折旧率也很可能低估了实际的租金回报率。以2009年为例,使用这种方法计算得出的中国住房消费占GDP的比重仅为6%左右。然而,如表A1-1所示,在同一年,经合组织中主要发达经济体(美国、日本、英国、德国、法国、加拿大)的住房消费占GDP的比重都在14%左右。即使墨西哥和土耳其这样的发展中国家,住房消费占GDP的比重也分别达到了11.1%和16.5%,印度的住房消费达到GDP的8.6%。基于一个保守的租售比,我和张军用市场租金法估算了中国城镇自住房屋的虚拟租金,发现2004—2011年中国的住房消费占GDP的比重至少被低估了2.8~4.7个百分点。

表A1-1 2009年全球住房消费比较

| 国家 | 住房消费占GDP的比重 | 租金(实际加虚拟)占GDP的比重 |
| --- | --- | --- |
| 澳大利亚 | 11.7% | 10.0% |
| 加拿大 | 13.6% | 11.4% |
| 法国 | 14.2% | 10.4% |
| 德国 | 13.7% | 9.4% |
| 日本 | 14.7% | N/A |
| 韩国 | 8.7% | 6.2% |
| 墨西哥 | 11.1% | 8.2% |
| 土耳其 | 16.5% | N/A |
| 英国 | 14.0% | 10.0% |
| 美国 | 13.6% | 11.4% |
| 印度 | 8.6% | 6.1% |
| 中国 | 6.2% | N/A |

注:表中的比率是作者根据经合组织统计网站(https://stats.oecd.org/)以及《中国统计年鉴2012》公布的数据计算得出的。

# 附录一
## 被低估的中国消费

GDP中的居民消费支出是根据住户调查得出的资料估算出来的,其中高收入人群的代表性严重不足,这是中国居民消费被低估的最重要原因。住户调查需要被抽样住户每月记录收入和支出情况,这些参与调查的住户只得到很少的象征性报酬。居民消费支出总额则是用人口总数乘以住户调查得出的人均消费支出。高收入人群的代表性不足,是因为他们没有动力参与住户调查,或者没有动力准确报告其收入和支出情况,结果就导致总体居民消费率被严重低估。[①]

我们可以通过对比国家统计局住户调查中的家庭汽车拥有量与交通运输部公布的车辆所有权实际登记量,来说明住户调查中高收入住户代表性不足的程度。从表A1-2中可以看出,住户调查数据中的家庭汽车拥有量显著低于交通运输部公布的实际拥有量。除了2011年,住户调查都大大低估了中国的家庭汽车拥有量,因为只有收入相对较高的中国家庭才买得起汽车,这就说明在这些年的住户调查中,高收入家庭的样本是不足的。

表A1-2　两个数据来源的中国家庭汽车拥有量(2004—2011)

| 年份 | 住户调查数据估算出的汽车拥有量(千辆) | 交通运输部的全国汽车拥有量(千辆) | 住户调查汽车拥有量占交通运输部汽车拥有量的百分比 |
| --- | --- | --- | --- |
| 2004 | 4 595.75 | 10 155.41 | 45.25% |
| 2005 | 7 883.12 | 13 254.39 | 59.48% |
| 2006 | 10 293.76 | 17 561.77 | 58.61% |
| 2007 | 15 006.92 | 22 532.67 | 66.60% |
| 2008 | 22 444.85 | 28 139.61 | 79.76% |
| 2009 | 28 575.79 | 37 396.50 | 76.41% |
| 2010 | 37 824.70 | 49 191.64 | 76.89% |
| 2011 | 58 894.38 | 61 651.33 | 95.53% |

好在国民收入核算中也统计中国住户可支配收入总额,并公布在国

---

[①] 参见王小鲁(2007)。

家"资金流量表"中。由于收入法GDP的资料来自中国的企事业单位，不存在住户调查那样的抽样偏差问题，所以得到的收入数据应该会更可靠一些。

表A1-3给出了两种数据来源的居民可支配收入的结果。显然，资金流量表中的居民可支配收入要远远大于住户调查得出的居民可支配收入。也就是说，国家统计局住户调查给出的居民收入可能被低估了30%。如果住户调查低估了居民收入，自然也会低估居民消费。既然住户调查中的高收入人群样本不足，我和张军重新估算了这部分漏记的消费支出。基本做法是，用两种数据来源的总收入差值乘以高收入人群的消费率。

表A1-3　两个数据来源的中国居民可支配收入（2004—2011）

| 年份 | 住户调查数据（十亿元） | 资金流量表数据（十亿元） | 住户调查数据占资金流量表数据的比例 |
| --- | --- | --- | --- |
| 2004 | 7 337 | 9 851 | 74.48% |
| 2005 | 8 325 | 11 291 | 74.73% |
| 2006 | 9 479 | 13 143 | 72.12% |
| 2007 | 11 319 | 15 856 | 71.39% |
| 2008 | 13 199 | 18 593 | 70.99% |
| 2009 | 14 632 | 20 730 | 70.58% |
| 2010 | 16 772 | 24 312 | 68.99% |
| 2011 | 19 647 | 28 577 | 68.75% |

将上面两项居民消费被低估的因素一起考虑，我们重新估算了2004—2011年中国的消费率，结果见表A1-4。表中数据截止到2011年，因为不知何故，国家统计局在2011年之后不再公布单项消费支出（如住房、医疗等）的统计数据，而这些数据正是我们重新估算居民消费的依据。从表A1-4中可以看出，中国官方统计数据将消费率低估了大约10个百分点：重估的八年间的最终消费率为60%左右，而官方数据为50%左右。有

意思的是，摩根士丹利亚太研究团队在微观层面上采用自下而上的方法直接估算了2012年中国的居民消费支出。[①]他们发现，那一年的居民消费率为46%，而不是官方公布的35%，换句话说，当年中国的消费率被低估了11个百分点，这与我们使用宏观方法得出的结论异曲同工。

表A1-4　重新估算后的中国居民消费率与官方数据比较（2004—2011）

（单位：%）

| 年份 | 重新估算后的居民消费率 | 重新估算后的最终消费率 | 官方公布的居民消费率 | 官方公布的最终消费率 |
| --- | --- | --- | --- | --- |
| 2004 | 50.38 | 63.56 | 40.50 | 54.40 |
| 2005 | 49.83 | 63.25 | 38.90 | 53.00 |
| 2006 | 47.40 | 60.53 | 37.10 | 50.80 |
| 2007 | 46.70 | 59.63 | 36.10 | 49.60 |
| 2008 | 45.58 | 58.32 | 35.30 | 48.60 |
| 2009 | 45.75 | 58.42 | 35.40 | 48.50 |
| 2010 | 46.06 | 58.90 | 34.90 | 48.20 |
| 2011 | 46.15 | 59.41 | 35.40 | 49.10 |

---

① 参见 Garner and Qiao (2013)。

# 附录二

# 被高估的中国投资[①]

根据官方统计数据,1982—2012年中国的投资率(即资本形成总额占GDP的比重)平均为40%,金融危机之后超过了45%。相比之下,全球的平均投资率为24%左右。从省级统计数据来看,2012年中国近一半省份的投资率超过60%,有六个省份的投资率超过80%,达到了不可思议的水平。这样高的投资率看上去是难以为继的。问题是,这些数据都被官方的统计方法高估了,所以不能盲目相信。

需求侧的GDP是由最终消费、投资和净出口三项构成的。如果像前面所说的,消费被低估了,那么从数学上看,投资必然被高估了。但中国的投资究竟是如何被高估的呢?为了回答这个问题,我们首先必须了解中国的GDP是如何核算的。

一个国家的GDP通常有三种核算方法:生产法、收入法和支出法,理论上这三种方法核算出来的结果应该是一致的,但实际上总会出现统计误差。国家统计局公布的中国年度和季度GDP数据是以生产法结合收入法核

---

[①] 本附录内容基于 Liu, Zhang, and Zhu (2016)。

算出来的：前者用于核算第一产业（即农业、林业、畜牧业和渔业）的增加值，后者用于核算第二产业（即制造业、矿业、建筑业和公共事业）和第三产业（即服务业）的增加值。原则上，国家统计局还会用支出法核算最终消费支出、国内投资和净出口，三者之和就是GDP。①

在支出法GDP核算中，国内投资支出称为资本形成总额（Gross Captial Formation，简称GCF），等于固定资本形成总额（Gross Fixed Capital Formation，简称GFCF）加上存货变化。同其他地区一样，中国的存货变化占资本形成总额的比例很小，过去十年大约为2%~3%，所以投资支出基本上就是固定资本形成总额。

在中国，更为人知的是所谓的"固定资产投资总额"（Total Investment in Fixed Assets，简称TIFA），该数据每月公布一次，被广泛用作衡量中国投资活动的指标。固定资产投资总额和固定资本形成总额是两个高度相关的数字，但却是两个不同的概念。一方面，支出法计算的GDP用的是后者而不是前者，这是因为固定资产投资总额包括购置土地、旧设备和旧建筑物的费用，这些并不是当期生产的，因此不应计入GDP；另一方面，固定资产投资总额的统计不包括低于某一金额的固定资产投资，即使这部分投资确实属于固定资本形成。实践中，国家统计局是在固定资产投资总额的基础上增减一些项目之后核算出固定资本形成总额的。②

2004年之前，这两个投资数据（固定资产投资总额和固定资本形成总额）是基本一致的，但2004年之后开始出现差距。这些年来两者的差距明显扩大，引起了经济学家和媒体的关注。例如，2013年的固定资产投资总额占GDP的比重是76%，而固定资本形成总额占GDP的比重只有46%。2015

---

① 但是在省级层面，支出法GDP并不是独立核算的，而是等同于生产-收入法GDP。省级统计局会用净出口作为剩余项来平衡这两种方法计算出的GDP数据。对于投资率异常高的省份，其净出口（为负数）的绝对值占GDP的比重也会异常高。

② 参见国家统计局（2008）。

年,我与复旦大学的张军和刘芳研究了造成这个差距的原因。我们按照官方公布的方法估算了2004—2012年的固定资本形成总额,结果惊讶地发现,按照官方的公式和数据估算出的固定资本形成总额与固定资产投资总额非常接近,但与官方公布的固定资本形成总额存在明显差距(如图A2–1所示)。以2012年为例,我们估算得出的固定资本形成总额比官方公布的数字多出64%,换句话说,官方公布的数字只是我们估算结果的61%。如果用我们估算出的固定资本形成总额重新计算2012年的支出法GDP,其结果将比官方用生产–收入法核算出的GDP多出31.6%。

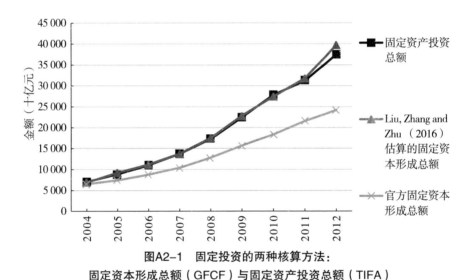

图A2–1 固定投资的两种核算方法:
固定资本形成总额(GFCF)与固定资产投资总额(TIFA)

那么,为什么官方公布的固定资本形成总额与我们按照官方公布的方法和数据计算得出的结果存在这么大的差距呢?唯一合理的解释就是,官方的固定资本形成总额并非按其公布的方法独立核算出来的。若如此,那么官方公布的固定资本形成总额是从何而来的呢?真实情况我们不得而知,除非国家统计局披露详细的核算步骤、数据和方法。不过,我们可以根据GDP中各个支出项目之间的关系做出一些推断。

如前所述,中国官方GDP数据是用生产–收入法核算的,这似乎表明

## 附录二
### 被高估的中国投资

国家统计局不太信任支出法核算的结果。不管怎样，两种方法得出的GDP数据都要对外公布，而且两者的差距肯定不能超过30%。因此，支出法GDP需要做大幅的下调。在所有支出项目中，消费支出和净出口无法轻易调整，原因是：居民消费支出来自住户调查，由于该数据已经被低估了（2012年官方公布的数据只占GDP的36%），所以就没有了下调空间；政府消费数据来自财政部，国家统计局不能随意修改；净出口数据来自海关和国家外汇管理局，国家统计局也无法更改。如此一来，只剩下资本形成总额可供国家统计局调整，由于大部分基础数据都由国家统计局的系统控制，所以调整起来难度较小。根据之前的解释，资本形成总额由固定资本形成总额和存货变化组成，后者占资本形成总额的比重非常小，对资本形成总额的影响不大。因此，为了确保两种核算方法得出的GDP数据基本一致，国家统计局可以调整的支出项目就只剩下固定资本形成总额了。①换句话说，国家统计局必须调整固定资本形成总额以确保资本形成总额基本相当于官方用生产-支出法核算出的GDP减去最终消费和净出口后的余额。

若固定资本形成总额真是严格按照官方公布的方法核算出来的，那根据我们的估算，就应该非常接近固定资产投资总额。所以，下调固定资本形成总额就意味着要对固定资产投资总额"打折"。国家统计局也有理由相信，在地方层面，固定资产投资总额被严重高估了。事实上，有很多报道提到一些地方政府确实会夸大当地的固定资产投资。由此我们推断，国家统计局公布的固定资本形成总额是将固定资产投资总额打了很大的折扣以后计算出来的。

既然固定资产投资总额被高估了，我们要问：国家统计局在核算固定资本形成总额时，究竟应该在固定资产投资总额的基础上打多少折扣？国

---

① 理论上，支出法GDP应该独立估算，因此按照官方公布的方法，这两种GDP数据不可能相同。当然，国家统计局可以确保两种数据接近，但不会完全相同。

家统计局可能没有切实的依据，更不用说有明确的程序和方法来确定具体的"折扣率"。我们估计，某一年的"折扣率"要根据具体情况来确定，以确保得出的固定资本形成总额能使支出法GDP接近生产-收入法GDP。换句话说，官方公布的资本形成总额实际上就是用官方GDP减去最终消费和净出口得出的，而固定资本形成总额就等于上述资本形成总额减去存货变化。根据以上方法得出的固定资本形成总额，就可以倒推出所需要的固定资产投资总额的"折扣率"。

当然上面只是我们的猜测，国家统计局的具体做法我们无从得知。不过，基本可以确定，无论是固定资本形成总额，还是支出法GDP，实际上都并非严格意义上独立核算出来的。相反，我们怀疑两者都是从生产-收入法核算出的GDP推导出来的。

如果官方公布的资本形成总额真的是用官方GDP数据减去最终消费和净出口得出来的，那么其准确性就取决于GDP、最终消费和净出口这些数据的准确性。假设GDP和净出口数据都是可靠的（至少比消费和投资数据可靠），资本形成总额的准确性就取决于最终消费的准确性。但是，如附录一所示，官方公布的统计数据中，中国的最终消费占GDP的比例可能被低估了10个百分点左右，因此，作为支出法GDP的剩余项，官方公布的资本形成总额（即投资）占GDP的比例也就相应地被高估了10个百分点左右。①

表A2-1中，我们用表A1-4的最终消费数据"重新估算"出了中国2004—2011年的投资率（即GCF/GDP）数据。重新估算后的2011年投资率为38%，远远低于官方公布的48.31%。这样的投资率虽然仍大大高于世界平均水平，但与东亚发达经济体在各自经济快速增长时期的投资率

---

① 官方公布的固定资本形成总额虽然已经显著低于固定资产投资总额，但仍会严重高估真实的投资水平。这说明实际投资被固定资产投资总额夸大的幅度超过了国家统计局采用的"折扣率"。

大体相当。

表A2-1 重新估算后的中国投资率（2004—2011）

（单位：%）

| 年份 | 官方公布的最终消费率 | 重新估算后的最终消费率 | 官方公布的投资率（GCF/GDP） | 重新估算后的投资率 |
| --- | --- | --- | --- | --- |
| 2004 | 54.40 | 63.56 | 42.97 | 33.81 |
| 2005 | 53.00 | 63.25 | 41.54 | 31.29 |
| 2006 | 50.80 | 60.53 | 41.74 | 32.01 |
| 2007 | 49.60 | 59.63 | 41.61 | 31.58 |
| 2008 | 48.60 | 58.32 | 43.78 | 34.06 |
| 2009 | 48.50 | 58.42 | 47.15 | 37.23 |
| 2010 | 48.20 | 58.90 | 48.06 | 37.36 |
| 2011 | 49.10 | 59.41 | 48.31 | 38.00 |

# 参考文献

白重恩、张琼,2017,《中国经济增长潜力预测:兼顾跨国生产率收敛与中国劳动力特征的供给侧分析》,《经济学报》第4期,第1—27页。

邓小平,1994,《邓小平文选》(第二卷),北京:人民出版社。

邓小平,1993,《邓小平文选》(第三卷),北京:人民出版社。

国家统计局,2008,《中国非经济普查年度国内生产总值核算方法》,北京:国家统计局。

金耀基,1992,《中國社會與文化》,香港:牛津大学出版社。

江泽民,1997,《高举邓小平理论伟大旗帜,把建设有中国特色社会主义事业全面推向二十一世纪——江泽民在中国共产党第十五次全国代表大会上的讲话(1997年9月12日)》,http://www.gov.cn/test/2007-08/29/content_730614.htm,访问日期:2020年12月1日。

李扬、张晓晶、常欣,2018,《中国国家资产负债表2018》,北京:中国社会科学出版社。

刘少奇,1981,《论共产党员的修养》,载《刘少奇选集》(上、下卷),北京:人民出版社。

陆旸、蔡昉,2016,《从人口红利到改革红利:基于中国潜在增长率的模拟》,《世界经济》第1期,第3—23页。

茅于轼、苏东,2012,《勤劳是中国奇迹的根基》,FT中文网,http://

www.ftchinese.com/story/001046151?full=y，发布日期：2012年8月23日，访问日期：2020年12月1日。

钱穆，2001，《国史新论》，香港：三联书店。

王德文、蔡昉、张学辉，2004，《人口转变的储蓄效应和增长效应——论中国增长可持续性的人口因素》，《人口研究》第5期，第2—11页。

王小鲁，2007，《灰色收入与居民收入差距》，《中国税务》第10期，第48—49页。

吴敬琏，2018，《中国经济改革进程》，北京：中国大百科全书出版社。

张维为，2011，《中国震撼：一个"文明型国家"的崛起》，上海：上海人民出版社。

张晓晶，2019，《解剖债务灰犀牛》，http://www.nifd.cn/Professor/Details/34，发布日期：2019年5月9日，访问日期：2020年12月1日。

张晓晶、常欣、刘磊，2019a，《宏观杠杆率首次下降，去杠杆目标部分实现》，http://www.nifd.cn/ResearchComment/Details/1282，发布日期：2019年3月12日，访问日期：2020年12月11日。

张晓晶，常欣，刘磊，2019b，《坚持结构性去杠杆，避免运动式调控》，http://www.nifd.cn/Report/Details/1087，发布日期：2019年1月8日，访问日期：2020年12月1日。

赵振江、陈柯芯，2016，《阿玛蒂亚·森北大演讲：中等收入陷阱无法解释中国经济》，https://www.thepaper.cn/newsDetail_forward_1435842，发布日期：2016年2月25日，访问日期：2020年12月1日。

朱天，2015，《"中等收入陷阱"并不存在》，http://www.ftchinese.com/story/001062326，发布日期：2015年6月5日，访问日期：2020年12月1日。

Abrami, Regina M., William C. Kirby, and F. Warren McFarlan. 2014. "Why

China Can't Innovate." *Harvard Business Review* 92(3):107–111.

Acemoglu, Daron. 2009. *Introduction to Modern Economic Growth*. Princeton, NJ: Princeton University Press.

Acemoglu, Daron, and James A. Robinson. 2012. *Why Nations Fail: The Origins of Power, Prosperity, and Poverty*, New York: Crown Publishers.

Agénor, Pierre-Richard, Otaviano Canuto, and Michael Jelenic. 2012. *Avoiding Middle-Income Growth Traps*. Policy Research Working Paper No. 16954.

Aghion, Philippe, and Peter Howitt. 2009. *The Economics of Growth*. Cambridge, MA: MIT Press

Alesina, Alberto, and Paola Giuliano. 2015. "Culture and Institutions." *Journal of Economics Literature* 53(4): 898–944.

Alesina, Alberto, Arnaud Devleeschauwer, William Easterly, et al. 2003. "Fractionalization." *Journal of Economic Growth* 8(2): 155–194.

Alfaro, Laura, Sebnem Kalemli-Ozcan, and Vadym Volosovych. 2008. "Why Doesn't Capital Flow From Rich to Poor Countries? An Empirical Investigation." *Review of Economics and Statistics* 90(2): 347–368.

Algan, Yann, and Pierre Cahuc. 2010. "Inherited Trust and Growth." *American Economic Review* 100(5): 2060–2092.

Algan, Yann, and Pierre Cahuc. 2014. "Trust, Growth, and Well-Being: New Evidence and Policy Implications." In *Handbook of Economic Growth*, Vol. 2, edited by Philippe Aghion and Steven N. Durlauf, pp. 49–120. Amsterdam: Elsevier.

Allison, Graham. 2017. *Destined for War: Can America and China Escape Thucydides's Trap?* New York: Houghton Mifflin Harcourt.

Anker, Richard. 2011. Engel's Law Around the World 150 Years Later. University of Massachusetts Political Economy Research Institute Working Paper Series No. 247.

Arrow, Kenneth J. 1972. "Gifts and Exchanges." *Philosophy & Public Affairs* 1: 343–362.

Bai, Chong-En, and Qiong Zhang. 2017. "Is the People's Republic of China's Current Slowdown a Cyclical Slowdown or a Long-Term Trend? A Productivity-Based Analysis." *Journal of the Asia Pacific Economy* 22 (1): 29–46.

Bai, Chong-En, Chang-Tai Hsieh, and Yingyi Qian. 2006. "The Return to Capital in China." *Brookings Papers on Economic Activity* 37: 61–102.

Bai, Chong-En, Chang-Tai Hsieh, and Zheng Michael Song. 2020. "Special Deals with Chinese Characteristics." *NBER Macroeconomics Annual* 34(1): 341–379.

Bandiera, Oriana, Gerard Caprio, Patrick Honohan, and Fabio Schiantarelli. 2000. "Does Financial Reform Raise or Reduce Saving?" *Review of Economics and Statistics* 82(2): 239–263.

Banerjee, Abhijit V., and Esther Duflo. 2011. *Poor Economics: A Radical Rethinking of the Way to Fight Global Poverty*. New York: PublicAffairs.

Barro, Robert J. 1991. "Economic Growth in a Cross Section of Countries." *Quarterly Journal of Economics* 106(2): 407–443.

Barro, Robert J. 2001. "Human Capital and Growth." *American Economic Review* 91(2):12–17.

Barro, Robert J., and Xavier Sala-i-Martin. 2003. *Economic Growth*. 2nd edition. Cambridge, MA: MIT Press.

Barro, Robert J. and Jong Wha Lee. 2013. "A New Data Set of Educational

Attainment in the World, 1950–2010." *Journal of Development Economics* 104: 184–198.

Baumol, William. 1999. "Retrospectives: Say's Law." *Journal of Economic Perspectives* 13(1): 195–204.

Baxter, Marianne, and Mario J. Crucini. 1993. "Explaining Saving-Investment Correlations." *American Economic Review* 83(3): 416–436.

Bayoumi, Tam, Hui Tong, and Shang-Jin Wei. 2009. The Chinese Corporate Savings Puzzle: A Little International Comparison Can Go a Long Way. Unpublished Working Paper. IMF and Columbia University.

Becker, Sascha O., and Ludger Woessmann. 2009. "Was Weber Wrong? A Human Capital Theory of Protestant Economic History." *Quarterly Journal of Economics* 124(2): 531–596.

Bell, Daniel A. 2016. *The China Model: Political Meritocracy and the Limits of Democracy*. Princeton, NJ: Princeton University Press.

Benhabib, Jess, and Mark M. Spiegel. 1994. "The Role of Human Capital in Economic Development Evidence From Aggregate Cross-Country Data." *Journal of Monetary Economics* 34(2): 143–173.

Berger, Peter L. 1988. "An East Asian Development Model?" In *In Search of an East Asian Development Model?*, edited by P. L. Berger and H. H. M. Hsiao, pp. 3-11. Piscataway, NJ: Transaction Publishers.

Biden, Joseph R. 2020. "Why America Must Lead Again." *Foreign Affairs*, March/April issue. Retrieved December 1, 2020, from https://www.foreignaffairs.com/articles/united-states/2020-01-23/why-america-must-lead-again

Bildt, Carl. 2020. "How Europe Can Live With China." *Project Syndicate*. Retrieved December 1, 2020, from https://www.project-syndicate.org/

commentary/europe-changing-approach-to-china-engagement-plus-competition-by-carl-bildt-2020-06

Billioud, Sébastien, and Joël Thoraval. 2015. *The Sage and the People: The Confucian Revival in China*. New York: Oxford University Press.

Bloom, David, David Canning, and Jaypee Sevilla. 2003. *The Demographic Dividend: A New Perspective on the Economic Consequences of Population Change*. Santa Monica, CA: RAND Corporation.

Bloom, David E., and Jeffrey G. Williamson. 1998. "Demographic Transitions and Economic Miracles in Emerging Asia." *World Bank Economic Review* 12(3), 419–455.

Bosworth, Barry, and Susan M. Collins. 2008. "Accounting for Growth: Comparing China and India." *Journal of Economic Perspectives* 22(1): 45–66.

Botticini, Maristella, and Zvi Eckstein. 2005. "Jewish Occupational Selection: Education, Restrictions, or Minorities?" *Journal of Economic History* 65(4): 922–948.

Botticini, Maristella, and Zvi Eckstein. 2012. *The Chosen Few: How Education Shaped Jewish History, 70-1492*. Princeton, NJ: Princeton University Press.

Bown, Chad P. 2020. "How Trump's Export Curbs on Semiconductors and Equipment Hurt the US Technology Sector." *Peterson Institute for International Economics*. Retrieved December 1, 2020, from https://www.piie.com/blogs/trade-and-investment-policy-watch/how-trumps-export-curbs-semiconductors-and-equipment-hurt-us

Brandt, Loren, Thomas G. Rawski, and John Sutton. 2008. "China's Industrial Development." In *China's Great Economic Transformation*, edited by L. Brandt and T.G. Rawski, pp. 569–632. Cambridge: Cambridge University

Press.

Bremmer, Ian. 2017. "How China's Economy Is Poised to Win the Future." *Time* 190(20).

Breslin, Shaun. 2011. "The 'China Model' and the Global Crisis: From Friedrich List to a Chinese Mode of Governance?" *International Affairs* 87(6): 1323–1343.

Brunnschweiler, Christa N., and Erwin H. Bulte. 2008. "The Resource Curse Revisited and Revised: A Tale of Paradoxes and Red Herrings." *Journal of Environmental Economics and Management* 55(3): 248–264.

Cai, Fang. 2012. "Is There a 'Middle-Income Trap'? Theories, Experiences and Relevance to China." *China & World Economy* 20(1): 49–61.

Cai, Hongbin, Hanming Fang, and Lixin C. Xu. 2001. "Eat, Drink, Firms, Government: An Investigation of Corruption From the Entertainment and Travel Costs of Chinese Firms." *The Journal of Law and Economics* 54(1): 55–78.

Carroll, Christopher D., and David N. Weil. 1994. "Saving and Growth: A Reinterpretation." *Carnegie-Rochester Conference Series on Public Policy* 40: 133–192.

Carroll, Christopher D., Jody Overland, and David N. Weil. 1994. "Saving and Growth With Habit Formation." *American Economic Review* 90(3): 341–355.

Carroll, Christopher D., Byung-Kun Rhee, and Changyong Rhee. 1994. "Are There Cultural Effects on Saving? Some Cross-Sectional Evidence." *The Quarterly Journal of Economics* 109(3): 685–699.

Chamon, Marcos D., and Eswar S. Prasad. 2010. "Why Are Saving Rates of Urban Households in China Rising?" *American Economic Journal: Macroeconomics* 2(1): 93–130.

Chamon, Marcos, Kai Liu, and Eswar Prasad. 2013. "Income Uncertainty and Household Savings in China." *Journal of Development Economics* 105: 164-177.

Chang, Gordon G. 2001. *The Coming Collapse of China*. London, England: Random House Business.

Chang, Gordon G. 2011. "The Coming Collapse of China: 2012 Edition." *Foreign Policy*. Retrieved December 1, 2020, from https://foreignpolicy.com/2011/12/29/the-coming-collapse-of-china-2012-edition/

Chang, Ha-Joon. 2006. *The East Asian Development Experience: The Miracle, the Crisis and the Future*. London: Zed Books.

Che, Jiahua, Kim-Sau Chung, and Xue Qiao. 2013." The Good, the Bad, and the Civil Society." *Journal of Public Economics* 106: 68-76.

Chen, Wei, Xilu Chen, and Chang-Tai Hsieh, et al. 2019. "A Forensic Examination of China's National Accounts." *Brookings Papers on Economic Activity* No.w25754, pp. 77-141.

Choudhri, Ehsan U., and Mohsin S. Khan. 2005. "Real Exchange Rates in Developing Countries: Are Balassa-Samuelson Effects Present?" *IMF Staff Papers* 52(3): 387-409.

Chow, Gregory C., and Kui-Wai Li. 2002. "China's Economic Growth: 1952-2010." *Economic Development and Cultural Change* 51(1): 247-256.

Chow, Gregory C. 2012. *China as a Leader of the World Economy*. Singapore: World Scientific.

Cimmino, Jeffrey, Matthew Kroenig, and Barry Pavel. 2020. "Taking Stock: Where Are Geopolitics Headed in the COVID-19 Era?" *Atlantic Council Strategy Papers*. Retrieved December 1, 2020, from https://www.atlanticcouncil.org/in-depth-research-reports/issue-brief/taking-stock-where-are-geopoliticsheaded-in-the-covid-19-era/

Coase, Ronald, and Ning Wang. 2012. *How China Became Capitalist*. London: Palgrave Macmillan.

Collier, Paul. 2007. *The Bottom Billion: Why the Poorest Countries Are Failing and What Can Be Done About It*. New York: Oxford University Press.

Collins, Susan M., and Barry P. Bosworth. 1996. "Economic Growth in East Asia: Accumulation Versus Assimilation." *Brookings Papers on Economic Activity* 2: 135–191.

Commission on Growth and Development. 2008. *The Growth Report: Strategies for Sustained Growth and Inclusive Development*. Washington, DC: World Bank.

Costa-Font, Joan, Paola Giuliano, and Berkay Ozcan. 2018. "The Cultural Origin of Saving Behavior." *PloS One* 13(9): e0202290.

Dang, Jianwei, and Kazuyuki Motohashi. 2015. "Patent Statistics: A Good Indicator for Innovation in China? Patent Subsidy Program Impacts on Patent Quality." *China Economic Review* 35: 137–155.

Diamond, Jared. 1997. *Guns, Germs and Steel: The Fates of Human Societies*. New York: W. W. Norton & Company.

Dollar, David, Yiping Huang, and Yang Yao. 2020. *China 2049: Economic Challenges of a Rising Global Power*. Washington, DC: Brookings Institution Press.

Donnan, Shawn. 2020. "Trump Rebukes His Hardliners, Blocks Curbs on China Sales." *Bloomberg News*, February 18. Retrieved December 1, 2020, from https://www.bloomberg.com/news/articles/2020-02-18/trump-says-china-should-be-allowed-to-buy-u-s-jet-engines

Doucouliagos, Hristos, and Mehmet A. Ulubasoglu. 2008. "Democracy and Economic Growth: A Meta-Analysis." *American Journal of Political Science* 52(1): 61–83.

Easterlin, Richard A. 1974. "Does Economic Growth Improve the Human Lot?" In *Nations and Households in Economic Growth: Essays in Honour of Moses Abramovitz*, edited by Paul A. David and Melvin W. Reder, pp. 89–125. Amsterdam: Elsevier.

Easterlin, Richard A. 1995. "Will Raising the Incomes of All Increase the Happiness of All?" *Journal of Economic Behavior & Organization* 27(1): 35–47.

Easterly, William. 2001. *The Elusive Quest for Growth: Economists' Adventures and Misadventures in the Tropics*. Cambridge, MA: MIT Press.

Easterly, William, and Ross Levine. 1997. "Africa's Growth Tragedy: Policies and Ethnic Divisions." *Quarterly Journal of Economics* 112(4): 1203–1250.

Economy, Elizabeth. 2018. *The Third Revolution: Xi Jinping and the New Chinese State*. New York: Oxford University Press.

Edwards, Sebastian. 1996. "Why Are Latin America's Savings Rates So Low? An International Comparative Analysis." *Journal of Development Economics* 51(1): 5–44.

Edwards, Sebastian. 2010. *Left Behind: Latin America and the False Promise of Populism*. Chicago, IL: University of Chicago Press.

Elman, Benjamin A. 2013. *Civil Examinations and Meritocracy in Late Imperial China*. Cambridge, MA: Harvard University Press.

Evans, Peter. 1995. *Embedded Autonomy: States and Industrial Transformation*. Princeton, NJ: Princeton University Press.

Farrell, Henry, and Abraham L. Newman. 2020. "Chained to Globalization:

Why It's Too Late to Decouple." *Foreign Affairs* 99 (1): 70−80.

Feenstra, Robert C., Hong Ma, J. Peter Neary, et al. 2013. "Who Shrunk China? Puzzles in the Measurement of Real GDP." *The Economic Journal* 123(573): 1100−1129.

Fei, Hsia-tung. 1953. *China's Gentry*. Chicago, IL: University of Chicago Press.

Felipe, Jesus, Utsav Kumar, and Reynold Galope. 2017. "Middle-Income Transitions: Trap or Myth?" *Journal of the Asia Pacific Economy* 22(3): 429−453.

Fernandez, Raquel. 2011. "Does Culture Matter?" In *Handbook of Social Economics*, edited by J. Benhabib, M. O. Jackson, and A. Bisin, Vol. 1, pp.481−510. Amsterdam: Elsevier.

Fischer, Joschka. 2020. "The End of Western Opportunism." *Project Syndicate*, August 24. Retrieved December 1, 2020, from https://www.project-syndicate.org/commentary/us-china-conflict-values-must-trump-economic-interests-by-joschka-fischer-2020-08

Flynn, James R. 1987. "Massive IQ Gains in 14 Nations: What IQ Tests Really Measure." *Psychological Bulletin* 101(2): 171−191.

Fogel, Robert. 2010. "$123,000,000,000,000." *Foreign Policy*, January 4. Retrieved December 1, 2020, from https://foreignpolicy.com/2010/01/04/123000000000000/

Ford, Christopher A. 2015. "The Party and the Sage: Communist China's Use of Quasi-Confucian Rationalizations for One-Party Dictatorship and Imperial Ambition." *Journal of Contemporary China* 24(96): 1032−1047.

Frankel, Jeffrey A. 1992. "Measuring International Capital Mobility: A Review." *The American Economic Review* 82(2): 197−202.

Frankel, Jeffrey A. 2010. The Natural Resource Curse: A Survey. National Bureau of Economic Research Working Paper No. w15836.

Frankel, Jeffrey A., and David Romer. 1999. "Does Trade Cause Growth?" *American Economic Review* 89(3): 379–399.

Fukuyama, Francis. 2007. "Seymour Martin Lipset 1922–2006." *The American Interest*. Retrieved December 1, 2020, from https://www.the-american-interest.com/2007/01/08/seymour-martin-lipset-1922-2006/

Fukuyama, Francis. 2014. *Political Order and Political Decay: From the Industrial Revolution to the Globalization of Democracy*. New York: Farrar, Straus and Giroux.

Gallup, J. Luke, Jeffrey D. Sachs, and Andrew D. Mellinger. 1999. "Geography and Economic Development." *International Regional Science Review* 22(2): 179–232.

Garner, Jonathan, and Helen Qiao. 2013. "Chinese Household Consumption-Most Likely US$1.6 Trn Larger Than Officially Stated." *Morgan Stanley Research, Asia Insight* 28: 3.

Giavazzi, Francesco, Ivan Petkov, and Fabio Schiantarelli. 2019. "Culture: Persistence and Evolution." *Journal of Economic Growth* 24(2): 117–154.

Gill, Indermit, and Homi J. Kharas. 2007. *An East Asian Renaissance: Ideas for Economic Growth*. Washington, DC: World Bank.

Gill, Indermit, and Homi J. Kharas. 2015. The Middle-Income Trap Turns Ten. World Bank Policy Research Working Paper No.7403. Retrieved December 1, 2020, from https://doi.org/10.1596/1813-9450-7403

Glaeser, Edward L., Rafael La Porta, Florencio Lopez-de-Silanes, et al. 2004. "Do Institutions Cause Growth?" *Journal of Economic Growth* 9(3): 271–303.

Gorodnichenko, Yuriy, and Gerard Roland. 2011. "Which Dimensions of Culture Matter for Long-Run Growth?" *American Economic Review* 101(3): 492–498.

Gorodnichenko, Yuriy, and Gerard Roland. 2017. "Culture, Institutions, and the Wealth of Nations." *Review of Economics and Statistics* 99(3): 402–416.

Greif, Avner. 1994. "Cultural Beliefs and the Organization of Society: A Historical and Theoretical Reflection on Collectivist and Individualist Societies." *Journal of Political Economy* 102(5): 912–950.

Guiso, Luigi, Paola Sapienza, and Luigi Zingales. 2006. "Does Culture Affect Economic Outcomes?" *Journal of Economic Perspectives* 20(2): 23–48.

Hamilton, Gary G., and Cheng-Shu Kao. 1987. "Max Weber and the Analysis of East Asian Industrialisation." *International Sociology* 2(3): 289–300.

Hansen, Sarah. 2020. "Biden Will Be More Predictable Than Trump On Trade, But Don't Expect Tariff Rollbacks Any Time Soon." *Forbes*, November 8. Retrieved December 1, 2020, from https://www.forbes.com/sites/sarahhansen/2020/11/08/biden-will-be-more-predictable-than-trump-on-trade-but-dont-expect-tariff-rollbacks-any-time-soon

Hanushek, Eric A., and Dennis D. Kimko. 2000. "Schooling, Labor Force Quality, and the Growth of Nations." *American Economic Review* 90(5):1184–1208.

Hanushek, Eric A., and Ludger Woessmann. 2012. "Do Better Schools Lead to More Growth? Cognitive Skills, Economic Outcomes, and Causation." *Journal of Economic Growth* 17(4): 267–321.

Harrison, Lawrence E. 2000. *Underdevelopment Is a State of Mind: The Latin American Case*. Lanham, MD: Madison Books.

Harrison, Lawrence E. 2006. Response to Clark, Boettke, and Robinson. *Cato Unbound*, December 15. Retrieved December 1, 2020, from https://www.cato-unbound.org/issues/december-2006/how-much-does-culture-matter

Harrison, Lawrence E. 2008. *The Central Liberal Truth: How Politics Can Change a Culture and Save It From Itself.* Oxford: Oxford University Press, 2008.

Harrison, Lawrence E. 2012. *Jews, Confucians, and Protestants: Cultural Capital and the End of Multiculturalism.* Lanham, Maryland: Rowman & Littlefield Publishers.

Harrison, Lawrence E., and Samuel P. Huntington (eds.). 2000. *Culture Matters: How Values Shape Human Progress.* New York: Basic Books.

Higgins, Matthew. 1998. "Demography, National Savings, and International Capital Flows." *International Economic Review* 39(2): 343–369.

Hofstede, Geert. 2001. *Culture's Consequences: Comparing Values, Behaviors, Institutions and Organizations Across Nations.* 2nd edition. Thousand Oaks, CA: Sage Publications.

Hofstede, Geert, and Michael Harris Bond. 1988. "The Confucius Connection: From Cultural Roots to Economic Growth." *Organizational Dynamics* 16(4): 5–21.

Hofstede, Geert, and Michael Minkov. 2013. *Value Survey Module 2013 Manual.* Retrieved December 1, 2020, from https://geerthofstede.com/research-and-vsm/vsm-2013/

Hofstede, Geert, Gert Jan Hofstede, and Michael Minkov. 2010. *Cultures and Organizations: Software of the Mind.* 3rd editim. New York: McGraw-Hill.

Holz, Carsten A. 2008. "China's Economic Growth 1978–2025: What We Know Today about China's Economic Growth Tomorrow." *World Development*

36(10): 1665–1691.

Holz, Carsten A. 2014. "The Quality of China's GDP Statistics." *China Economic Review* 30(3): 309–338.

Horioka, Charles Yuji, and Junmin Wan. 2007. "The Determinants of Household Saving in China: A Dynamic Panel Analysis of Provincial Data." *Journal of Money, Credit and Banking* 39(8): 2077–2096.

Hsin, Amy, and Yu Xie. 2014. "Explaining Asian Americans 'Academic Advantage Over Whites'." *Proceedings of the National Academy of Sciences* 111(23): 8416–8421.

Hu, Albert G.Z., and Gary H. Jefferson. 2009. "A Great Wall of Patents: What Is Behind China's Recent Patent Explosion?" *Journal of Development Economics* 90(1): 57–68.

Hu, Albert G.Z., Peng Zhang, and Lijing Zhao. 2017. "China As number one? Evidence From China's Most Recent Patenting Surge." *Journal of Development Economics* 124: 107–119.

Huang, Tianlei, and Nicholas Lardy. 2020. "China Goes From Strength to Strength in Global Trade." *Peterson Institute for International Economics*. Retrieved December 1, 2020, from https://www.piie.com/blogs/china-economic-watch/china-goes-strength-strength-global-trade

Huang, Yasheng. 2008. *Capitalism with Chinese Characteristics: Entrepreneurship and the State*. Cambridge: Cambridge University Press.

Huang, Yasheng. 2011. "Rethinking the Beijing Consensus." *Asia Policy* 11: 1–26.

Huang, Yiping. 2010. "Dissecting the China Puzzle: Asymmetric Liberalization and Cost Distortion." *Asian Economic Policy Review* 5(2): 281–295.

Huang, Yukon. 2017. *Cracking the China Conundrum: Why Conventional Economic Wisdom Is Wrong*, New York: Oxford University Press.

Hubbard, Glenn. 2018. "The US Can Win China Trade War by Getting Its Own House in Order." *Financial Times*, Retrieved December 1, 2020, from https://www.ft.com/content/e7327d0c-de7f-11e8-b173-ebef6ab1374a

Huddleston, Tom. 2015. "Carly Fiorina Says the Chinese 'Don't Innovate'." *Time*. Retrieved December 1, 2020, from http://time.com/3897081/carly-fiorina-china-innovation/

Huntington, Samuel P., and Joan M. Nelson. 1976. *No Easy Choice: Political Participation in Developing Countries*. Cambridge, MA: Harvard University Press.

Inglehart, Ronald. 1997. *Modernization and Postmodernization: Cultural, Economic, and Political Change in 43 Societies*. Princeton, NJ: Princeton University Press.

Inglehart, Ronald and Christian Welzel. 2005. *Modernization, Cultural Change, and Democracy The Human Development Sequence*. Cambridge: Cambridge University Press.

Ito, Takatoshi, Peter Isard, and Steven Symansky. 1999. "Economic Growth and Real Exchange Rate: An Overview of the Balassa-Samuelson Hypothesis in Asia." In *Changes in Exchange Rates in Rapidly Developing Countries: Theory, Practice, and Policy Issues,* edited by Takatoshi Ito and Anne O. Krueger, pp. 109–132, Chicago, IL: University of Chicago Press.

Jacques, Martin. 2009. *When China Rules the World: The End of the Western World and the Birth of a New Global Order*. New York: Penguin.

Jiang, Yi-Huah. 2018. "Confucian Political Theory in Contemporary China." *Annual Review of Political Science* 21: 155–173.

Johansson, Åsa, et al. 2012. Looking to 2060: Long-Term Global Growth Prospects. OECD Economic Policy Paper Series No.3.

Johnson, Keith, and Robbie Gramer. 2020. "The Great Decoupling." *Foreign Policy*, May 14. Retrieved December 1, 2020, from https://foreignpolicy.com/2020/05/14/china-us-pandemic-economy-tensions-trump-coronavirus-covid-new-cold-war-economics-the-great-decoupling/

Jones, Eric L. 2009. *Cultures Merging: A Historical and Economic Critique of Culture*. Princeton, NJ: Princeton University Press.

Kelley, Allen C., and Robert M. Schmidt. 1995. "Aggregate Population and Economic Growth Correlations: The Role of the Components of Demographic Change." *Demography* 32(4): 543–555.

Kenny, Charles. 2005. "Why Are We Worried About Income? Nearly Everything That Matters Is Converging." *World Development* 33(1):1–19.

Kim, Jong-I. L., and Lawrence J. Lau. 1994. "The Sources of Economic Growth of the East Asian Newly Industrialized Countries." *Journal of the Japanese and International Economies* 8(3): 235–271.

Knack, Stephen, and Philip Keefer. 1997. "Does Social Capital Have an Economic Payoff? A Cross-Country Investigation." *Quarterly Journal of Economics* 112(4): 1251–1288.

Knight, John, and Sai Ding. 2012. *China's Remarkable Economic Growth*. Oxford: Oxford University Press.

Kohli, Atul. 2004. *State-Directed Development: Political Power and Industrialization in the Global Periphery*. Cambridge: Cambridge University Press.

Koopman, Robert, Zhi Wang, and Shang-Jin Wei. 2014. "Tracing Value-Added and Double Counting in Gross Exports." *American Economic Review*

104(2): 459−494.

Kroeber, Arthur R. 2016. *China's Economy: What Everyone Needs to Know*. New York: Oxford University Press.

Krugman, Paul. 1994. "The Myth of Asia's Miracle." *Foreign Affairs* 73: 62−78.

Kuijs, Louis. 2005. *Investment and Saving in China*. World Bank Policy Research Working Paper No. 3633. Washington, DC: The World Bank.

Kuznets, Simon. 1973. "Modern Economic Growth: Findings and Reflections." *American Economic Review* 63(3): 247−258.

Lai, Pingyao, and Tian Zhu. 2020. *Deflating China's Nominal GDP Growth: 2004−2018*. Working Paper of China Europe International Business School.

Lamy, Pascal. 2011. " 'Made in China' Tells Us Little About Global Trade." *Financial Times*, January 24.

Lamy, Pascal. 2013. *The Geneva Consensus: Making Trade Work for All*. Cambridge: Cambridge University Press.

Landes, David. 1999. *The Wealth and Poverty of Nations: Why Some Are So Rich and Some So Poor*. New York: W. W. Norton & Company.

Landes, David. 2000. "Culture Makes Almost All the Difference." In *Culture Matters: How Values Shape Human Progress*, edited by L. E. Harrison, and S. P. Huntington, pp.2−13. New York: Basic Books.

Lardy, Nicholas. 2006. "China: Toward a Consumption−Driven Growth Path." Peterson Institute for International Economics Working Paper No. PB06-6.

Lardy, Nicholas. 2011. *Sustaining China's Economic Growth After the Global Financial Crisis*. Peterson Institute for International Economics.

Lardy, Nicholas. 2019. *The State Strikes Back: The End of Economic Reform in China?* Peterson Institute for International Economics.

Lardy, Nicholas. 2020. "Memo to the Biden Administration on How to Advance Economic Talks With China." Peterson Institute for International Economics. Retrieved December 1, 2020, from https://www.piie.com/blogs/china-economic-watch/memo-biden-administration-how-advance-economic-talks-china

Lardy, Nicholas, and Tianlei Huang. 2020. "Despite the Rhetoric, US-China Financial Decoupling Is Not Happening." Peterson Institute for International Economics. Retrieved December 1, 2020, from https://www.piie.com/blogs/china-economic-watch/despite-rhetoric-us-china-financial-decoupling-not-happening

Lee, James J. 2010. "Review of Intelligence and How to Get It: Why Schools and Cultures Count." *Personality and Individual Differences* 48: 247−255.

Levine, Ross, and David Renelt. 1992. "A Sensitivity Analysis of Cross-Country Growth Regressions." *American Economic Review* 82(4): 942−963.

Lewis, James Andrew. 2018. "How Much Have the Chinese Actually Taken?" Commentary of the Center for Strategic and International Studies (CSIS), Retrieved December 1, 2020, from https://www.csis.org/analysis/how-much-have-chinese-actually-taken

Li, David D. 1996. "A Theory of Ambiguous Property Rights in Transition Economies: The Case of the Chinese Non-State Sector." *Journal of Comparative Economics* 23(1): 1−19.

Li, Hongbin, and Li-An Zhou. 2005. "Political Turnover and Economic Performance: The Incentive Role of Personnel Control in China." *Journal of*

*Public Economics* 89(9-10): 1743–1762.

Li, Xibao. 2012. "Behind the Recent Surge of Chinese Patenting: An Institutional View." *Research Policy* 41(1): 236–249.

Lin, Jia, Ho-Mou Wu and Howei Wu. 2021. "Could Government Lead the Way? Evaluation of China's Patent Subsidy Policy on Patent Quality." *China Economic Review* 69: 101663.

Lin, Justin Yifu. 2014. *The Quest for Prosperity: How Developing Economies Can Take Off*. Princeton, NJ: Princeton University Press.

Lin, Justin Yifu. 2019. "China's Growth Deceleration: Causes and Future Growth Prospect." *Frontiers of Economics in China* 14(1): 26–52.

Lin, Yi-min. 2001. *Between Politics and Markets: Firms, Competition, and Institutional Change in Post-Mao China*. Cambridge: Cambridge University Press.

Lipset, Seymour Martin. 1959. "Some Social Requisites of Democracy: Economic Development and Political Legitimacy." *American Political Science Review* 53(1): 69–105.

Liu, Fang, Jun Zhang, and Tian Zhu. 2016. "How Much Can We Trust China's Investment Statistics?" *Journal of Chinese Economic and Business Studies* 14(3): 215–228.

Lucas, Robert E. 1990. "Why Doesn't Capital Flow From Rich to Poor Countries?" *The American Economic Review* 80(2): 92–96.

Lucas, Robert E. 1993. Making a Miracle. *Econometrica* 61(2): 251–272.

Lynn, Richard, and Gerhard Meisenberg. 2010. "National IQs Calculated and Validated for 108 Nations." *Intelligence* 38: 353–360.

Lynn, Richard, and Tatu Vanhanen. 2002. *IQ and the Wealth of Nations*. Westport, CT: Praeger Publishers.

Maddison, Angus. 2007. *Chinese Economic Performance in the Long Run: 960-2030 AD*, Znx Edition, Revised and Updated. Paris, FR: OECD Development Centre Studies.

Maddison, Angus, and Harry X. Wu. 2008. "Measuring China's Economic Performance." *World Economics* 9(2): 13–44.

Mahbubani, Kishore. 2020. *Has China Won? The Chinese Challenge to American Primacy*. New York: PublicAffairs.

Mankiw, N. Gregory. 1995. "The Growth of Nations." *Brookings Papers on Economic Activity* 1: 275–310.

Mankiw, N. Gregory, David Romer, and David N. Weil. 1992. "A Contribution to the Empirics of Economic Growth." *The Quarterly Journal of Economics* 107(2):407–437.

Masson, Paul R., Tamim Bayoumi, and Hossein Samiei. 1998. "International Evidence on the Determinants of Private Saving." *The World Bank Economic Review* 12(3): 483–501.

McCleary, Rachel M., and Robert J. Barro. 2006. "Religion and Economy." *Journal of Economic Perspectives* 20(2): 49–72.

McClelland, David C. 1961. *The Achieving Society*. Oxford: Van Nostrand.

McGrattan, Ellen R., and James A. Schmitz. 1999. "Explaining Cross-Country Income Differences. "In *Handbook of Macroeconomics*, edited by J. B. Taylor and M.Woodford, pp. 669–737. Amsterdam: Elsevier. Retrieved December 1, 2020, from https://doi.org/10.1016/S1574-0048(99)01013-7

Meng, Xin. 2003. "Unemployment, Consumption Smoothing, and Precautionary Saving in Urban China." *Journal of Comparative Economics* 31 (3): 465– 485.

Meredith, Martin. 2011. *The Fate of Africa: A History of the Continent*

*Since Independence.* New York: PublicAffairs.

Michalopoulos, Stelios, and Elias Papaioannou. 2014. "National Institutions and Subnational Development in Africa." *Quarterly Journal of Economics* 129 (1):151–213.

Modigliani, Franco, and Shi Larry Cao. 2004. "The Chinese Saving Puzzle and the Life-Cycle Hypothesis." *Journal of Economic Literature* 42(1): 145–170.

Mokyr, Joel. 1990. *The Lever of Riches: Technological Creativity and Economic Progress.* New York: Oxford University Press.

National Science Board, National Science Foundation. 2019. "Publication Output: U.S. Trends and International Comparisons." In *Science and Engineering Indicators 2020*. Retrieved December 1, 2020, from https://ncses.nsf.gov/pubs/nsb20206/

Naughton, Barry. 2009. "China's Emergence From Economic Crisis." *China Leadership Monitor* 29:1–10.

Naughton, Barry. 2010. "China's Distinctive System: Can It Be a Model For Others?" *Journal of Contemporary China* 19(65): 437–460.

Naughton, Barry. 2011. "China's Economic Policy Today: The New State Activism." *Eurasian Geography and Economics* 52(3): 313–329.

Naughton, Barry. 2016. "Supply-Side Structural Reform: Policy-Makers Look for a Way Out." *China Leadership Monitor* 49: 1–13.

Naughton, Barry. 2018. *The Chinese Economy: Adaptation and Growth.* Cambridge, MA: MIT Press.

Navarro, Peter, and Greg Autry. 2011. *Death by China: Confronting the Dragon-A Global Call to Action.* New Jersey: Pearson Prentice Hall.

Nelson, Richard R., and Phelps, Edmund S. 1966. "Investment in Humans,

Technological Diffusion, and Economic Growth." *American Economic Review* 56(2): 69–75.

Nisbett, Richard E. 2009. *Intelligence and How to Get It: Why Schools and Cultures Count*. New York: W.W. Norton & Company.

North, Douglass C. 1990. *Institutions, Institutional Change and Economic Performance*. Cambridge: Cambridge University Press.

North, Douglass C. 2010. *Understanding the Process of Economic Change*. Princeton: Princeton University Press.

Nye, Joseph S. 2020. "Post-Pandemic Geopolitics." *Project Syndicate*. Retrieved December 1, 2020, from https://www.project-syndicate.org/commentary/five-scenarios-for-international-order-in-2030-by-joseph-s-nye-2020-10

Page, Jeremy. 2015. "Why China Is Turning Back to Confucius." *The Wall Street Journal*, September 20.

Pan, Yao. 2016. "Understanding the Rural and Urban Household Saving Rise in China." *Regional Science and Urban Economics* 56: 46–59.

Perkins, Dwight H. 2010. "China's Pre-Reform Economy in World Perspective." In *China's Rise in Historical Perspective*, edited by Brantly Womack. Lanham, MD: Rowman & Littlefield Publishers.

Perkins, Dwight H. 2012. "Rapid Growth and Changing Economic Structure: The Expenditure Side Story and Its Implications for China." *China Economic Review* 23(3):501–511.

Perkins, Dwight, and Thomas Rawski. 2008. "Forecasting China's Economic Growth to 2025." In *China's Great Economic Transformation,* edited by L. Brandt and T.G. Rawski. Cambridge: Cambridge University Press.

Petri, Peter A., and Michael Plummer. 2020. "RCEP: A New Trade

Agreement That Will Shape Global Economics and Politics." Brookings Institution. Retrieved December 1, 2020, from https://www.brookings.edu/blog/order-from-chaos/2020/11/16/rcep-a-new-trade-agreement-that-will-shape-global-economics-and-politics/

Pettis, Michael. 2010. "Is China Turing Japanese?" *Foreign Policy*, August 19.

Pettis, Michael. 2013. *Avoiding the Fall: China's Economic Restructuring*. Washington, DC: Carnegie Endowment for International Peace.

Pomeranz, Kenneth. 2000. *The Great Divergence: China, Europe, and the Making of the Modern World Economy*. Princeton, NJ: Princeton University Press.

Prasad, Eswar, Raghuram Rajan, and Arvind Subramanian. 2007. "Foreign Capital and Economic Growth." *Brookings Papers on Economic Activity* 2007(1): 153–230.

Pritchett, Lant. 2001. "Where Has All the Education Gone?" *World Bank Economic Review* 15(3): 367–391.

Pritchett, Lant, and Lawrence H. Summers. 2014. *Asiaphoria Meets Regression to the Mean*. National Bureau of Economic Research Working Paper No. w20573.

Przeworski, Adam, Michael E. Alvarez, Jose Antonio Cheibub, et al. 2000. *Democracy and Development: Political Institutions and Well-Being in the World, 1950–1990,* Vol.3. Cambridge: Cambridge University Press.

Pye, Lucian. 2000. "Asian Values: From Dynamos to Dominoes." In *Culture Matters: How Values Shape Human Progress*. edited by L.E. Harrison and S. P. Huntington, pp. 244–255. New York: Basic Books.

Qian, Yingyi. 2003. "How Reform Worked in China." In *In Search of*

*Prosperity: Analytic Narratives on Economic Growth,* edited by Dani Rodrik. pp. 297–333. Princeton, NJ: Princeton University Press.

Qian, Yingyi. 2017. *How Reform Worked in China: The Transition From Plan to Market.* Cambridge, MA: MIT Press.

Ratner, Ely, Elizabeth Rosenberg, and Paul Scharre. 2019. "Beyond the Trade War: A Competitive Approach to Countering China." *Foreign Affairs.* Retrieved December 1, 2020, from https://www.foreignaffairs.com/articles/united-states/2019-12-12/beyond-trade-war

Rawski, Thomas G. 2001. "What Is Happening to China's GDP Statistics?" *China Economic Review* 12(4): 347–354.

Redding, S. Gordon. 1990. *The Spirit of Chinese Capitalism.* New York: Walter De Gruyter.

Reischauer, Edwin O. 1974. "The Sinic World in Perspective." *Foreign Affairs* 52(2): 341–348.

Richardson, K. 2004. "Review of IQ and the Wealth of Nations." *Heredity* 92: 359–360.

Robinson, James A. 2006. "It's Not Culture." *Cato Unbound*, December 13. Retrieved December 1, 2020, from https://www.cato-unbound.org/issues/december-2006/how-much-does-culture-matter

Rodrik, Dani. 2006. "Goodbye Washington Consensus, Hello Washington Confusion? A Review of the World Bank's Economic Growth in the 1990s: Learning From a Decade of Reform." *Journal of Economic Literature* 44(4): 973–987.

Rodrik, Dani. 2008. *One Economics, Many Recipes: Globalization, Institutions, and Economic Growth.* Princeton, NJ: Princeton University Press.

Rodrik, Dani. 2019. "Peaceful Coexistence 2.0." Retrieved December

1, 2020, from https://www.project-syndicate.org/commentary/sino-american-peaceful-economic-coexistence-by-dani-rodrik-2019-04?barrier=accesspaylog

Rodrik, Dani, Arvind Subramanian, and Francesco Trebbi. 2004. "Institutions Rule: The Primacy of Institutions Over Geography and Integration in Economic Development." *Journal of Economic Growth* 9(2): 131–165.

Rogers, Henry. 2005. *Writing Systems: A Linguistic Approach.* Hoboken, NJ: Blackwell Publishing.

Roland, Gerard. 2000. *Transition and Economics: Politics, Markets, and Firms.* Cambridge, MA: MIT Press.

Roland, Gerard. 2004. "Understanding Institutional Change: Fast-Moving and Slow-Moving Institutions." *Studies in Comparative International Development* 38(4): 109–131.

Romer, David. 2001. *Advanced Macroeconomics.* New York: McGraw-Hill Education.

Ruderman, David B. 1995. *Jewish Thought and Scientific Discovery in Early Modern Europe.* New Haven, CT: Yale University Press.

Sachs, Jeffrey D. 2003. Institutions Don't Rule: Direct Effects of Geography on Per Capita Income. National Bureau of Economic Research Working Paper No. w9490.

Sachs, Jeffrey D. 2019. "America's War on Chinese Technology." Retrieved December 1, 2020, from https://www.project-syndicate.org/commentary/cheney-doctrine-us-war-on-chinese-technology-by-jeffrey-d-sachs-2019-11?barrier=accesspaylog

Sachs, Jeffrey, and Andrew Warner. 1995. "Economic Reform and the Process of Global Integration." *Brookings Papers on Economic Activity* 1: 1–118.

Sachs, Jeffrey, and Andrew Warner. 2001. "The Curse of Natural

Resources." *European Economic Review* 45(4-6): 827–838.

Sala-i-Martin, Xavier, Gernot Doppelhofer, and Ronald I. Miller. 2004. "Determinants of Long-Term Growth: A Bayesian Averaging of Classical Estimates (BACE) Approach." *American Economic Review* 94(4): 813–835.

Schaltegger, Christoph, and Benno Torgler. 2009. "Work Ethic, Protestantism and Human Capital." *Economics Letters* 107(2): 99–101.

Sen, Amartya. 1999. *Development As Freedom*. New York: Alfred A. Knopf.

Shambaugh, David. 2016. *China's Future*. Cambridge, UK: Polity Press.

Shillony, Ben Ami. 1992. *Jews and the Japanese: The Successful Outsiders*. North Clarendon: Tuttle Publishing.

Shin, Doh Chull. 2012. *Confucianism and Democratization in East Asia*. Cambridge: Cambridge University Press.

Shleifer, Andrei. 2009. "The Age of Milton Friedman." *Journal of Economic Literature* 47(1): 123–135.

Song, Hefa, and Zhenxing Li. 2004. "Patent Quality and the Measuring Indicator System: Comparison Among China Provinces and Key Countries." Unpublished Paper, Institute of Policy and Management, Chinese Academy of Sciences.

Stoltenberg, Jens. 2020. "The Geopolitical Implications of COVID-19." Speech at the German Institute for Global and Area Studies, June 30. Retrieved December 1, 2020, from https://www.nato.int/cps/en/natohq/opinions_176983.htm

Subramanian, Arvind. 2011. *Eclipse: Living in the Shadow of China's Economic Dominance*. Washington DC Peterson Institute.

Summers, Lawrence H., and Vinod Thomas. 1993. "Recent Lessons of

Development." *The World Bank Research Observer* 8(2): 241−254.

Swedberg, Richard. 2014. *How to Analyze the Chinese Economy With the Help of Max Weber: A Practical Guide to His Economic* Sociology. CSES Working Paper Series.

Tabellini, Guido. 2008. "Institutions and Culture." *Journal of the European Economic Association* 6(2−3): 255−294.

Tabellini, Guido. 2010. "Culture and Institutions: Economic Development in the Regions of Europe." *Journal of the European Economic Association* 8 (4):677--716.

*The Economist*. 2010. "Keqiang Ker-Ching: How China's Next Prime Minister Keeps Tabs on Its Economy." December 9. Retrieved December 1, 2020, from https://www.economist.com/asia/2010/12/09/keqiang-ker-ching

*The Economist*. 2019. "The World Economy's Strange New Rules." October 10. Retrieved December 1, 2020, from https://www.economist.com/leaders/2019/10/10/the-world-economys-strange-new-rules

Thoma, Grid. 2013. "Quality and Value of Chinese Patenting: An International Perspective." *Seoul Journal of Economics* 26(1): 33−72.

Tian, Guoqiang. 2019. "Deceleration of China's Economic Growth: Causes and Countermeasures." *Frontiers of Economics in China* 14(1): 3−25.

Tu, Wei-Ming. 1996. "Confucian Traditions in East Asian Modernity." *Bulletin of the American Academy of Arts and Sciences* 50(2): 12−39.

Tu, Wei-Ming. 2000. "Implications of the Rise of 'Confucian' East Asia." *Daedalus* 129 (1):195−218.

Unz, Ron. 2012a. "The East Asian Exception to Socio-Economic IQ Influences." July 17. Retrieved December 1, 2020, from https://www.theamericanconservative.com/articles/the-east-asian-exception-to-socio-economic-iq-influences/

Unz, Ron. 2012b. "Race, IQ, and Wealth." July 18. Retrieved December 1, 2020, from https://www.theamericanconservative.com/articles/race-iq-and-wealth/

*VOA News.* 2014. "Biden Slams China Over Lack of Innovation." May 29. Retrieved December 1, 2020, from https://www.voanews.com/usa/biden-slams-china-over-lack-innovation

Wade, Robert. 1990. *Governing the Market: Economic Theory and the Role of Government in East Asian Industrialization.* Princeton, NJ: Princeton University Press.

Walder, Andrew G. 1995. "China's Transitional Economy: Interpreting Its Significance." *The China Quarterly* 144: 963–979.

Wang, Feng, and Andrew Mason. 2008. "The Demographic Factor in China's Transition." In *China's Great Economic Transformation*, edited by L. Brandt and T.G. Rawski, pp. 136-166. Cambridge: Cambridge University Press.

Wang, Qing, and Steven Zhang. 2009. *China's Under-Consumption Over-Stated.* A Morgan Stanley Research Report 15.

Wang, Xun. 2020. "Convergence and Prospects." In *China 2049: Economic Challenges of a Rising Global Power,* edited by David Dollar, Yiping Huang, and Yang Yao, Chapter 2. Washington, DC: Brookings Institution Press.

Wang, Yang. 2015. "Finance Minister Lou Jiwei: China Is More Than 50 Percent Likely to Fall Into the Middle-Income Trap." Retrieved December 1, 2020, from https://www.guancha.cn/economy/2015_04_26_317372.shtml

Web of Science Group. 2019. "Highly Cited Researchers: Identifying Top Talent in the Sciences and Social Sciences." Retrieved December 1, 2020, from https://recognition.webofsciencegroup.com/awards/highly-cited/2019/

Weber, Max. 2015. *The Protestant Ethic and the Spirit of Capitalism*. Radford, VA: Wilder Publications.

Wei, Shang-jin. 2018. "The Reforms China Needs." *Project Syndicate*. Retrieved December 1, 2020, from https://www.project-syndicate.org/commentary/trade-war-china-structural-reform-by-shang-jin-wei-2018-11

Wei, Shang-jin, and Xinding Yu. 2019. "A Fair Assessment of China's IP Protection." Retrieved December 1, 2020, from https://www.project-syndicate.org/onpoint/china-ip-theft-myth-by-shang-jin-wei-and-xinding-yu-2019-12

Wei, Shang-Jin, and Xiaobo Zhang. 2011. "The Competitive Saving Motive: Evidence From Rising Sex Ratios and Savings Rates in China." *Journal of Political Economy* 119(3): 511–564.

Wei, Shang-Jin, Zhuan Xie, and Xiaobo Zhang. 2017. "From 'Made in China' to 'Innovated in China': Necessity, Prospect, and Challenges." *Journal of Economic Perspectives* 31(1): 49–70.

Weil, David N. 2013. *Economic Growth*. 3rd edition. London, UK: Pearson Education.

Weitzman, Martin L., and Chenggang Xu. 1994. "Chinese Township-Village Enterprises As Vaguely Defined Cooperatives." *Journal of Comparative Economics* 18(2): 121–145.

Wen, Yi. 2016. *The Making of an Economic Superpower: Unlocking China's Secret of Rapid Industrialization*. Singapore: World Scientific.

White House Office of Trade and Manufacturing Policy. 2018. "How China's Economic Aggression Threatens the Technologies and Intellectual Property of the United States and the World." Retrieved December 1, 2020, from https://www.whitehouse.gov/wp-content/uploads/2018/06/FINAL-China-Technology-Report-6.18.18-PDF.pdf?fbclid=IwAR2vfnzyPLf-zPErnL4UEbSY

HIEn8ZjFaF9ws96FD0D1tpMc9MiIwTaamxA

Williamson, John. 2000. "What Should the World Bank Think About the Washington Consensus?" *World Bank Research Observer* 15(2): 251–264.

Williamson, Oliver E. 2000. "The New Institutional Economics: Taking Stock, Looking Ahead." *Journal of Economic Literature* 38(3): 595–613.

Wolf, Martin. 2006. "Beijing Should Dip Into China's Corporate Bank." *Financial Times*, October 4. Retrieved December 1, 2020, from https://www.ft.com/content/09d39538-5302-11db-99c5-0000779e2340

Wolf, Martin. 2011. "How China Could Yet Fail Like Japan?" *Financial Times*, June 14. Retrieved December 1, 2020, from https://www.cnbc.com/id/43403189

Woo-Cummings, Meredith. 1999. *The Developmental State*. Ithaca, NY: Cornell University Press.

World Bank. 1993. *The East Asian Miracle: Economic Growth and Public Policy*. New York: Oxford University Press. Retrieved December 1, 2020, from http://documents.worldbank.org/curated/en/975081468244550798/Main-report

World Intellectual Property Organization. 2013. "Special Section: The International Mobility of Inventors." In *World Intellectual Property Indicators 2013*. WIPO Publication No. 941E, pp. 21-38. Retrieved December 1, 2020, from https://www.wipo.int/edocs/pubdocs/en/wipo_pub_941_2013-section1.pdf

Wright, Robin. 2020. "The Seven Pillars of Biden's Foreign Policy." *The New Yorker*, November 11. Retrieved December 1, 2020, from https://www.newyorker.com/news/our-columnists/the-seven-pillars-of-bidens-foreign-policy

Wu, Harry X. 2000. "China's GDP Level and Growth Performance: Alternative Estimates and the Implications." *Review of Income and Wealth* 46(4): 475-499.

Wu, Harry X. 2002. "How Fast Has Chinese Industry Grown?—Measuring the Real Output of Chinese Industry, 1949-97". *Review of Income and Wealth* 48(2): 179–204.

Xu Chenggang. 2011. "The Fundamental Institutions of China's Reforms and Development." *Journal of Economic Literature* 49(4): 1076–1151.

Xie, Qingnan, and Richard B. Freeman. 2019. "Bigger Than You Thought: China's Contribution to Scientific Publications and Its Impact on the Global Economy." *China & World Economy* 27(1): 1–27.

Xin, Katherine K., and Jone L. Pearce. 1996. "Guanxi: Connections As Substitutes for Formal Institutional Support." *Academy of Management Journal* 39(6): 1641–1658.

Xing, Fan. 1995. "The Chinese Cultural System: Implications for Cross-Cultural Management." *SAM Advanced Management Journal* 60(1): 14–21.

Xing, Yuqing, and Neal C. Detert. 2010. How the iPhone Widens the United States Trade Deficit With the People's Republic of China. ADBI Working Paper No. 257. Retrieved December 1, 2020, from SSRN: https://ssrn.com/abstract=1729085 or http://dx.doi.org/10.2139/ssrn.1729085

Yang, Dennis Tao. 2012. "Aggregate Savings and External Imbalances in China." *Journal of Economic Perspectives* 26(4): 125–146.

Yang, Dennis Tao, Junsen Zhang, and Shaojie Zhou. 2012. "Why Are Saving Rates So High in China?" In *Capitalizing China,* edited by Joseph P. H. Fan and Randall Morck, pp. 249-278. Chicago: University of Chicago Press.

Yao, Xinzhong. 2000. *An Introduction to Confucianism.* Cambridge: Cambridge University Press.

Yao Yang. 2011. "Beijing Consensus Or Washington Consensus. What Explains China's Economic Success?" *Development Outreach* 13(1): 28–30.

Yao, Yang. 2014. "The Chinese Growth Miracle." In *Handbook of Economic Growth,* Vol.2, edited by P. Aghion and S.N. Durlauf, pp. 943–1031. Amsterdam: Elsevier.

Yao, Yang. 2018. "The Political Economy Causes of China's Economic Success." In *China's 40 Years of Reform and Development 1978-2018,* edited by Ross Garnaut, Ligang Song, and Cai Fang, pp.75–92. Acton, Australia: The ANU Press.

Young, Alwyn. 1995. "The Tyranny of Numbers: Confronting the Statistical Realities of the East Asian Growth Experience." *Quarterly Journal of Economics* 110(3): 641–680.

Young, Alwyn. 2003. "Gold Into Base Metals: Productivity Growth in the People's Republic of China During the Reform Period." *Journal of Political Economy* 111(6): 1220–1261.

Zak, Paul J., and Stephen Knack. 2001. "Trust and Growth." *The Economic Journal* 111(470): 295–321.

Zakaria, Fareed. 2003. *The Future of Freedom: Illiberal Democracy at Home and Abroad.* New York: W.W. Norton & Company.

Zakaria, Fareed. 2020. "The New China Scare: Why America Shouldn't Panic About Its Latest Challenger." *Foreign Affairs,* January/February: 52–69.

Zhang, Gupeng, and Xiangdong Chen. 2012. "The Value of Invention Patents in China: Country Origin and Technology Field Differences." *China Economic Review* 23(2): 357–370.

Zhang, Haifeng, Hongliang Zhang, and Junsen Zhang. 2015. "Demographic Age Structure and Economic Development: Evidence From Chinese Provinces." *Journal of Comparative Economics* 43:170–185.

Zhang, Jun, and Tian Zhu. 2015. "Reestimating China's Underestimated

Consumption." *Comparative Economic Studies* 57(1): 55–74.

Zhao, Quansheng. 2018. "The Influence of Confucianism on Chinese Politics and Foreign Policy." *Asian Education and Development Studies* 7(4):321–328.

Zhao, Suisheng. 2010. "The China Model: Can It Replace the Western Model of Modernization?" *Journal of Contemporary China* 19(65): 419–436.

Zheng, Jinghai, Arne Bigsten, and Angang Hu. 2009. "Can China's Growth Be Sustained? A Productivity Perspective." *World Development* 37(4): 874–888.

Zhu, Xiaodong. 2012. "Understanding China's Growth: Past, Present, and Future." *Journal of Economic Perspectives* 26(4): 103–124.

Zou, Heng-fu. 1994." 'The Spirit of Capitalism' and Long-Run Growth." *European Journal of Political Economy* 10(2): 279–293.

# 中文版后记

  本书译自我的英文著作 Catching Up to Amercia: Culture, Institutions, and the Rise of China。原著由英国剑桥大学出版社于2021年出版发行，这应该是经济学界第一本从中国文化和全球比较的角度研究中国经济增长的英文专著。习近平总书记2016年在哲学社会科学工作座谈会上的讲话中指出："我们说要坚定中国特色社会主义道路自信、理论自信、制度自信，说到底是要坚定文化自信。文化自信是更基本、更深沉、更持久的力量。" 我写本书英文版的一个目的是要向国外读者讲述"中国故事"，现在将其翻译成中文出版，希望能为坚定国内读者的"文化自信"尽微薄之力。

  英文原著写作的缘起是这样的。2019年1月中旬，我在中欧国际工商学院苏黎世校区给欧洲一家跨国公司的高管内训班讲了一天的中国经济。学员反应很热烈，也有很多问题，有学员希望我能提供一点英文的参考资料。我课上讲的内容大多已体现在我的中文著作和文章中，只有少数技术性的内容发表在英文期刊上。当时，我们的教务长丁远教授也旁听了我的课，他很认同我从全球比较及文化的视角看中国经济的方法，建议我写一本英文书，将我的观点介绍给西方读者。他与当时负责科研的副教务长许斌教授发起了一项研究资助计划，支持教授们写书，因为在此之前，只有在国际学术期刊上发表论文才能申请研究经费。我是这个资助计划的第一批受益者，所以我首先要感谢丁远教授和许斌教授的热心支持，没有他们的鼓励和帮助，就不会有这本书。

我要特别感谢剑桥大学出版社的编辑伍志宏（Joe Ng）先生，他认真负责同时又热情高效的工作态度令人钦佩。我也由衷感谢剑桥大学出版社的四位匿名评审人为原书稿撰写的极具建设性的评审报告。其中一位评审针对每一章都做了详细点评，撰写的报告足足有7页之多，其非凡的专业精神让我特别感动。在根据这些匿名评审的批评意见和建议做了大量修改之后，我相信本书的质量比初稿有了很大的提高。我还要感谢中欧国际工商学院出版部的胡峙峰先生，他为英文原著的出版做了很多耐心细致的工作。

英文原书出版时，几位备受尊敬的著名专家学者为本书写了热情洋溢的推荐语，他们是迪帕克·杰恩（Dipak Jain）、钱颖一、帕斯卡尔·拉米（Pascal Lamy）、杨涛、穆嘉（Carsten Holz）和钟剑修等六位教授，我利用这次出版中文版的机会向他们表示最衷心的感谢和敬意。

本书中文版的译者是山东科技大学外国语学院的孟涛老师，他翻译水平上乘，注重细节，及时高效，我非常感谢他的辛勤付出。在收到孟涛的译稿后，我又逐字逐句做了校对和修改，力求在忠实原书内容的同时尽量让文字句式符合中文写作和阅读的习惯。

本书中文版得以出版要感谢北京大学出版社经济与管理图书事业部林君秀主任和张燕编辑的热情支持。我在北大学习生活过三年，对母校感情深厚，这本书能在母校的出版社出版，我深以为荣。本书综合了我之前出版的两本中文著作《中国增长之谜》和《中国式增长》的内容，并在此基础上做了许多修改，增加了很多新的内容（尤其是第三、四、七、九章），更新了一些数据，在写作上也力求更加严谨，更符合学术著作的规范，为此也增补了许多文献。感谢北京大学林双林教授为本书中文版撰写推荐语。

# 中文版后记

我在研究中国经济的过程中得到过很多同事和朋友的帮助、鼓励、指点和中肯的批评,在与他们的讨论和交流中或者从他们的研究中受到许多教益和启发,为此我要感谢白重恩、车嘉华、陈炳亮、陈宏、陈世敏、丁学良、樊景立、方睿哲(Rama Velamuri)、胡光宙、黄钰昌、黄张凯、赖平耀、李稻葵、李铭俊、梁能、林双林、林益民、盛松成、宋铮、陶志刚、田国强、汪泓、王苏生、王小卒、王一江、王勇、文贯中、文一、巫和懋、巫厚玮、吴敬琏、萧耿、忻榕、谢丹阳、许斌、许定波、许小年、徐立新、姚洋、余方、张春、张华、张维炯、赵欣舸、周东生、周黎安和朱晓冬等学术界同仁。我尤其要感谢复旦大学的张军教授,本书第四章的部分内容及附录中的内容都是基于我和他的合作研究写成的;同时要感谢刘芳博士,她也参与了我和张军教授的合作研究,做了大量的工作。我也要感谢两位出色的研究助理陈丹妮和李程,她们在搜索整理参考文献和书稿校对方面做了很多有益的工作。

本书的主要观点在中欧国际工商学院校内校外讲过多次,在与中欧的同事和学生以及其他听众的讨论中,我不断受到启发和激励,在此一并致谢。最后,我要感谢我的家人。我太太筱玲和两个儿子列夫和列文都通读过这本书,并提出了很多好的修改建议,还帮助校对了英文版全文。他们的支持和鼓励是我研究和写作的动力,非一句感谢所能表达。

朱天

2023年9月